一种货币
两个市场

人民币国际化的离岸探索

田 园　金 涛◎著

中国出版集团
中 译 出 版 社

图书在版编目（CIP）数据

一种货币，两个市场：人民币国际化的离岸探索 / 田园，金涛著 . -- 北京：中译出版社，2024. 9.
ISBN 978-7-5001-7997-9

Ⅰ. F822

中国国家版本馆 CIP 数据核字第 2024N8B331 号

一种货币，两个市场：人民币国际化的离岸探索
YIZHONG HUOBI, LIANGGE SHICHANG: RENMINBI GUOJIHUA DE LI'AN TANSUO

著　　者：田　园　金　涛
策划编辑：于　宇
责任编辑：于　宇
文字编辑：方荟文　华楠楠
营销编辑：马　萱　钟筱童
出版发行：中译出版社
地　　址：北京市西城区新街口外大街 28 号 102 号楼 4 层
电　　话：（010）68002494（编辑部）
邮　　编：100088
电子邮箱：book @ ctph. com. cn
网　　址：http：//www. ctph. com. cn

印　　刷：北京瑞禾彩色印刷有限公司
经　　销：新华书店
规　　格：880 mm × 1230 mm　1/32
印　　张：14.25
字　　数：228 千字
版　　次：2024 年 9 月第 1 版
印　　次：2024 年 9 月第 1 次

ISBN 978-7-5001-7997-9　　　　定价：79.00 元

序　一

正确认识经济学，就是认识世界的本质。全球货币体系经历了从金本位到布雷顿森林体系，再到后布雷顿森林体系的变迁。货币国际化是一个元素丰富的概念，也是一个异常复杂的推进过程，往往牵一发而动全身。中国的特殊性要求我们对人民币国际化、外汇储备、风险防控有特殊的考虑，因此人民币国际化必定是一个渐进、稳步和审慎的推进过程。在这种情况下，离岸市场建设对于人民币国际化推进起着至关重要的作用。

从历史来看，一国货币要成为国际货币，需要具备多方面条件。经济总量上要能在全球占据显著且具影响力的地位，这是首要前提。此外，本国拥有发达、有弹性、有深度、多样化的资本市场；建立完善、严格、可信赖和可实施的产权保护制度；拥有便利和低成本的交易机制；具备支付清算体系的国际化等，都是不可或缺的经济和金融条件。

金涛教授和田园博士的这部新著深度剖析了人民币国际化通过离岸市场渐进推进的这一成功实践模式，从理论和实证、历史和现实、立足点和路线图等视角全方位阐述了人民币离岸发展的缘起和路径，引人入胜、启发思考。

这部新著有两个突出的特点。第一个特点是问题导向和视角新颖。针对事物的本质提出问题，格物致知，直抵内核。比如人民币离岸市场的本质和价值是什么，国际上对本币国际化争论背后的原因是什么，等等。难能可贵的是，两位作者在新著中把这些问题有机地结合在一起，并系统性考虑了人民币国际化与其他货币国际化的共性和个性。针对一些较前沿的问题，两位作者能直抵问题的实质，用历史的眼光看待当下的情况。比如对于人民币离岸、在岸政策协调的讨论，由于中国资本项目尚不可自由兑换，人民币国际化的推进需要借助离岸市场，需要统筹在岸和离岸两个市场，因此坚持市场化改革方向、维护香港国际金融中心的地位极为重要。两位作者在新著中视角新颖地剖析了人民币离岸和在岸两个市场由于机制不同而存在的问题，以及对相关政策的权衡考量，表达了具有思辨性质的学术观点。

金涛教授和田园博士在研究中特别强调了市场力量的推动作用。离岸人民币市场汇集了国际多元投资者的多样化需求，在国际金融市场中形成了一个开放的多方博弈的局面。人民币离岸市场发生的情况，相当于为中国在岸市场提供了一个预先的彩排，这期间产生的所有经验都可以为在岸市场提供参考。

这部新著的第二个特点是提供了一个分析问题的一般性框架。开放经济的“三元悖论”是国际经济学中的一个著名论断，即在开放经济环境下，任何经济体在货币政策自主制定、资本自由流动和汇率稳定之间只能三选其二。由于中国的货币政策需兼顾多重目标，因此中国实际上操作的是该框架下的“非角点解”（Non-Corner Solution）。本书的两位作者创新性地讨论了这种“非角点解”的动态平衡及其中的利弊权衡考量，从世界范围内的一般性经验证据出发，辩证讨论了中国的个性化情况，并为新兴市场国家的整体全球化进程提供了一个实践样本参考。

特别提及的是，这部新著用数学语言精准定义了“三元悖论”框架下的“非角点解”“内点解”及“稳定性”等概念，并强调了在岸和离岸的监管协调，这种数学范式的精准描述拓展了当前经济学理论研究的边界，在学术上较为前沿。运用这个数学范式的“解”的内涵，任何国家和任何方式的经济政策都可以纳入不同类型的“解”中进行讨论，这方面的研究成果在学术上具有很高的价值。

《一种货币，两个市场：人民币国际化的离岸探索》对人民币国际化和离岸市场建设进行了全面回顾和系统阐释，其中得到的研究结论对日后人民币国际化的推进具有很强的借鉴意义。尤其是当前出现了中美利率倒挂、纷繁复杂的地缘政治冲突，金融市场越发表现出不确定性，这项研究所阐释的学术观点更具启发性。

理念塑造现实。对未来的理解，恰恰是金融的核心。我对本书取得的创新性研究成果表示衷心祝贺，谨向各位读者热情推荐这部佳作。

谢平

中投公司原副总经理

中央汇金公司原总经理

序　二

人民币国际化是在市场力量的推动下水到渠成的过程，需要统筹好在岸和离岸两个市场。在资本账户没有完全开放的情况下，推动人民币国际化需要培育和壮大离岸市场。但如果离岸市场走得过快过急，效果会适得其反。比如日本20世纪80年代发展在岸的离岸市场，两个市场过早联通，反而阻滞了日元的国际化进程，发生大量资本套利。因此要想平稳顺利地推进人民币国际化，需要统筹好在岸和离岸两个市场。这个发展路径也是大部分国际货币的演进过程，美元国际化之初就是从离岸的欧洲美元市场开始的。

当前人民币在支付结算和融资功能方面的进展相对较快，跨境支付占比接近4%，在贸易融资中的占比达到5.8%。人民币国际化面临的主要桎梏是比较有限的国际用途，外国人拿了人民币往往不知道“干什么”。离岸市场的发展极大丰富了人民币的国际用途，对人民币国际化的推进至关重要。当前人民币国际化迎来了新的机遇。2023年人民币利率出现下行，这给融资端国际化或者负债端国际化提供了非常好的契机，助推离岸市场广度和深度的扩展。

往前看，主要经济体经济和货币政策周期分化仍然持续。金涛教授和田园博士的新著系统剖析了人民币离岸市场发展的内在逻辑，提出了一个通过离岸市场渐进推进人民币国际化的分析框架，深刻讨论了其中的利弊权衡和风险考量。这本书的出版适逢其时，讨论的问题具有很强的现实意义。

如何统筹离岸和在岸市场？这涉及两个市场的监管协作和精准调适，关键要件是汇率市场化改革。汇率市场化是人民币国际化和离岸市场发展的重要前提。汇率是一国最为重要的金融制度安排，没有一种汇率制度适合所有国家或者一个国家的任何时期。人民币自1994年初汇率并轨以来，汇率在二十多年的时间里一直是钉住或爬行钉住美元。2015年“8·11”汇改开启了人民币汇率双向波动的新局面，2015年11月国际货币基金组织（IMF）决定将人民币纳入特别提款权（SDR）货币篮子，人民币正式登上国际货币的舞台。

人民币作为储备货币，如果币值还钉住美元，就不能满足储备资产货币分散化配置的要求。此外，今天的中国，是由内需驱动的世界第二大经济体，独立的货币政策更加重要，因而需要浮动的汇率，否则预期外国加息会导致套利资本流出、本币贬值，为维护固定汇率，本国需被迫跟随加息，从而丧失货币政策独立性。

但是，汇率市场化的改革路径并没有现成的答案，存在普遍的对汇率制度转型的争议，相关理论和实证研究也比较少。从全球经验看，汇率从固定走向浮动往往伴随着市场波动和巨大争议，存在“对浮动的恐惧”。也有人认为唯一的恐惧乃是恐惧本身，“浮动何足惧”，人民币完全有条件而且应当尽快实现清洁浮动，所谓“惊险一跃”并不存在。更多的人则认为人民币汇改要等待合适的时间窗口，遵循一定的路径，但具体路径是什么则争议很大。

这些争议往往基于两方面考虑，一是从历史来看，从固定汇率制度退出的很多国家发生了危机，如1992—1993年的欧洲汇率机制危机和1997—1998年的亚洲金融危机；二是固定汇率制的退出可能耗时数年乃至数十年，对改革过程的管理极具挑战。但改革的结果并不必然以危机收场，平稳有序退出固定汇率是一个一般性问题，可以借鉴国际经验。比如我访问过的以色列央行，就被奉为成功实现自由浮动的典型。

进一步探讨，一国选择的汇率制度到底是更接近现实市场需要，还是更接近我们的认知水平，这本质上是达成共识的过程。道阻且长，行则将至，必要条件是共识。当前社会上存在一些对汇率市场化认识的“误区”，改革的推进需要首先明辨这些“误区”，在共识的基础上推进改革向前。

辨伪。有观点认为，汇率一旦开始清洁浮动，人民币就会出现趋势性贬值。我认为人民币没有长期贬值的基础，理由有三点。第一，中国经济还在复苏，稳经济就是稳预期、稳汇率。汇率从长期来看是由经济基本面决定的，而不是相反。第二，中国没有新兴市场常见的货币错配。随着房地产和钢铁等行业海外借债减少，我们的货币错配比2015—2016年大量减少。第三，我们工具箱丰富，有各种资本流动管理措施，但也不是粗暴的行政干预，主要是增加摩擦系数。

去妄。当前有观点担心人民币互换协议会加大人民币贬值压力。目前中国人民银行已经签署了存量规模约4万亿元的货币互换协议，但互换是授信，目前累计动用规模只有 800 多亿元。相比之下离岸人民币每天交易总额约 4 万亿元，互换导致人民币贬值可以说是无稽之谈。恰恰相反，签订互换协议有助于降低人民币的融资成本，从而推动人民币的国际使用。

正本。当前对于“外汇储备去哪里了”的热议不断，不少人质疑经常账户大量顺差但外储未增。外汇储备是怎样形成的？哪些因素会影响外储？从流入端看，贸易顺差、外商投资和对外借债是最主要的三种外汇流入渠道。从流出方向上看，中国的对外投资是最主要的外汇消耗。随着中国高水平资本账户对外开放的程度加大，外汇更多是“藏汇于民”。2020 年以来，“藏汇于民”的规模更是创出新高，尤其是流动性较高的资产。由于居民、企业、银行持有或配置外汇的比例很高，从而最终转化为央行外汇储备的规模反而较小。换句话说，自 2018 年央行退出常态化干预以来，国际收支自主调节和人民币汇率市场化决定就是一枚硬币的两面。有多少经常账户的流入，就会有多少资本账户（非储备性质）的流出，汇率价格的变化促进国际收支自主平衡。

本书作者研精覃思，博考经籍，采摭群言，所讨论的问题具有很强的时代感，颇能切中时弊。我对金涛教授和田园博士在人民币国际化研究中取得的开拓性成果表示衷心祝贺，并向各位读者热情推荐这部佳作。

缪延亮

中央外汇业务中心首席经济学家

中国金融四十人论坛特邀研究员

人民币，于历史中锚定坐标

在世界货币史的演进中，人民币创造性地发展出了离岸模式的本币国际化路径，形成了“一种货币，两个市场”的独特格局，成为当今世界上唯一一种没有实现完全的资本项目可兑换，但成为国际储备货币的币种。中国人民银行原行长周小川（2012）指出，人民币国际化以及与其相关的资本项目可兑换、资本市场开放与发展等问题，仍将是一个在争论中前行、逐步达成共识的过程，要争取利大于弊。McCauley[①]（2011）提出在资本流动管制下通过发展离岸市场来推动本币国际化，这种模式是没有先例的，对

① 罗伯特·N. 麦考利（Robert N. McCauley）是著名经济学家，现任波士顿大学全球发展政策中心非常驻高级研究员；法国银行基金会科学委员会成员，曾在国际清算银行（BIS）和美联储纽约分行担任高级研究职位，相关介绍请参见 https://global.history.ox.ac.uk/people/robert-n-mccauley。

于中国这样的大国，更是一个“充满挑战”的过程。

人民币在岸市场和离岸市场分别使用两种不同的货币符号（CNY和CNH），在其运行过程中形成了两套不同的定价机制，发展出两套规则不同、产品各异、互相推动且持续增长的金融和资本市场。在世界货币格局漫长的发展历程中，人民币采用的CNY和CNH并行的运作和管理模式都是独一无二的。人民币国际化在实践中谨慎推进，稳健前行，于历史中锚定了自己的坐标。

人民币国际化的离岸发展模式为什么可行且有效？有三个支柱至关重要：第一，中国在历史发展中形成了“一国两制”的政治架构，这是人民币离岸市场得以建立和发展，在中国在岸市场尚未实现资本项目可兑换的情况下，稳健迅速推动人民币跨境使用，并成为国际储备货币的制度基础和根本前提；第二，中国在岸市场和离岸市场有着顺畅和密切的沟通机制，使得人民币综合体的价格联动关系虽然处在“三元悖论”框架下“非角点解”的不稳定系统中，仍然可以实现审慎的监管和精准的调适；第三，中国经济有很强的韧性，在岸市场有很强的调控能力，这释放了离岸市场运用各类创新机制和金融工具的时间和空间，得以有效防范离岸市场有时表现出的剧烈波动对在岸市场的影响和冲击。上述三个支柱缺一不可，共同构成了人民币离岸市场发展的“定海神针”，也解释了为何在人类货币演进的漫漫历史长河中，只有中国在本币不满足“可兑换”的情况下成功实践了离岸模式的货币国际化发展，在“非角点解”的动态平衡中实现了帕累托最优。

人民币离岸市场的开启和运行是一个循序渐进的自然过程。离岸人民币的使用首先从经常项目中的贸易结算开始，随着中国贸易份额的持续扩大，逐渐扩大到资本项目下的使用。这一自然而然的过程还在于，人民币成了主要的贸易计价和结算货币后，会自然而然地产生本币头寸，由此产生相关的金融安排。人民币离岸市场乃是在此过程中自然开启其运作的。

与欧洲美元市场不同，人民币离岸市场以“渗透型”和“隔离型”为特征，通过建立具有深度和广度的全球离岸人民币中心，连接人民币在岸和离岸市场；随着两个市场联通程度的加强，两个市场逐渐融合，最终实现在岸资本账户的高水平开放和人民币在国际上的成熟使用。在谨慎渐进地推进本币国际化的过程中，为了避免外汇市场的超调和短期跨境资本流动的大幅波动，在岸资本账户的自由化程度不能过多超前于金融市场的自由化程度。上述要素共同构成了人民币国际化离岸发展模式的内在逻辑。

联通两个市场的政策工具包括：债券和股票市场的“互联互通”、衍生品市场的“互换通”、粤港澳大湾区践行的“跨境理财通”等。双向的“互联互通”机制建立了在岸市场联通世界的桥梁，实现了人民币一定程度的货币回流机制，拓展了人民币在岸资本账户以适合的节奏进行高水平开放的时间和空间，成为政策平衡取舍后的最优路径之一。

从经济学研究框架角度，中国创造性地实践了经典的“三元悖论”的“非角点解”。“非角点解”是一种不稳定解，在这个不稳定解的系统中，中国维护了高度独立的货币政策、相对稳定的汇率和一定程度的资本控制，实现了本币在经常项目（已实现完全可兑换）和资本项目（仅实现部分可兑换）下的国际化使用，同时成了国际储备货币，实现了一定阶段内货币政策的全部政策目标。

中国政府在这种“非角点解”模式下，持续对在岸市场和离岸市场进行管理和调适。由于两个市场的利率和汇率不满足无抛补的利率平价关系，这使得人民币成为世界上最复杂的货币操作系统。但中国政府表现出了超高水平的管理能力。中国成功应对了1997年亚洲金融危机和

2008年全球金融危机，其在危机中做出的政策抉择不仅维护了区域经济的稳定，而且树立了人民币的国际信心。更微妙的是，中国在此过程中同时保持了外贸顺差的持续扩大和外汇储备的稳定增长。这些看似逻辑上互斥结果的同时实现，使得经济学界对中国的案例产生了浓厚的兴趣。

此外，资本账户开放和经济增长之间的关系，也是经济学界辩论已久且仍无定论的问题。2008年全球金融危机后，世界更是进入了一个高波动时代，“中心”国家的货币政策对世界经济产生了强大的外溢效应，影响了全世界的杠杆率和信贷流，金融体系表现出了强大的顺周期性，这些因素使得新兴市场国家在推进国内改革时面临更加严峻的外部潜在冲击。一些概念之间的微妙关系变得更加重要，如“货币国际化”和“资本账户开放”、“资本项目可兑换”和“汇率清洁浮动”、“货币可兑换”和“资本流动控制”等，厘清这些概念有助于更好地把握改革的时间窗口、改革的顺序，以及政策工具的运用。

本书系统性地探析了人民币国际化的离岸发展进程，从货币国际化和资本账户开放的经济学研究框架入手，深入阐释了人民币所特有的“一种货币，两个市场”的结构，以及由此推演出的人民币国际化离岸发展的内在逻辑、政策工具和实践中对资本账户开放程度的测度、改革的收益和相应的政策成本（后三项为实证分析）。本书还从历史的角度回溯了美元、德国马克和日元的国际化经验，从纵向和横向的对比分析中提出人民币采用离岸发展路径选择的必然性，及其背后复杂的权衡与考量。

展望未来，人民币已经在国际货币舞台上崭露头角，也成为世界经济体在无数次动荡和洗礼过后的普遍期望，人民币的国际份额和影响力会得到持续提升。维护香港地区的国际金融中心地位是人民币离岸发展的关键；坚持走市场化改革方向，坚持全球化道路是人民币国际化审慎、稳步和渐进推进的基础和保障，是人民币国际化得以从“非角点解”区间步入“角点解”区间的根本保障。

目　录

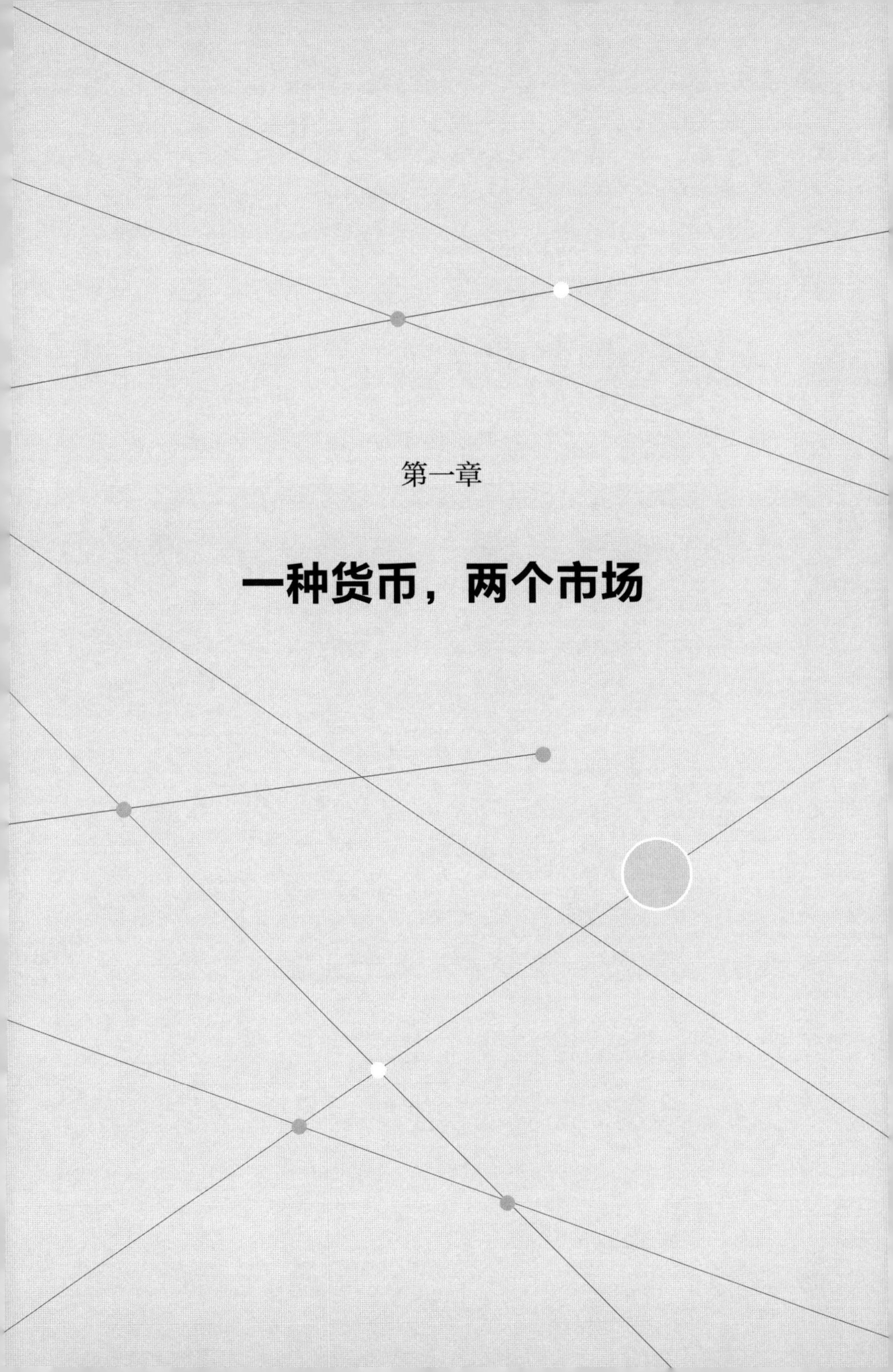

第一章

一种货币，两个市场

第一节　一种货币，两个市场

人民币具有世界上特殊的“一种货币，两个市场”的结构。人民币在岸市场使用货币符号 CNY，离岸市场使用货币符号 CNH。人民币在岸市场和离岸市场运行着两套规则不同的货币系统，形成了两个不同的资本和金融市场，这在全世界都是独一无二的。

运作规则方面，人民币在岸市场是一个受到资本管制的市场，而人民币离岸市场是完全自由兑换的市场。此外，人民币在岸和离岸市场之间的双向资本流动也存在管制。资产类型方面，在岸市场以人民币计价的金融产品包括债券、银行存款、资管产品、A 股股票、“债券通”模式下的离岸债券、股票“互联互通”模式下的离岸股票；离岸市场上以人民币计价的金融产品主要是离岸人民币存款、离岸人民币债券（点心债）、可转换的境内债券，“互联互通”模式下使用CNH购买的内地A股股票、债券及理财产品，以及通过人民币合格境外机构投资者（RQFII）购买的在岸金融产品等。

根据IMF（2003），离岸市场的定义为：一种特定金融交易的集中执行地，这种特定的金融交易是由某一司法管辖区域内的金融机构代表居住在其他司法管辖区域的客户来执行的。和欧洲美元[①]市场不同，人民币离岸市场是“渗透型”[②]和“隔离型”[③]的。当前香港地区发展成为最大的人民币离岸市场，其作为国际金融中心发挥着人民币国际化“试验田”和“防火墙”的功能，为创新发展和联通国际积累了宝贵经验。香港金融体系具有推动离岸人民币市场快

---

① 欧洲美元与美国国内流通的美元是同质的，具有相同的流动性和购买力，所不同的是，欧洲美元不由美国境内金融机构监管，不受美联储相关银行法规、利率结构的约束。它存放在美国境外的各国银行，主要是欧洲和美国银行欧洲分行的美元存款，或是从这些银行借到的美元贷款。欧洲美元与美国国内流通的美元是同一货币，具有同等价值，区别只在于财务上的处理方式不同。

② 学术上通常认为“渗透型”离岸金融市场有如下特点：（1）专为进行非居民交易而人为设立的市场；（2）允许部分离岸资金流入国内金融市场；（3）允许居民参与离岸交易，即国内企业可以直接在离岸金融市场上融资；（4）禁止非居民经营在岸业务；（5）所在地多为发展中国家，金融自由化程度低，金融基础设施不完善，监管水平薄弱。

③ 人民币离岸市场的“隔离型”特征，是指人民币离岸和在岸市场之间存在资本控制，因此离岸市场具备了隔离外部金融风险的功能。

速发展的四大支柱：一是安全和高效的结算交收系统；二是稳健且有利于市场发展的监管制度；三是金融市场基准的设定，例如人民币香港银行同业拆息定价；四是离岸市场充裕的流动性。

根据香港金融管理局的统计数据，当前全球超过 70% 的离岸人民币是在中国香港结算的，2022 年经香港银行处理的人民币贸易结算金额高达 9.3 万亿元。同时，香港地区保持了规模最大的离岸人民币资金池，在人民币支付及外汇交易方面处于领先地位。此外，中国香港离岸市场人民币筹资活动活跃，丰富的跨境“互联互通”机制为国际投资者进入在岸金融市场提供了渠道。

离岸人民币市场于 2003 年启动，并在中国香港特别行政区建立了人民币离岸结算的基础设施和银行服务体系。随着 2008 年全球金融危机的爆发，以美元为中心的国际金融体系表现出了一定的脆弱性，人民币的国际呼声日渐升高，人民币离岸金融产品和服务也在 2009 年开始加速。

离岸人民币使用的扩大，最先从经常账户项下的贸易结算开始。2009 年 4 月，中国开始在上海、广州、深圳等城市开展跨境贸易人民币结算试点。2011 年 8 月，跨境贸易人民币结算试点范围扩大至全国，这体现出中国推动更多本国企业以本币进行跨境贸易结算，以消除货币汇兑风险的目的。离岸人民币在经常账户下的使用取得了巨大的成功，2013 年末跨境贸易人民币结算金额达到 5 883 亿元，2015 年末达到 7 981 亿元，达到历史高点。此后 7 年，离岸人民币结算规模呈现“V”形走势，截至 2021 年末达到 8 508 亿元（超过 2015 年末的局部峰值）。根据中国人民银行的统计，截至 2020 年末中国跨境人民币贸易结算金额已占对外商品和劳务进出口总额的约 18.44%。

离岸人民币在资本账户下的发展要稍慢于经常账户。离岸人民币在资本账户下使用的初期，香港地区主要作为内地与全球“超级联系人”的角色出现。香港地区作为在岸招商引资的窗口，外国直接投资（FDI）约有 60% 经香港落地。香港也是在岸企业“走出去”的通道，内地对外直接投资（ODI）有 60% 是通过香港进行的。截至 2022 年末，内地累计利用港资 1.57 万亿美元，占累计利用外资的 55.9%；内地对港投资累计 1.6 万亿美元，占对外投资总量的 56%。

与此同时，香港地区长期以来成为内地企业首选的境外融资平台，内地相关贷款占香港银行贷款总额约 40%。随着在岸金融业的开放，香港也成为中资金融机构走出去的窗口。外资和港资银行也以香港地区为据点，大力扩展内地相关业务。截至 2022 年底，港交所上市公司约 60% 为内地企业，占港股总市值约 80%。香港地区也是亚洲最大的国际债券发行中心，在香港发行的债券规模占亚洲的 1/3，而超过 80% 的发行人是内地机构和企业。国际投资者的 A 股资产近 70% 通过“深股通 / 沪股通”持有，银行间债券市场 60% 的交易通过“债券通”实现。资本市场的“互联互通”大大提高了国际投资者对内地金融市场的接受度和参与度，并提升了人民币资产的国际影响力，助力 A 股和人民币债券被纳入国际市场主要指数，彰显了香港离岸市场对于人民币国际化的重要意义。

中国在自身经济发展的内生力量推动下，依托在历史中形成的特殊资源禀赋，形成了独特的“一种货币，两个市场”的格局。从实践来看，在资本流动管制下通过推进离岸市场来推动本币国际化，是一个没有先例的过程，对于中国这样的大国，更是一个“充满挑战”的过程（McCauley，2011）。中国凭借香港离岸市场的特殊优势，在不放弃对在岸资本账户管理的情况下，实现了人民币在离岸市场的自由兑换，并形成了一整套的计价、结算、交易和投融资安排，积累了一定规模的以人民币计价的资产，建成了具有吸引力的人民币金融基础设施，实现了人民币的回流机制和国际用途，为人民币国际化创造了先决条件，成为平衡收益和风险后的最优路径之一。

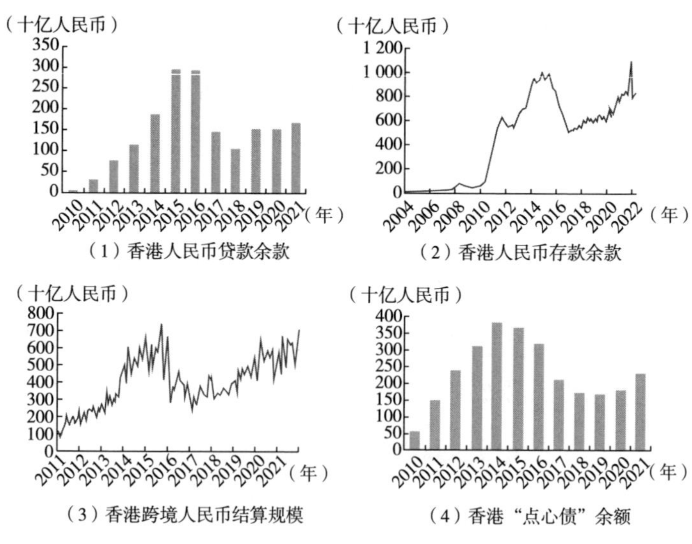

图 1-1　香港人民币离岸市场的基本情况

第二节　人民币“双重”汇率

经济活动中最重要的变量是商品的价格。市场经济最重要的特征是将定价权交给市场，让价格成为内生变量主导资源配置。当市场的“手”发挥主要作用时，商品价格和货币价值就会互为镜像。此时，价格效应的发挥将取决于货币价值的稳定性，否则就会出现“货币幻觉”并引起资源错配。因此，各国货币当局通常将一般价格水平作为货币政策的“锚”，相当于货币的对内价格。

在开放经济中，货币还有另外一个“锚”，即汇率，这是货币的相对价格。汇率可以看作货币的对外价格，因为汇率会随着国内外购买力水平的变化而变化。因此，当货币的内外价格不一致时，货币政策就有可能陷入左右为难和首尾难顾的窘境。

发展中国家普遍存在的金融抑制（Financial Repression）通常使国内货币价格和世界市场价格产生价差，国内利率和汇率将不满足无抛补的利率平价关系（UIP）（详细讨论参见第三章第三节）。在资本项目没有实现可兑换的情况下，实行汇率的清洁浮动[①]会使汇率失去宏观经济“稳定器”的作用，使国内经济暴露在巨大的外部敞口中。基于此，新兴经济体普遍对汇率制度的选择持非常审慎的态度，启动汇率市场化改革也成为国内资本账户对外开放的一个前提。由于中国形成了“一种货币，两个市场”的独特结构，中国在国内资本项目可兑换没有实现的情况下践行本币的国际化，这必然使得人民币汇率在在岸和离岸市场之间发

① 汇率的清洁浮动即自由浮动，指中央银行对外汇市场不采取任何干预活动，汇率完全由市场力量自发决定。

生偏离，形成人民币的“双重”汇率格局。本节首先讨论了当前在岸人民币汇率制度，并回顾了三次重要的汇率市场化改革；其次剖析了人民币离岸市场的特征及构成要素；最后讨论了人民币离岸市场较为独特的流动性创造机制。

一、人民币汇率制度

当前，在岸人民币实行以市场供求为基础、参考一篮子货币进行调节、有管理的浮动汇率制度。中国在改革开放后进行了三次主要的汇率改革，分别发生在 1994 年 1 月 1 日、2005 年 7 月 21 日和 2015 年 8 月 11 日，这三次汇率改革一脉相承。自 1994 年第一次汇率改革以来，人民币一直处于从高度管理的外汇体制向更具浮动性的外汇体制的艰难过渡之中。当前的人民币在岸汇率制度是 2015 年 8 月 11 日汇改的一个结果呈现，也是 1994 年和 2005 年汇改的思路延伸，这一市场化汇率定价机制的总体特点体现在以下几个方面。

首先，中国逐步扩大了人民币对美元的日交易浮动区间，从 1994 年 1 月 1 日的日交易浮动区间 ±0.3%，扩大至 2007 年 5 月 21 日的 ±0.5%，然后在 2012 年 4 月 16 日扩大至 ±1%，最后到 2014 年 3 月 17 日扩大至 ±2%。在逐步提高汇率灵活性的长期政策目标背景下，扩大汇率区间旨在增强市场力量对于货币价格的调节作用。

其次，中国在人民币汇率定价机制中引入了中间价报价机制。2015 年 8 月 11 日，中国人民银行实行了一项重要的汇率改革措施，以推动汇率制度更加市场化。根据新的定价方法，商业银行提交汇率报价时，需要参考前一天收盘的即期汇率和市场供求关系。设置人民币中间价这个固定值，使得中国人民银行具有一定的调控力，防止或限制汇率期望值的自我实现。此外，中国外汇交易系统（CFETS）于 2015 年 12 月开始发布人民币有效汇率指数，即所谓的 CFETS 篮子。除 CFETS 指数外，中国人民银行于 2015 年底开始发布另外两个基于国际清算银行和特别提款权篮子的指数，并要求商业银行在提交每日中间价报价时参考这些指数[①]。推出 CFETS 指数并不一定意味着当时必须立即采用盯住一篮子货币的政策，但可以说明中国人民银行打算在未来朝着这个方向发展。

最后，引入“逆周期调节因子”。人民币汇率改革遇到的问题之一是居民和非居民的资本外流增加。为了应对

---

① 详见 http://www.pbc.gov.cn/en/3688110/3688172/4048320/3712490/index.html。

资金外流的局面，2016 年 2 月，中国人民银行更新了人民币对美元的报价方法，即商业银行报价以“前一天收盘价加上货币篮子隔夜变动”为基础，“货币篮子变动”指的是抵消篮子货币交叉汇率变动影响所需的人民币对美元汇率的调整。2017 年 5 月 26 日，为了降低“非理性”贬值预期和“顺周期”羊群效应，中国人民银行宣布了另一项每日定价的调整方案。新方法将之前的安排与“逆周期调节因子”相结合，旨在应对外汇市场“羊群效应”导致的市场过度反应，增加中国人民银行影响汇率趋势的灵活性。2017 年 6 月，为了控制资本外流的加剧，中国运用逆周期调节因子设计了管控更严格的人民币汇率政策。这项措施并不改变中国汇率市场化改革的方向，只是应对周期因素伴随的资金流动“大进大出”的短期措施。

当前关于人民币周期性因素的讨论还在继续。2018 年 1 月 9 日，中国人民银行再次修订了人民币中间价定价机制，即参与设定人民币汇率中间价的银行，不再需要包括逆周期调节因子。但 2018 年出现中美两国贸易关系的紧张局势，人民币汇率贬值加剧。部分市场参与者认为，逆周期调节因子实际上支撑了人民币的外部价值，于是在 2018 年 8 月 24 日，中国人民银行再次将逆周期调节因子引入人民币中间价的定价机制中，以缓解人民币的贬值预期。

简而言之，中国目前的汇率制度类似于阶梯形的目标汇率制度，这很像 Krugman[①]（1991）目标区模型的一个特例。在克鲁格曼初始的目标区汇率模型中，汇率中间价是固定的，存在两个置信区间。中国的情况是个特例，人民币中间价每天都在变化（今日的开盘价格取决于前一天的市场价格），即人民币的中间价与前一交易日的收盘价紧密挂钩。由此，可以将人民币在岸汇率制度描述为一个“移动的克鲁格曼波段漂移系统”，这在全世界是独一无二的。

二、人民币汇率市场化改革的历程

如前所述，中国自改革开放以来经历了三次人民币汇率制度改革，分别发生在 1994 年 1 月 1 日、2005 年 7 月 21 日和 2015 年 8 月 11 日。三次汇率改革所依托的历史背景极为不同，面临的挑战和政策选项也不尽相同。本节首先将三次汇改的核心政策做一个简要梳理，然后在后续小节中进行详细的回顾和讨论。

---

① 保罗·克鲁格曼（Paul R. Krugman）是自由经济学派的经济学家，1991 年获克拉克经济学奖，2008 年获诺贝尔经济学奖。

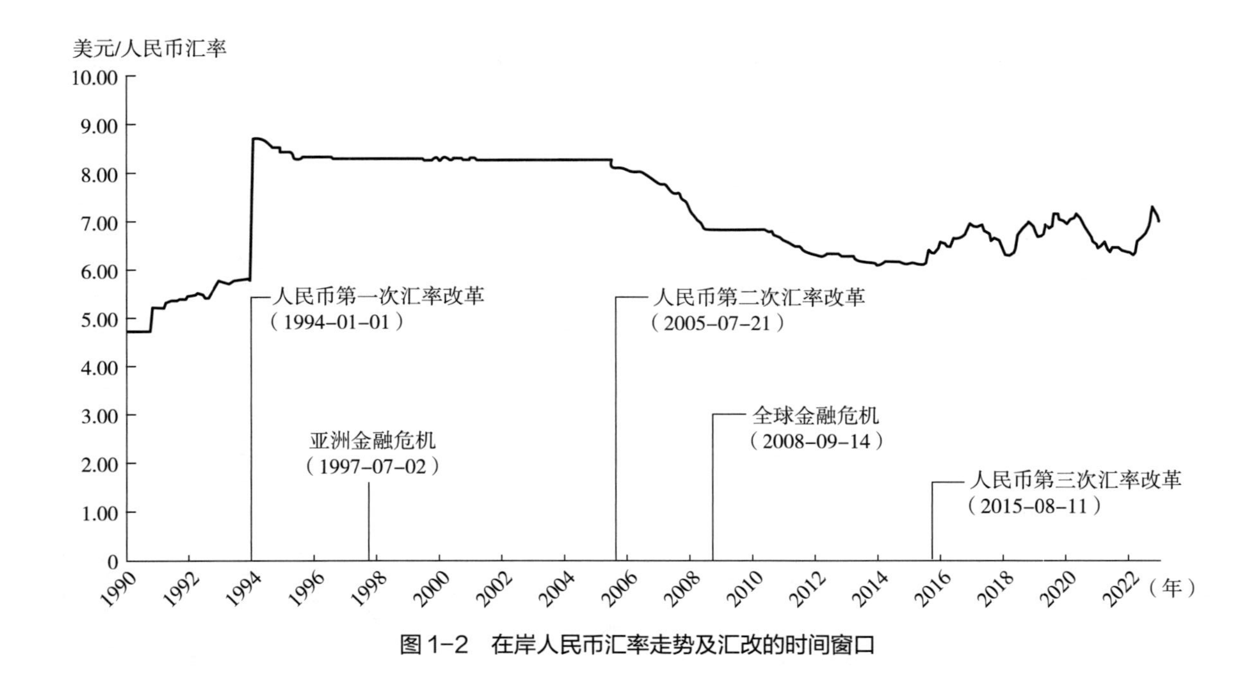

图 1-2　在岸人民币汇率走势及汇改的时间窗口

1994 年 1 月 1 日启动的第一次汇改是在改革开放后经济转型的历史背景下进行的，这是中国首次实践人民币汇率市场化改革，其目标是“改革外汇管理体制，建立以市场供求为基础的、有管理的浮动汇率制度和统一规范的外汇市场，逐步使人民币成为可兑换货币”。

此后，中国于 2005 年 7 月 21 日进行了第二次汇改，这是对 1994 年汇改的一次回归。中国于 2001 年加入世界贸易组织（WTO）以后，对外贸易规模持续增长，对外收支持续双顺差，外汇储备快速增长，人民币汇率面临强烈的外部升值压力。在此背景下，“7·21”汇改实行了“以市场供需为基础、参考一篮子货币进行调节、有管理的浮动汇率制度”，并将人民币对美元的汇率一次性升值 2%，即 1 美元兑 8.11 元人民币。

第三次汇改发生在 2015 年 8 月 11 日。“8·11”汇改建立在 2014 年美国退出金融危机后持续量化宽松救市政策的宏观背景下，美元贬值通道结束，美元指数快速回升，这一紧缩的货币政策对新兴市场国家产生了强大的货币溢出效应。2015 年 8 月 11 日，中国人民银行宣布调整人民币对美元汇率中间价报价机制，人民币汇率市场化程度进一步提高，汇率呈现显著的双向波动。“8·11”汇改为人民币在 2015 年 12 月加入国际货币基金组织 SDR 货币篮子创造了条件，极大地推动了人民币国际化进程。

值得强调的是，人民币三次汇率改革期间分别发生了 1997 年亚洲金融危机和 2008 年全球金融危机，国际金融环境跌宕起伏。人民币汇率改革在两次危机期间被迫中断，重新回到对美元的固定汇率。中国作为经济大国，在两次金融危机期间均保持了人民币汇率的稳定，遏制了区域货币竞争性贬值的恶性螺旋，对稳定区域经济和世界经济做出了极大的贡献，不仅树立了负责任的大国形象，也极大地奠定了人民币国际信心的心理基础。

表 1–1 总结了三次汇率改革的主要内容、宏观背景、外部风险事件及其应对。

表 1–1　人民币三次汇率改革的主要内容梳理

改革时间	第一次汇率改革：1994 年 1 月 1 日
改革内容	人民币官方汇率与外汇调剂市场汇率并轨，实行银行结售汇制度，建立了银行间外汇市场，采用以市场供求为基础、单一的、有管理的浮动汇率制度。人民币对美元的官方汇率由 1993 年 12 月 31 日的 5.72 调整至 1994 年 1 月 1 日的 8.7，人民币对美元一次性贬值 33.33%
宏观背景	1979—1994 年中国各省主要城市都有规模不一的外汇调剂市场。由于信息网络尚未建立，各个外汇调剂市场的价格在时间和空间上存在差异，同时外汇调剂汇率与市场汇率之间也存在差异，存在外汇黑市。外汇黑市导致官方外汇市场萎缩，扰乱了金融秩序。此外，中国当时正在积极推动恢复在关贸总协定中的合法地位，人民币汇率并轨也符合国际货币基金组织的要求

续表

外部风险及应对	**外部风险：**1997年爆发亚洲金融危机，危机期间东亚大部分国家的主权货币都被做空；泰国、印度尼西亚、韩国、菲律宾宣布放弃对标美元的固定汇率；新加坡、马来西亚、中国香港也面临本币的迅速大幅贬值。东亚国家以本币计价的资产贬值严重，国家财富被洗劫。人民币汇率同样承受了巨大的压力 **风险应对：**危机期间，中国对人民币汇率的态度决定了亚洲经济未来的走向。关键抉择体现在，如果中国只重视出口贸易的利益，选择让人民币贬值，亚洲货币将开启竞争性贬值的恶性循环；如果中国承担起亚洲经济稳定的大国角色，选择维护人民币汇率的稳定，亚洲经济将有可能以最快的速度恢复秩序。中国选择了后者，人民币汇率在危机期间重新回到名义固定汇率，即1美元兑8.27元人民币。值得强调的是，由于亚洲国家的货币在危机中受到重创，本币贬值不仅重创了出口贸易，也冲击了进口贸易，导致部分国家产业链发生外移。因此，中国在亚洲金融危机期间及以后，依然维持了双顺差和外汇储备的增长。中国在危机期间对人民币汇率的态度和抉择不仅维护了中国国内的经济利益，同时树立了负责任大国的形象，赢得了国际社会的一致好评，建立了人民币的国际信心
改革时间	**第二次汇率改革：2005年7月21日**
改革内容	人民币汇率不再钉住单一美元，而是实行以市场供求为基础、参考一篮子货币进行调节、有管理的浮动汇率制度。人民币对美元的汇率一次性升值2%，即1美元兑8.11元人民币
宏观背景	2001年中国加入WTO后，对外贸易出口量快速增长，保持了持续的双顺差局面。外汇储备增幅惊人，人民币汇率产生了持续的升值预期，大量热钱涌入，央行干预人民币汇率的压力越来越大
外部风险及应对	**外部风险：**2008年爆发全球金融危机，由美国次贷危机引发的金融海啸席卷全球，人民币暂停了升值步伐，重回“钉住美元”的固定汇率 **风险应对：**中国在2008年全球金融危机中再次选择稳住人民币汇率，将人民币汇率维持在窄幅波动，没有参与国际上的竞争性货币贬值，此举不仅稳定了外需，也抵御了国际金融危机的冲击

续表

改革时间	第三次汇率改革：2015 年 8 月 11 日
改革内容	自 2015 年 8 月 11 日起，做市商在每日银行间外汇市场开盘前，参考上日银行间外汇市场收盘汇率，综合考虑外汇供求情况以及国际主要货币汇率变化，向中国外汇交易中心提供中间价报价
宏观背景	新兴市场国家面临着“中心”国家货币政策的外溢效应。首先是美国在 2008 年全球金融危机后启动了大规模的量化宽松，美元指数萎靡不振。而中国在 2008 年为了应对金融危机短暂实施了人民币对美元的固定汇率，随着时间的推移，已经表现出与国际量化宽松的外部环境不相适应。其后，美国于 2014 年 10 月宣布结束了自次贷危机以来的量化宽松，美元贬值通道结束，之后的短短半年美元快速升值，美元指数重回 100（美元指数在 2014 年 8 月前只有 80）。人民币也从 2014 年开始停止了单边升值的总体趋势，外部环境要求人民币重启汇率市场化改革
外部风险及应对	**外部风险：**2015 年底至 2017 年初，中国外汇市场出现了较严重的“跨境资本大规模流出—外汇储备持续下降—人民币贬值压力增大”的负向螺旋，外汇市场形势异常严峻复杂 **风险应对：**中国在“负向螺旋”的背景下着力推进人民币汇率形成机制的市场化改革，增强汇率弹性；完善跨境资本流动的宏观审慎管理框架，逆周期调节跨境资本流动；强化微观市场监管，严厉打击外汇违法违规活动；推动金融市场开放，扩大外汇资金流入。在境内外多种因素共同作用下，这些措施成功稳定了外汇市场，避免了可能发生的高强度外汇市场危机，守住了不发生系统性金融风险的底线

（一）1994 年“1·1”汇改

随着改革开放的深入，20 世纪 90 年代中期中国的经济体制已经发生巨大的变化，计划经济迅速向社会主义市场经济转变，市场在资源配置中的作用显著增加。中国在财税、金融、外贸与企业制度上为汇率并轨创造了良好的条件。同时，产权改革让企业成为自主经营、自负盈亏的主体，具备了一定的应对汇率风险的能力。

1979—1994 年，中国各省主要城市都有规模不一的外汇调剂市场。由于信息网络尚未建立，各个外汇调剂市场的价格在时间和空间上存在差异，同时外汇调剂汇率与市场汇率之间也存在差异，如此便形成了外汇黑市。外汇黑市导致官方外汇市场萎缩，扰乱了金融秩序。当时，中国正在积极推动恢复在关贸总协定中的合法地位，人民币汇率并轨也符合国际货币基金组织的要求。

1994 年 1 月 1 日，中国首次实施了重大汇率改革，提出“改革外汇管理体制，建立以市场供求为基础的、有管理的浮动汇率制度和统一规范的外汇市场，逐步使人民币成为可兑换货币”。在这次汇率改革中，人民币官方汇率与外汇调剂市场汇率并轨，实行银行结售汇制度，建立了银行间外汇市场，采用以市场供求为基础、单一的、有管理的浮动汇率制度。人民币对美元的官方汇率由 1993 年 12 月 31 日的 5.72 调整至 1994 年 1 月 1 日的 8.7，人民币对美元一次性贬值 33.33%。

银行结售汇制度是 1994 年外汇管理体制改革的重要内容。自此，中国取消了各类外汇留成、上缴和额度管理制度，并规定境内机构经常项目下的外汇收支，均须按照银行挂牌汇率全部结售给外汇指定银行。

由于当时中国汇率的市场化程度仍然较低，为了维持外汇市场的稳定性，中国人民银行规定人民币对美元的汇率只能在 ±0.3% 的幅度内日间波动。因此，人民币汇率制度实际上是爬行钉住美元的固定汇率制度。汇率并轨后，人民币对美元汇率基本稳定并有小幅升值，从 1994 年 1 月 1 日的 8.7 升至 1996 年底的 8.3，三年累计升幅约 5%。人民币汇率的走势体现了有管理的浮动汇率制度的特点。

1994 年汇改后，人民币汇率整体形势和谐平稳，外汇储备迅速增长，并在随后几年中陆续出台了一系列汇率优化政策，作为 1994 年汇改的“补丁”。例如 1998 年，中国彻底取消了外汇调剂业务（1996 年放宽经常项目下人民币兑换后，连外商投资企业也不需要到外汇调剂市场交易外汇，表明外汇调剂业务不再被需要）。2001 年，中国推出合格机构投资者（QFII）制度，加大了经常项目下人民币兑换的进一步开放力度。

1997 年亚洲金融危机打断了中国汇率市场化改革的步伐，人民币汇率暂停了有管理的浮动汇率制度，暂时重新回到了对美元的固定汇率。1997 年亚洲金融危机肇始于泰国，并迅速传导至其他东南亚经济体及韩国和日本。泰铢遭大量抛售，泰国外储大降，最终放弃钉住美元。随后，印度尼西亚、菲律宾和韩国也陆续宣布放弃对美元的固定汇率；新加坡、马来西亚和中国香港地区也经历了汇率的危机时刻。亚洲国家和地区汇率的贬值使得以本币计价的资产贬值严重，国家财富被洗劫。

亚洲金融危机期间，人民币汇率同样承受了巨大的压力。中国对人民币汇率的态度决定了亚洲经济未来的走向，世界在等待中国的决定。如果中国选择让人民币贬值，亚洲货币将开启竞争性贬值的恶性循环；如果中国愿意承担起亚洲经济稳定的大国角色，选择保持人民币汇率的稳定，亚洲经济将有可能以最快的速度恢复秩序。在此危急时刻，中国选择了后者，在金融危机期间维护了人民币汇率的稳定，人民币汇率重新回到名义固定汇率，即 1 美元兑 8.27 元人民币，该名义汇率一直持续到下一次人民币汇率改革，即 2005 年 7 月 21 日。

中国为何在亚洲金融危机期间重回人民币对美元的固定汇率？其中几项重要的因素值得讨论。

首先，从区域产业链视角来看，由于东亚国家主要是出口导向型经济体，1997 年的亚洲金融危机不仅会重创出口贸易，也会冲击进口贸易，使部分国家的产业链发生外移，重创国内加工制造业体系。同时，东亚国家几乎所有的贸易和经济合作都不是以本币进行的，而是以美元进行交易结算安排，形成了币种错配。此外，贸易行为带来的资本流入通常以短期资本为主，但生产活动通常需要中长期资本的支撑，这又形成了期限错配。币种错配和期限错配共同叠加的效应，会放大外汇市场在危机中的羊群效应，进而重创东亚国家的实体经济。因此，1997 年亚洲金融危机后，东亚国家发生了事实上的产业链外移，中国被动承接了这部分供应链需求，使得中国持续保持了贸易和资本的双顺差增长[①]和官方外汇储备的持续增长[②]。

更进一步分析，由于中国当时是“出口导向型创汇经济”，中国面临的真正问题其实是金融危机后日本及其他亚洲国家整体的经济衰退和市场萎缩对中国出口贸易的影响。因为如果整体的市场需求量变少，即使是人民币汇率加入区域货币竞争性贬值的行列，中国的贸易出口也无法实现

---

① 1997年末出口贸易额为15 160亿元，贸易顺差为3 354亿元；1998年出口贸易额为 15 223 亿元，贸易顺差为 3 597 亿元 ，出口贸易和贸易顺差分别增长了 0.4% 和 7.2%。

② 1997年末和1998年末中国的外汇储备余额分别为1 398亿美元和1 449亿美元。

增长。因此，维护区域经济的稳定更为重要。中国在亚洲金融危机期间保持了人民币对美元汇率的稳定，避免了东亚经济的整体性崩坏，缩短了危机后区域经济的修复期，在危机中起到了区域经济“定海神针”的作用。

其次，从汇率高波动的影响来看，当全球金融环境的不确定性增加时，货币的贬值幅度将难以控制。如果人民币在危机中跟随东亚其他国家进入贬值通道，人民币汇率有可能会在羊群效应的作用下过度调整，大幅下跌，从而影响中国的金融秩序和生产秩序，相当于“自己给自己制造危机”。另外，上文已经提及，中国在危机期间事实上保持着双顺差和外汇储备的双增长，如果一个国家保持着这样的经济数据，选择本币汇率贬值似乎有些“荒唐”。

自 1994 年中国汇率开始并轨以来，到 2005 年末，中国官方外汇储备已经累计达到 7 110 亿美元。图 1–3 和图 1–4 分别绘制了中国 1992—2022 年贸易差额及外汇储备的走势，这可以直观反映出 1997 年亚洲金融危机对中国经济总体有限的影响。虽然第一次汇率改革因 1997 年亚洲金融危机的发生而被迫中断，但中国经济在危机期间和之后，持续保持了贸易顺差和外汇储备的双增长趋势。由此衍生出的问题是，中国国际收支和外汇储备的急剧增长也加剧了中国同主要贸易伙伴，特别是与美国之间的贸易摩擦。由于美元对人民币汇率自亚洲金融危机后一直维持在 8.27，这也导致人民币升值的外部压力越来越大。在此背景下，中国预备开启第二次汇改。

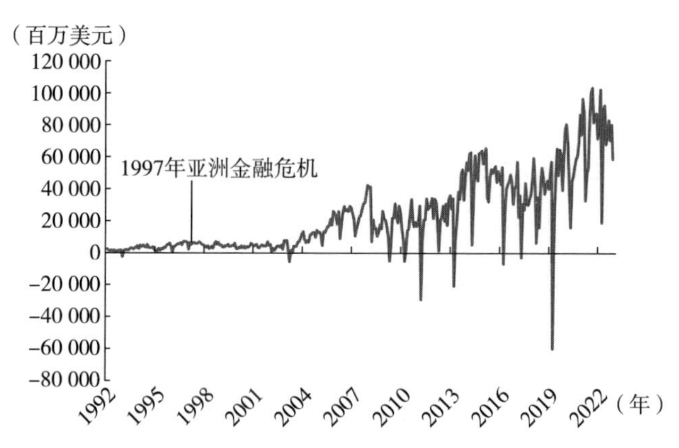

图 1–3　中国贸易差额走势（1992—2022 年，月度数据）

资料来源：CEIC 数据库，中国国家外汇管理局。

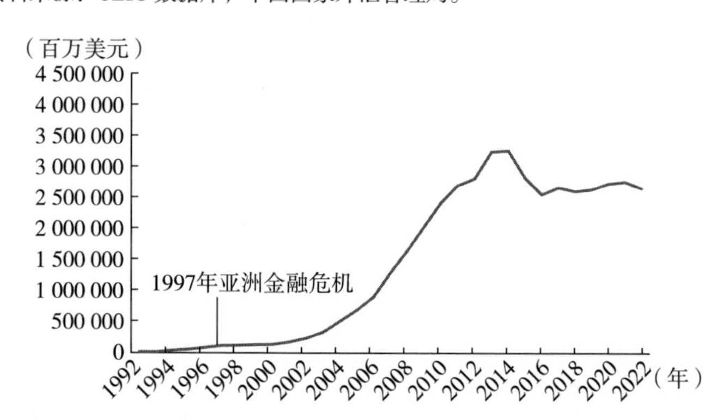

图 1–4　中国外汇储备走势（1992—2022 年，年度数据）

资料来源：CEIC 数据库，中国国家外汇管理局。

（二）2005 年“7 · 21”汇改

2001 年中国加入 WTO 后，对外贸易出口量快速增长，保持了持续的双顺差局面。外汇储备从 2000 年底的 1 600 亿美元迅速增长到 2004 年 6 月的 7 000 亿美元，年均增幅接近 40%。在此背景下，人民币汇率产生了持续的升值预期，大量热钱涌入，央行干预人民币汇率的压力也越来越大。

2005 年 7 月 21 日，中国人民银行发布《关于完善人民币汇率形成机制改革的公告》，宣布即日起开始实行“以市场供需为基础、参考一篮子货币进行调节、有管理的浮动汇率制度”，新一轮汇率改革重启。在这次汇改中，人民币对美元的汇率一次性升值 2%，即 1 美元兑 8.11 元人民币；人民币汇率不再钉住单一美元，而是实行以市场供需为基础、参考一篮子货币进行调节、有管理的浮动汇率制度。可以说，2005 年汇率改革是对 1994 年汇改的一次回归。

人民币汇率形成机制改革一直都遵循主动性、可控性和渐进性原则，“7 · 21”汇改亦是如此。此次汇改的具体目标为：中国人民银行将根据市场发育状况和经济金融形势，适时调整汇率浮动区间，并对人民币汇率进行管理和调节，维护人民币汇率的正常波动，保持人民币在合理、均衡的水平上基本稳定，促进国际收支基本平衡，维护宏观经济和金融市场的稳定。

“7·21”汇改宣布结束了中国维持了长达7年之久的固定汇率制度，重启了汇率的“市场化改革”。人民币不再单一钉住美元，而是根据中国的多边贸易、投资、外债等情况，选择一篮子货币进行汇率定价。人民币报价机制更加市场化，以每日收盘价作为下一个交易日的中间价。交易类型也更加丰富，在即期交易的基础上，陆续引入了远期、掉期、期权等交易方式。

一篮子货币的实施，在后续的发展中成为重要的“汇率稳定器”。在货币篮子选取和权重的确定方面，中国人民银行遵循的基本原则是：综合考虑在对外贸易、外债（付息）、外商直接投资（分红）等对外经贸中占比较大的经济体货币，组成一个货币篮子并赋予相应权重。

2006年1月4日，中国人民银行根据市场发育情况和经济金融形势，引入了外汇市场做市商和询价交易制度，改变了人民币汇率中间价的定价方式，同时适时调整了人民币汇率的浮动区间：1994年1月1日开始人民币汇率浮动

幅度是 ±0.3%，2007 年 5 月 21 日扩大到 ±0.5%，2012 年 4 月 16 日再扩大到 ±1%，至 2014 年 3 月 17 日扩大到 ±2%。人民币对美元汇率浮动幅度扩大，是指每日银行间即期外汇市场人民币对美元的交易价，可在中国外汇交易中心对外公布的当日人民币对美元中间价的基础上上下浮动。自 2013 年后，中国人民银行宣布逐步退出外汇市场的日常干预。

事实上，在 2005 年的历史背景下，全世界都对人民币有很强的升值预期。2005 年 7 月 21 日重启汇率市场化改革后，人民币开始了长达三年的单边升值，直到 2008 年全球金融危机时才结束了这一趋势。2005—2008 年金融危机期间，人民币汇率几乎每周的收盘价都高于开盘价，以至于在任何一个时间点兑换美元都是最优选项。

2008 年，由美国次贷危机引发的全球金融危机再次打断了中国汇率市场化改革的步伐，人民币暂停了升值步伐，重回“钉住美元”的固定汇率机制。由于中国在 1997 年亚洲金融危机期间对人民币汇率的成功管理带来了积极正面的效果，2008 年全球金融危机期间，中国再次选择稳住人民币汇率，将人民币汇率维持在窄幅波动，没有参与国际上的竞争性货币贬值。

针对危机初期的跨境资金流出压力，中国出台了提高企业预收和延付货款基础比例、适度调增短期外债余额指标等一系列支持企业的外汇政策；针对此后发达国家实行量化宽松带来的跨境资金大量净流入，中国启动应对异常资金流入预案，加强了银行结售汇头寸、外商直接投资、境外上市、返程投资等外汇业务管理措施。在加强对跨境资金流出入均衡管理的同时，严格控制各类投资产品发行主体和交易对手违约风险，做好流动性安排。这些措施保证了外汇储备总体安全，维护了国际收支平衡和国家经济金融安全，中国在全球经济中的影响力逆势上升（潘功胜，2019）。

（三）2015 年“8·11”汇改

2008 年次贷危机之后，美国政府为了缓解市场上干涸的流动性，同时也为了挽救美国疲软的经济，宣布启动量化宽松，美元指数开始萎靡不振。中国为了应对危机而短暂实施的人民币对美元的固定汇率，已经无法与量化宽松的国际环境相适应。2010 年 6 月 19 日，中国人民银行宣布在 2005 年 7 月 21 日汇改的基础上，进一步推进人民币汇率的市场化改革，增强人民币弹性，人民币重新进入升值通道。

自 2010 年以来，人民币汇率又像 2005—2008 年一样进入单边升值通道。当时“美元贬值 + 中国常年的贸易顺差 + 中国巨量的外汇储备”，都给人民币升值带来巨大的外部压力。外界一致的升值预期使得人民币多次上演“极端行情”，外汇市场上经常出现没有足够对手盘的现象①。尤其是在 2012 年“欧债危机”爆发的国际宏观背景下，人民币汇率迅速从贬值预期转为升值预期，并在人民币即期汇率市场中频频触及“涨停”，外汇市场多次呈现“过山车”行情。

2014 年 10 月，美国结束了自次贷危机以来的量化宽松，美元贬值通道也开始逆转。之后的短短半年中，美元快速升值，美元指数重回 100（美元指数在 2014 年 8 月前只有 80）。人民币也从 2014 年开始停止了单边升值的总体趋势，中国酝酿开启下一轮汇率改革。

2015 年 8 月 11 日，中国人民银行宣布调整人民币对美元汇率中间价报价机制，“自 2015 年 8 月 11 日起，做市

① 即开盘没多久就触及浮动上限，买单上积累了大量的美元无法兑换成人民币的现象。

商在每日银行间外汇市场开盘前，参考上日银行间外汇市场收盘汇率，综合考虑外汇供求情况以及国际主要货币汇率变化向中国外汇交易中心提供中间价报价”。“8・11”汇改对中间价报价机制调整的主要内容是做市商参考上日银行间外汇市场收盘汇率，向中国外汇交易中心提供中间价报价，也即参考收盘价决定第二天的中间价。此次改革优化了人民币汇率中间价的形成机制，提升了中间价的市场化程度和基准地位。

基于中国在推动人民币汇率市场化改革的重大成绩，国际货币基金组织于2015年12月1日批准人民币加入SDR。该事件对中国的金融改革和人民币汇率走势产生了重要影响，人民币成为与美元、欧元、英镑和日元并列的第五种SDR篮子货币，对人民币国际化产生了重大的推动作用。

紧随“8・11”汇改的步伐，中国人民银行于2015年12月11日推出了“收盘价＋篮子货币”的新中间价定价机制，中国外汇交易中心同时发布CFETS人民币汇率指数，加大了参考一篮子货币的力度，以更好地保持人民币对一篮子货币汇率的基本稳定。

2016年2月，中国人民银行首次公开了人民币汇率中间价的报价机制，即“收盘汇率＋一篮子货币汇率变化”，定价规则的具体内容为“当日中间价 = 前日中间价 + [（前日收盘价 – 前日中间价）+（24 小时货币篮子稳定的理论中间价 – 前日中间价）] /2”。同上述公式等价的另一种表达式是“当日中间价 =（前日收盘价 + 24 小时货币篮子稳定的理论中间价）/2”。中国人民银行公布该定价机制提高了人民币汇率形成机制的规则性、透明度和市场化程度。

2017 年 2 月 20 日，中国人民银行对人民币中间价定价机制进行了微调，主要表现在两方面：一方面是调整人民币货币篮子的数量和权重，CFETS 篮子中的货币数量增加至 24 种；另一方面是缩减一篮子货币汇率的计算时段，参考一篮子货币时间由 24 小时缩短为 15 小时。调整的目的是更好反映市场变化和防止日内投机，即“中间价模型和收盘价价差”。

2017 年 5 月 26 日，中国人民银行在人民币对美元汇率中间价报价模型中引入逆周期调节因子，适度对冲市场情绪的顺周期波动，缓解外汇市场可能存在的“羊群效应”。当时的背景是人民币对美元面临持续的贬值压力，引入逆周期调节因子有效缓解了市场的顺周期行为，稳定了市场预期。简单来说，逆周期调节因子有助于在人民币单向升值 / 贬值时减缓相应的速度和幅度。

自从引入逆周期调节因子，人民币对美元汇率在2017年6—9月显著升值，人民币贬值压力得到有效缓解。然而，汇率市场的超调状况却时有发生。2017年12月下旬，人民币对美元不断升值并迅速突破了6.50。面对人民币快速升值的压力，中国人民银行于2018年1月9日再次调整了人民币对美元中间价机制，并退出了逆周期因子调节。

从2018年开始，世界贸易环境恶化，中美贸易战爆发，叠加美联储加息影响，人民币进入贬值预期通道。中国人民银行在2018年8月24日宣布重启"逆周期调节因子"，人民币对美元汇率中间价报价模型由原来的"收盘价+一篮子货币汇率变化"调整为"收盘价+一篮子货币汇率变化+逆周期因子"。自2017年7月至2018年7月，中国人民银行每月的外汇占款变化很小，说明央行已经淡出了直接的外汇市场干预。

与前两次汇率改革面临的风险事件类似，汇改面临的外部风险冲击始终存在。2015年底至2017年初，外汇市场出现了较严重的"跨境资本大规模流出—外汇储备持续下降—人民币贬值压力增大"负向螺旋，使外汇市场承受了较高程度的风险冲击。中国采取了一系列稳定外汇市场的综合性措施，包括推进人民币汇率形成机制的市场化改革，增强汇率弹性；完善跨境资本流动的宏观审慎管理框架，逆周期调节跨境资本流动；强化微观市场监管，严厉打击外汇违法违规活动；推动金融市场开放，扩大外汇资金流入。在境内外多种因素共同作用下，这些措施成功稳定了外汇市场，避免了可能发生的高强度外汇市场危机（潘功胜，2019）。

三、人民币离岸市场

离岸人民币采用由市场力量决定的自由汇率制度。随着跨境人民币贸易结算的扩大，人民币离岸市场的现货交易从 2010 年 8 月开始变得活跃，汇率衍生工具也随之发展起来。离岸人民币市场快速发展背后的支撑力量是中国加速使用人民币作为贸易发票和结算的一系列政策组合。

人民币离岸市场的主要资金来源是人民币跨境贸易结算，其流动性补充方式也是市场化的，主要有货币掉期交易（CNH SWAP）、同业拆借（CNH Inter-Bank Lending）、货币利率交叉互换（CNH CCS）和回购（CNH REPO）。自人民币开启离岸结算以来，离岸市场一直面临的问题是人民币缺乏丰富的投资标的和通畅的回流渠道。此后中国在在岸市场和离岸市场之间建立了一系列双向“互联互通”的金融工具，人民币离岸资本市场逐渐发展起来，使离岸人民币利率和汇率市场快速深化，人民币离岸市场开始趋于成熟。

当前人民币离岸市场发展出了成熟的外汇即期市场和外汇衍生品市场。离岸人民币对参与者（货币批发和零售层面）没有限制；离岸人民币汇率没有任何交易浮动区间的限制，可以每天在全球外汇市场 24 小时自由交易，无须参考人民币在岸中间价汇率。中国人民银行和香港金融管理局较少干预人民币离岸市场，使得离岸人民币汇率能够反映全球货币市场的需求和供给。

值得一提的是，和大多数离岸货币不同，人民币离岸市场和在岸市场长期存在汇差，且由于离岸和在岸之间的资本控制，这个汇差无法通过套利活动完全消除（除非完全解除离岸和在岸之间的资本控制）。IMF（2013）将这个汇差称为“基差风险”（Basis Risk），用于衡量人民币国际化的障碍。[①]

① 参见 Craig R S, Hua C C, Ng P, Yuen R, 2013. Development of the Renminbi Market in Hong Kong SAR: Assessing Onshore-Offshore Market Integration[R]. IMF Working Paper, III. A 节的讨论。

人民币离岸和在岸长期持续的汇差，还源于两个市场对中国国内和全球外部条件的不同响应，以及人民币极为有限的套利渠道。第一，人民币在岸市场是受到资本管制的市场，而人民币离岸市场是一个自由兑换的市场，同时离岸市场的参与主体和在岸市场不同，且更加多样化。第二，离岸市场与全球市场的联系更加紧密，因此也更容易受到外部因素的影响。第三，套利活动并不能减少人民币在两个市场间的汇差，原因是不仅人民币套利渠道有限，而且中国明令禁止人民币跨境套息交易。近年来，随着中国金融开放的步伐加快，各项“互联互通”工具快速有效地出台和落地，如“债券通”（南向通、北向通），“沪深港通”和“跨境理财通”等，这在一定程度上促进了离岸和在岸市场的联通，缩小了人民币离岸和在岸汇差的绝对值和波动率。

四、人民币离岸外汇市场的主要构成

离岸人民币外汇市场的形成过程和离岸人民币业务的发展密不可分。离岸人民币业务从 2003 年底的香港地区个人人民币业务起步；2009 年 7 月推出的人民币跨境贸易结算试点推动了离岸人民币业务的实质发展；2010 年 7 月，政策允许中国内地企业和其他机构开设离岸人民币账户，银行之间可以互相平盘，一个结构和功能初步完整的离岸人民币市场开始形成。

离岸人民币外汇市场的发展极为迅速，交易量也远高于在岸市场。国际清算银行（BIS）的数据显示，2014 年离岸人民币市场的人民币外汇日均交易量超过 2 300 亿美元，是在岸市场日均交易量的 4 倍。到 2022 年底，全球人民币离岸中心的人民币外汇及衍生品的日均交易量达到 5 260 亿美元，占全球外汇市场总交易量的 7%，其中离岸人民币外汇交易占比约为 70%。

离岸人民币外汇市场主要由离岸人民币即期外汇市场和离岸人民币外汇衍生品市场构成，其中离岸人民币外汇衍生品市场又主要包括离岸外汇远期市场、离岸货币掉期市场、离岸外汇期货市场和离岸外汇期权市场。

（一）离岸人民币即期外汇市场

离岸人民币即期外汇市场的发展主要经历了三个阶段：2003—2009 年的萌芽期、2009—2015 年的发展期、2015 年

“8·11”汇改后的成熟期。

离岸人民币即期外汇市场在2003—2009年仍处在萌芽期。这一阶段的跨境人民币业务以零售市场为主，人民币资金主要通过个人业务积累。2009年6月末，香港地区人民币存款余额不到600亿元，离岸人民币资金池规模处于较低水平，市场交易不活跃且流动性不足，发展速度相对缓慢。

2009—2015年是离岸人民币即期外汇市场的发展期。中国开启人民币跨境结算的政策成为离岸外汇市场发展的主要推动力。2009年7月，人民币跨境贸易结算试点启动，随着试点逐步深入和放开，叠加当时人民币较强的升值预期，国际投资者有较强意愿持有离岸人民币资金，香港离岸人民币资金池快速积累，人民币离岸外汇即期市场的发展迈上一个全新的台阶。此外，由于2008年美国次贷危机蔓延至全球，世界范围内的金融动荡使得国际资本对人民币的呼声日渐升高，人民币离岸中心的发展有了一个积极的国际外部环境。

在此背景下，人民币离岸市场启动了CNH可交割外汇品种，同时离岸人民币利率曲线不断完善，并带动远期、期权、掉期等衍生品市场加速发展，主流交易品种开始连续报价并逐步成熟，市场交易量和流动性迅速提高，“CNH”开始成为离岸人民币的专用货币符号，以区别于在岸人民币的ISO代码“CNY”。人民币“一种货币，两个市场”的货币综合体格局正式形成。

离岸人民币即期外汇市场的成熟期是2015年“8・11”汇改实施以后。“8・11”汇改使得市场因素在人民币汇率形成机制中的作用进一步增强，人民币汇率弹性显著提升。在人民币国际化的发展进程方面，2016年10月人民币正式纳入国际货币基金组织特别提款权货币篮子，这是人民币国际化加速推进的关键里程碑，给离岸人民币外汇市场的发展带来了积极的国际环境和全新的发展机遇。

成熟期的离岸人民币即期外汇市场表现出一些新特点。第一，市场交易量稳步增长。根据国际清算银行的调查，香港地区作为全球最大的离岸人民币外汇交易市场，人民币外汇交易平均每日成交金额由2016年4月的771亿美元增长至2019年4月的1 076亿美元，香港市场占到全球人民币外汇交易量的1/3以上。第二，“8・11”汇改后，市场双向交易活跃，并推动了离岸衍生品市场的发展。2015年以后，人民币汇率打破了单边上涨的预期，表现出明显的双向波动，并进一步经历了两轮完整的涨跌周期。外汇市场参与者对人民币的汇率走势表现出明显的预期分化，通过金融工具对冲人民币汇率风险的理念逐步普及，离岸人民币衍生产品有了强烈的市场需求。第三，离岸和在岸双向的“互联互通”工具带动了离岸外汇市场的发展。当离岸人民币市场处在初级阶段时，其发展的主要桎梏一直是 CNH 的用途不够丰富，可投资标的有待丰富。两个市场之间双向的“互联互通”工具极大地解决了这一痛点，“股票通”“债券通”和“互换通”等双向“互联互通”工具的启动和发展推动了离岸外汇交易需求的不断增长，并推动人民币离岸市场和在岸市场的联通和融合。伴随着内地金融市场高水平对外开放进程的加快，人民币开始在满足国际市场日常支付需求、进行全球资产配置方面发挥更大的作用，人民币离岸市场的发展初步进入成熟阶段。从全球范围看，这一阶段随着人民币双边货币互换规模的扩大，新加坡、中国台湾、英国伦敦等地的人民币外汇市场开始迅速发展，境外人民币外汇产品种类基本涵盖了国际上主流的产品类别。

（二）离岸人民币外汇衍生品市场

1. 离岸外汇远期市场

离岸人民币远期外汇交易按照是否可交割分为两类。最早出现的离岸远期品种是无本金交割（Non-deliverable）[①] 的人民币远期外汇产品，主要交易无本金交割远期（NDF）合约。从各国的实践来看，NDF 的产生主要是因为一国货币不可自由兑换、在岸远期市场不够发达，而市场参与者又有对冲该货币汇率风险的需求，需要借助国际化货币进行损益交割。此后，2010 年 7 月人民币在香港地区成为可交割（Deliverable）的货币，国际市场采用 CNH 表示香港人民币，以区别于在岸人民币的 ISO 代码 CNY。随着境外人民币资金池的不断积累，可交割的离岸人民币市场规模迅速发展并超过了无本金交割的 NDF 市场 [②]。

---

① 无本金交割远期合约在到期日不进行本金交割，根据远期汇率与标的即期汇率的差额计算损益金额，通过本币或外币进行轧差清算。

② 不可交割的远期合约与可交割的远期（DF）合约之间的区别在于，NDF 合约到期后不进行货币交割，交易双方用现金结算盈亏（一般用美元结算）。由于是场外（OTC）交易，NDF 合约没有统一标准。尽管 NDF 交易发生在中国境外，NDF 合约仍然以境内人民币汇率在岸价格为结算价格，一般以中国外汇交易中心每天上午公布的人民币中间价作为结算价格。除了无本金交割远期合约，NDF 市场也有少量无本金交割的掉期（NDS）和期权（NDO）交易。

离岸人民币可交割远期产品的迅速发展得益于离岸人民币资金池的快速积累和离岸人民币债券市场的迅猛发展。此外，香港金管局在离岸人民币市场启动初期就鼓励市场机构推出人民币远期可交割产品，宣布“人民币流入香港市场后，只要不涉及资金回流内地，辖内银行可以按照香港法规、监管要求及市场因素发展人民币业务，在采取审慎的风险监管措施后，辖内银行可在香港发行人民币存款证或推出人民币远期交割合约”。在上述因素的共同推动下，离岸人民币可交割远期产品在市场上产生了多个期限的连续报价，市场交易规模迅速扩大，市场流动性迅速提升，外汇远期市场开始迅速发展。

值得提及的是，由于人民币形成了“一种货币，两个市场”的结构，不仅人民币在岸和离岸即期汇率之间长期存在一个汇率差值，人民币远期外汇品种之间也长期存在汇率差值。当市场处于“三元悖论”的“非角点解”区间时，市场并未实现均衡，会刺激市场反复套汇和套利，此时需要货币当局对两个市场进行干预和调适（详细讨论参见第三章第三节）。

2. 离岸货币掉期市场

离岸人民币资金池的积累和扩大推动了离岸货币掉期

业务的迅速发展。2010 年，离岸市场仍处在萌芽阶段，市场流动性不足。2012 年以后，离岸人民币债券发行量逐渐增长，离岸市场主体对利率风险对冲的需求增加，离岸人民币市场的深度和广度有所提升，货币掉期市场进入快速发展阶段。这时的 CNH 掉期市场呈现出两个特点。

第一，人民币离岸货币掉期市场中的短期限产品发展较迅速，但长期限产品发展较缓慢。究其原因，主要是：（1）在人民币离岸市场建设初期，离岸人民币资金池规模比较有限，这在一定程度上限制了人民币离岸市场无风险利率曲线的完善，导致离岸市场机构在利用自身人民币利率曲线计算产品价格时差异较大。（2）人民币离岸市场呈现出外汇市场的深度好于利率市场的特点。人民币离岸利率市场深度不够，导致人民币离岸交叉汇率掉期的对冲手段不够丰富，限制了做市商的报价意愿。不过，随着香港交易所在 2013 年联合若干家商业银行成立了场外结算公司，上述问题在一定程度上得到了缓解。（3）离岸人民币交叉货币掉期交易期限越长，需要占用的交易对手授信额度越大，不同类型的市场主体在获得信用风险补偿方面存在差异，这会影响离岸人民币交叉掉期市场的发展。

第二，从期限和报价等微观要素来看，原先离岸人民币交叉货币掉期市场的标准报价为人民币固定对美元 3 个月伦敦同业拆借利率（LIBOR）浮动；LIBOR 定价机制改革后，标准报价变为人民币固定对美元有担保隔夜融资利率（SOFR）浮动；同时，香港离岸银行可根据客户需要进行定制化报价，报价期限可扩大到 10 年。

3. 离岸外汇期货市场

和离岸人民币远期合约类似，境外人民币期货也包括两类：一类是以在岸人民币汇率为标的的无本金交割在岸人民币期货，另一类是以离岸人民币汇率为标的的可交割离岸人民币期货。2006 年 8 月芝加哥交易所（CME）最早推出了无本金交割的人民币期货产品。由于 2006 年境外还没有可交割的人民币，芝加哥交易所推出的是无本金交割的人民币期货产品。

2012 年 9 月香港交易所（HKEx）推出首只进行实物交割的离岸人民币期货。港交所的离岸人民币期货单手合约为 10 万美元，以人民币报价，离岸人民币期货到期后，按照香港财资公会（TMA）公布的 CNH 即期定盘价，以人民币进行实物交割。此后，香港交易所于 2016 年进一步推出了人民币对欧元、日元和澳元的期货合约，人民币离岸期货市场得到进一步发展。截至 2022 年底，香港市场的人民币外汇期货市场已成长为高流动性市场，场内期货交易商数量超过 120 家。

4. 离岸外汇期权市场

随着人民币离岸和在岸即期、远期外汇市场的发展，人民币汇率波动性不断增加，企业和银行对汇率保值避险工具的多样化需求也随之增加。离岸人民币期权产品以离岸人民币外汇市场波动率为主要交易标的，并持续推出了形式丰富的创新期权组合产品。

离岸人民币外汇期权市场在发展早期主要以不可交割形式为主。中国香港、新加坡的场外市场最早出现了离岸人民币不可交割外汇期权。这类期权大多属于欧式期权，只能在到期日执行，报价形式较为多样，报价方式相对灵活，无论在市场交易量还是活跃度方面都远胜于芝加哥商业交易所的场内人民币外汇期权产品。

对于离岸可交割人民币期权市场而言，由于期权的 Delta① 风险对冲需要借助即期和远期市场，因此可交割期

---

① Delta 值指的是衡量标的资产价格变动时，期权价格的变化幅度。对于看涨期权，Delta 值是 0—1 的一个数。对于看跌期权，Delta 是 -1—0 的一个数。如果 Delta 的绝对值接近 1，那么标的资产的价格变动，会导致期权价格几乎相同的变动。如果 Delta 的绝对值接近 0，那么标的资产的价格变动，几乎不会导致期权价格出现变动。

权市场出现的时间相对较晚。随着离岸人民币外汇即期市场和离岸人民币外汇远期、掉期市场的成熟完善，离岸市场的可交割人民币外汇期权市场才开始逐渐发展起来。

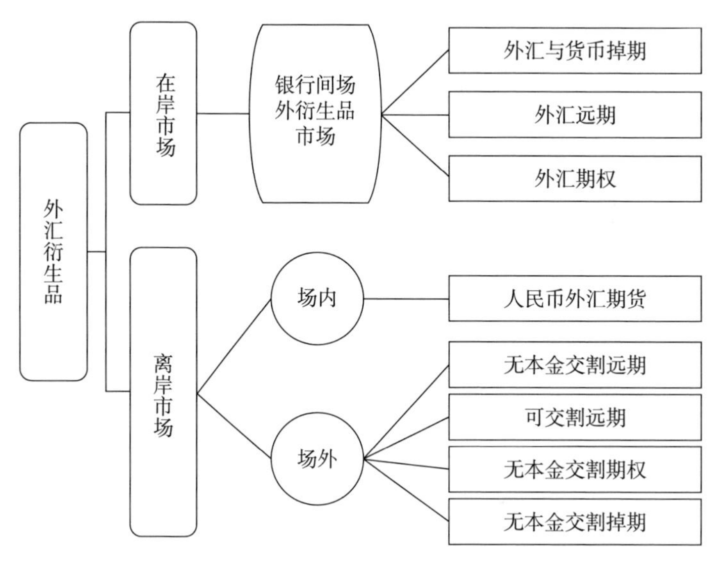

图 1-5　人民币外汇衍生品市场构成

五、人民币离岸市场流动性的主要来源

香港离岸人民币市场是最早和最成熟的人民币离岸中心。香港地区实行港币和美元之间的联系汇率制度，维护港币汇率的稳定是香港地区货币政策的唯一目标。香港离岸人民币市场形成于该货币制度的基础上，使离岸人民币

市场的流动性补充方式也和全球大多数货币市场迥然不同。现阶段香港人民币离岸市场主要有四种补充流动性的方式，分别阐释如下。

一是货币掉期交易。当前人民币离岸市场的货币掉期交易主要是离岸市场上的美元与人民币之间的掉期，这是离岸市场增补人民币流动性最主要的方式。由货币掉期交易蕴含的离岸人民币隐含收益率（CNH Implied Yield）是离岸人民币货币市场的关键指标利率。

二是货币利率交叉互换。货币利率交叉互换能够将美元转换成人民币，到期后再全部转回美元，并锁定其中的利率和汇率风险，兼具货币互换和利率互换的双重特征。货币利率交叉互换是伴随着人民币“点心债”市场的扩张而发展起来的。由于通常离岸人民币市场的资金利率比在岸市场更低，同时中资企业和金融机构对于发行离岸“点心债”的兴趣很高，伴随着离岸衍生品市场的发展，市场的供需双方找到了一个结合点，即货币利率交叉互换。持有美元的投资者，可以通过货币利率交叉互换将美元转换为离岸人民币，并持有一个“点心债”，债券到期后发行人还本付息，投资人将离岸人民币全部转回美元，其中的利率和汇率风险全部被锁定，投资人只需要承担信用风险。

货币利率交叉互换产品极大地推动了离岸资本市场的发展。

三是同业拆借。同业拆借又被称为“同业拆放”，是金融机构之间短期、临时性的头寸调剂行为。香港人民币同业拆借并不是离岸市场流动性增补的最主要来源，这与人民币在岸市场有很大差别。在资金价格方面，同业拆借价格主要参考对应期限的离岸人民币隐含收益率（由 CNH 货币掉期计算得出），因此资金价格的变动会先由离岸人民币隐含收益率反映出来，再间接传导至同业拆息价格上。因此，离岸人民币同业拆借交易对利率变动的敏感性通常表现得较为滞后和间接。在交易活跃度方面，同业资金的拆出机构需要预先授予拆入机构一个信用额度，这个过程包含了对拆入机构信用资质的评估，因此拆借头寸的规模总体有限，交易活跃度也弱于货币掉期交易。

四是回购。香港清算行和香港金管局是香港离岸人民币回购交易的管理和执行机构。回购交易不参与离岸人民币利率的形成过程，因此不会产生新的离岸资金价格。离岸人民币的回购交易只是离岸流动性的次要补充方式，总体规模有限，但在流动性紧张的时期可以平抑资金价格的大幅波动，稳定市场预期。

第三节　离岸人民币汇率和利率的联动关系

由于人民币离岸市场和在岸市场的资金形成和定价机制完全不同，因此两个市场的人民币利率和汇率之间，表现出非常复杂的联动关系，需要货币当局对两个市场进行持续管理和调适。

与此同时，离岸人民币的利率市场和外汇市场发展并不均衡，表现为离岸人民币外汇市场的发展比利率市场更成熟。人民币即期外汇市场、远期外汇市场和外汇掉期市场都具有较好流动性。然而，人民币离岸利率市场主要以货币掉期、同业拆借和货币利率交叉互换为主，且以货币掉期隐含的离岸人民币隐含收益率成为离岸人民币市场的重要参考利率，这体现出人民币离岸利率市场缺乏深度，流动性支持措施不如在岸市场丰富，这导致市场参与者在对冲利率及汇兑风险时缺乏必要的工具，限制了离岸人民币在金融市场的交易和使用。

由于离岸利率市场缺乏深度，两个市场的汇率和利率联动关系并不遵循无抛补的利率平价关系，成为世界上最复杂的本币价格系统，具体表现为以下几个方面。

第一，离岸人民币利率受美元利率的影响较大。如果出现中美利率倒挂的情况，离岸人民币汇率会表现出更大的波动性。离岸市场的投资者通常更加国际化和多样化，其与世界市场的连接更加紧密。当美元处在升息通道时，人民币离岸市场的投资收益率通常也会随之升高。2022年4月11日，中美10年期国债利差出现了自2010年6月11日以来的首次倒挂现象，当天美国10年期国债收益率上行5.5个基点至2.76%，中国10年期国债收益率则为2.75%。到了2023年10月25日，美债10年期收益率上行并徘徊在4.86%附近，此前曾一度达到5.02%，中美利差倒挂幅度也呈现扩大态势，一度达到–216个基点。2023年10月以来，面对中美利差倒挂幅度的波动性走阔，在岸人民币汇率保持平稳波动，但由于离岸人民币利率和美元利率呈现更强的联动关系，离岸人民币汇率由此承受了更大的下行压力。

第二，离岸人民币指标利率受离岸人民币对美元汇率的影响更大。当离岸人民币对美元贬值或存在贬值预期时，通过货币掉期交易到期归还的离岸人民币会更多，相当于资金借入方支付了更高的成本，由此抬高了离岸人民币的整体利率水平。

第三，离岸人民币资金池对人民币和美元之间的汇率较为敏感，汇率波动会通过 CNH 资金池传导至利率市场。当离岸人民币对美元汇率处在贬值通道或预期时，CNH 资金池的规模会整体收缩。中国自 2009 年开启跨境贸易人民币结算以来，CNH 资金池的主要增长来源一直是贸易渠道流进海外市场的人民币。当离岸人民币汇率存在贬值预期时，离岸主体会倾向于减少持有人民币资产（CNH Assets），导致 CNH 资金池规模的减小，并进一步引起离岸人民币流动性的紧张，从而推高离岸人民币市场的利率水平。当离岸人民币对美元的汇率处在升值走势或预期时，CNH 资金池的规模会出现扩张，因为离岸机构在进行贸易活动时会倾向于持有人民币，CNH 资金池的不断扩大会引致离岸市场利率的随之走低。

第四，人民币离岸和在岸的汇率基差会影响离岸市场利率。如果离岸人民币相对于在岸人民币更便宜，汇率基差会促使跨境结算资金将离岸人民币通过在岸购汇方式留存于在岸市场形成 CNY，从而套取无风险汇差收益。上述套汇行为使得离岸人民币回流内地，导致离岸人民币汇率升值（USDCNH 买盘增多），并联动在岸人民币汇率的贬值（USDCNY 卖盘增多）。这种情况会引起离岸人民币流动性的紧张，并带来离岸和在岸人民币汇率波动率的同时升高。离岸货币市场流动性的紧张会推升离岸利率水平，此外，汇率波动率的提高也给汇率管理和调适带来一定挑战。

第四节　人民币离岸和在岸的管理与调适

依据无抛补的利率平价理论，离岸人民币和在岸人民币形成了一套非常复杂的利率和汇率的联动关系。货币利率政策通常牵引着边际汇率水平，组成一套精细的调适操作。离岸人民币和在岸人民币市场的利率和汇率综合体，是世界上最复杂且独一无二的货币综合体。两个市场的价格体系尚未实现一个稳定的均衡关系，而是需要货币当局进行精细的管理和调适。

对人民币离岸和在岸价格的调适操作，通常是通过对在岸人民币汇率的基准定价和对跨境资金的管制来实现的。根据无抛补的利率平价理论，当投资者是风险中性且理性时，利率收益的盈利会导致汇率的贬值，且二者的百分比相等。如果无抛补的利率平价理论成立，则货币套息交易的预期超额收益应该为零。在风险中性的世界中，远期汇率应该是未来即期汇率的无偏预测指标。当前，人民币在岸市场尚不能实现完全的自由兑换，因此央行对人民币在岸汇率具有较大的影响权，形成了在岸人民币汇率的基准定价。同时，由于离岸人民币汇率的收盘价更反映市场预期，客观上也成为次日在岸人民币开盘价的重要参考。

离岸人民币允许自由兑换，当市场预期离岸人民币相对美元升值时，就会贷出离岸人民币投资美元，实现套利。离岸人民币利率决定了离岸市场上的套汇成本，只要对在岸市场管制人民币流出，就能促使离岸市场的人民币利率上升。这时套利交易会被削弱，离岸人民币汇率将趋于稳定。

对价格系统的调适操作，伴随着较高的政策成本。由于人民币离岸和在岸是“双重”的汇率机制，当政策工具干预汇率水平时，会相应地迫使货币当局用扭曲利率的方式实现再平衡，这可能导致利率和汇率都发生扭曲，使得无抛补利率平价公式失衡。这也可能导致人民币在岸和离岸市场中的利率水平进一步分离，从而更加激励市场反复套利套汇，使货币政策陷入首尾难顾的窘境。由此看到，对人民币复杂系统的管理和调适操作，是一个异常精细的动态平衡过程，体现着短端成本和长端收益的权衡。

什么样的调适对策更符合人民币离岸和在岸市场的现状和要求？由于人民币离岸市场是“渗透型”和“隔离型”的，两个市场之间的作用和影响机制极其复杂，对其管理和调适也伴随着较高的政策成本，且政策时间窗口的选择非常重要。鉴于此，我们就货币管理当局进一步完善和优化对两个市场的管理和调适提出如下对策建议。

一是拓宽离岸和在岸资本市场的“互联互通”机制。中国高水平资本账户的开放以渐进式改革为特点，其中资本市场“互联互通”机制是最重要的政策工具。人民币离岸市场和在岸市场间的分割，会随着资本市场“互联互通”工具的增加而收窄，表现为市场分割状态的逐渐收敛，体现出价格联动关系的进一步增强。随着“互联互通”工具的丰富运用，人民币离岸和在岸货币综合体的平价关系会呈现自动的互相调适，使离岸和在岸的利率和汇率联动沿着无抛补利率平价公式实现均衡，这也是离岸人民币市场设立的目标之一。

二是维护人民币在岸汇率的稳定。在离岸市场资金自由流动的环境下，随着离岸人民币各种利率、汇率和衍生品的发展，无抛补利率平价机制在离岸人民币利率决定机制中已发挥重要的定价作用。因此人民币在岸汇率的稳定是维持离岸市场利率水平相对平稳、避免市场大起大落的前提，也是离岸市场整体健康发展的前置基础。

三是完善离岸人民币流动性补充机制。在没有外部流动性补充的情况下，当离岸人民币进入贬值走势时，势必会推高离岸利率市场，加大离岸利率市场的波动性。虽然香港金管局和香港清算行已通过各自渠道为市场提供流动性补充，但随着离岸市场规模的不断壮大，还需要更多的渠道来满足市场对流动性的需求，为离岸市场平稳健康发展提供保障。

四是拓展人民币离岸市场的深度。如前所述，离岸人民币外汇市场的深度总体优于利率市场。人民币即期外汇市场、远期外汇市场和外汇掉期市场都具有较好的流动性。然而，人民币离岸利率市场主要以货币掉期、同业拆借和货币利率交叉互换为主，且以货币掉期蕴含的离岸人民币隐含收益率作为离岸人民币市场的重要参考利率。这体现出人民币离岸利率市场缺乏深度，流动性支持措施不如在岸市场丰富，导致市场参与者在对冲利率及汇兑风险时缺乏必要的工具，限制了离岸人民币在金融市场的交易和使用。因此，虽然离岸人民币债务工具大幅增长，但离岸债券二级市场的流动性较低，部分原因是离岸利率市场缺乏深度。

同时，由于离岸人民币资金池规模有限，很容易因各种汇率利率套利行为产生波动，从而影响市场流动性和利率水平。所以，从长远来看，需要继续开放人民币的流出管道，丰富离岸市场的投资产品，完善人民币在在岸和离岸市场之间的循环，从而稳定和扩大离岸人民币资金池规模，增强市场供求关系对离岸人民币利率的决定程度。

第五节　双向“互联互通”政策工具箱

一、股票市场：“沪港通”和“深港通”

“沪港通”和“深港通”是资本市场高水平对外开放的关键里程碑。“沪港通”于 2014 年 11 月正式启动，“深港通”于 2016 年 12 月正式启动。在“一种货币，两个市场”结构下，中国有条件、有选择、有管理地开放 A 股市场，同时维持对资本账户的“软”管制，是建立“渗透型”和“隔离型”离岸市场的关键举措。

“沪港通”和“深港通”首次打通了中国内地和香港地区普通投资者投资彼此股票市场的通道。中国内地和香港地区的投资者可以委托本地券商，经本地交易所买卖、交易和结算对方市场中的股票，并借助交易所集中平台，突破了人民币在岸市场的货币兑换限制，同时没有与资产规模和运营年限相关的准入门槛要求，这意味着中国A股第一次对境外的小型机构投资者和普通个人投资者直接敞开大门。

对于中国在岸市场而言，“沪港通”和“深港通”是中国推动资本账户高水平对外开放的重要里程碑。它综合了目前所有高水平资本账户开放措施的主要功能，首次在不改变本地制度规则与市场交易习惯的原则下，建立起一个全方位的、封闭运行的、可扩容的、风险可控的双向开放结构，为制度与规则的逐步改革拓展了空间与时间。两地股票市场“互联互通”实施以来，境外投资者表现出了极大的投资热情。截至2022年10月，“沪股通”标的股票数为594只，累计成交达41.96万亿元人民币；“深股通”标的股票数为933只，累计成交达45.21万亿元人民币，二者总共为内地股票市场带来了16 294亿元人民币的净资金流入。[①]

股票市场“互联互通”已然成为外资参与A股市场的重要方式。在A股上市公司的股东结构中，截至2020年底，以香港中央结算有限公司作为前十大流通股股东的上市公司数已超过1 371家。随着外资对A股上市公司持股水平的不断提高，“沪港通”和“深港通”对于内地资本市场的积极影响开始逐渐显现。

对于香港离岸市场而言，“沪港通”和“深港通”可以进一步巩固香港股票市场的优势，提升市场的流动性和有效性（详细讨论参见第五章），推动人民币离岸中心的建设，并为其他资产类别“互联互通”工具的推出提供实践参考。

由于“沪港通”和“深港通”是最先推出的政策联通工具，其在推出之初面临着两个市场差异带来的重大挑战。同时，这个富有创造性和延展性的合作模式也成为后续其他“互联互通”工具的参考依据，我们在此对其设计和运作逻辑做一个详细说明。

---

① 数据来源为深圳证券交易所和上海证券交易所。

“沪港通”和“深港通”的设计和运作逻辑

作为在岸市场渐进开放资本账户的一大创新，“沪港通”和“深港通”旨在以最小的改革成本，换取开放人民币市场的最佳成效。在岸市场和离岸市场尽可能地沿用自身市场的法律、法规、交易习惯，同时尽可能地降低对投资者的限制因素，让市场力量充分发挥作用，最大幅度地实现中国资本市场的双向开放。其设计遵循谨慎的原则，充分考虑到在岸和离岸市场的差异和风险因素。其设计和运作逻辑有以下几个特点。

1. 人民币境外换汇实现全程回流。离岸投资者买卖A股是用离岸人民币支付，再由香港结算公司统一与内地结算公司进行结算并支付人民币。反之，在岸投资者买入港股将支付在岸人民币，再由内地结算公司把人民币带到香港，在香港兑换成港币，最后交付给香港结算公司进行结算；卖出港股时，资金也将最终以人民币“原路返回”。

从以上过程可以看出，在股票市场“互联互通”的运作框架下，所有的跨境资金流动都是以人民币进行的，这样做可以最大限度地降低对在岸人民币及外汇储备造成的影响，借助香港离岸人民币中心，完成双向人民币换汇，实现投资人民币的完整环流，大大加快了人民币国际化进程的步伐。

2. 本地原则为本，主场规则优先。正如在不同地区驾车要遵守当地交通规则一样，“沪港通”和“深港通”的交易须分别遵守两地市场适用的规则。这个原则体现在上市公司、证券公司、交易与结算公司三个层面。

（1）双方投资者投资对方市场目标股票时，受对方上市公司证券监管者保护；目标公司的信息披露与投资者保护责任受目标公司上市地监管者约束。

（2）证券公司仍然遵循发牌地的法律和有关规则。

（3）交易与结算以目标公司所在市场的交易、结算规则与习惯不变为本。与此同时，出发地投资者还须遵循出发地市场的某些特殊的交易与结算规则。

整体而言，两地监管机构基本沿用各自现有法律与监管规则，以最低制度成本实现了最大市场化运作。

3. 对交易总量数据进行撮合，实现最大限度的价格发现。在“沪港通”和“深港通”机制下，投资者买卖对方市场股票的本地订单，将会被直接传递到对方交易所平台，与当地买卖订单一并进行总撮合。股票的交易价是在结合两地买卖盘总量后，由总量对盘形成的价格，不会分割流动性，以保证达到最佳的价格发现。

4. 结算净额跨境，避免跨境资金的大进大出。股票结算与资金交付将通过本地结算公司先在本地进行差额交易，再以净额方式与对方结算所做最终结算。两地结算所互为结算参与者，分别代表两地参与者实行净结算。净额交收可以避免资金大进大出，控制资金跨境流动风险，减少对银行资金池造成的波动。

5. 结算交付全程封闭，实现风险全面监控。流入"互联互通"系统内的资金只能用来买卖规定范围内的A股或港股，一经卖出，套现资金只能在本地结算系统原路返回，而不会以其他资产形式留存在对方市场。这样做能够有效防范洗钱活动，控制游资无序流动风险。

在"互联互通"模式下，所有的交易行为都在交易所、结算公司的系统内进行，谁在买卖、买卖什么、以什么价位建仓或出仓等一目了然，均有清晰记录，能够有效监控市场。

6. 模块化结构，方便扩容、扩量、扩市。"沪港通"

和"深港通"的设计预搭建了可延伸性，它的模式可以灵活地拓展至更多的投资目标、更大的投资规模，也可以满足其他地域、市场和资产类别对跨市场、跨监管体系"互联互通"的要求。

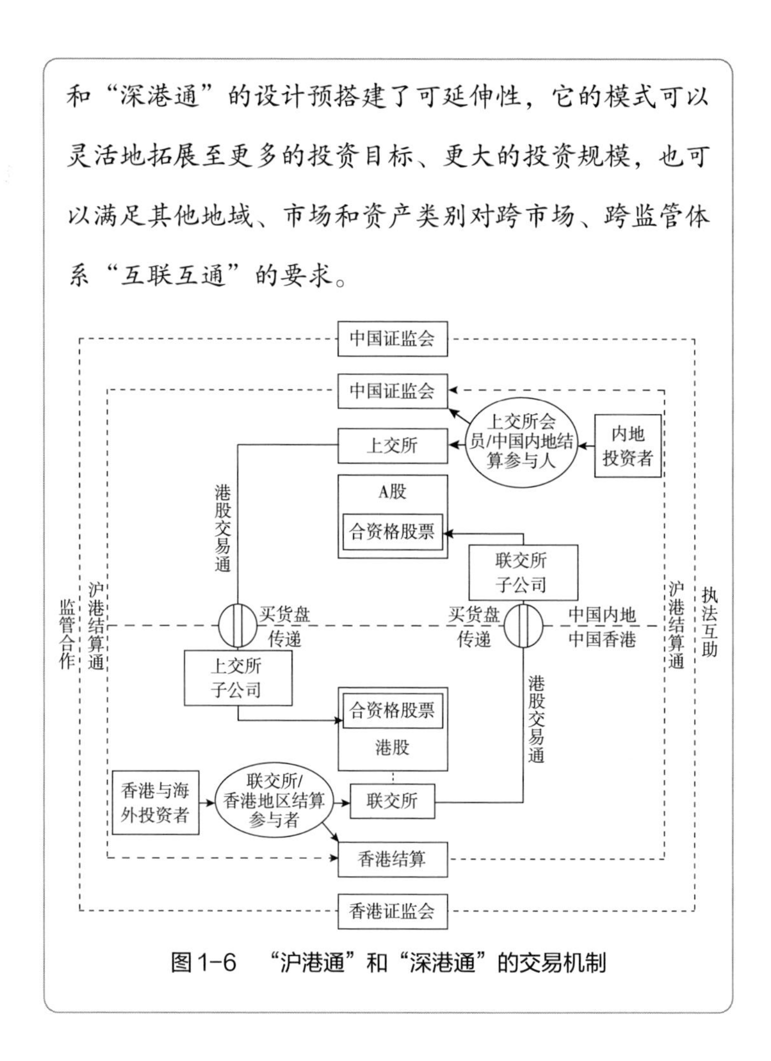

图1-6　"沪港通"和"深港通"的交易机制

二、债券市场："债券通"

一个成熟开放的债券市场往往是大国金融市场崛起的

标志，也是本币国际化成功的基础条件。只有当国家具备一定的经济和金融实力后，外国投资者才有信心大规模地投资其债券市场；也只有当外国投资者广泛使用该国货币作为金融市场（尤其是债券市场）上的投资计价货币和储备计价货币时，一国货币才能成为真正的国际货币。

“债券通”是内地与香港债券市场的“互联互通”合作，境内外投资者通过香港地区与内地债券市场基础设施的连接，买卖两个市场流通债券的机制安排，包括“北向通”及“南向通”，这是推动中国债券市场联通世界的一项具有里程碑意义的重要举措。

“债券通－北向通”于2017年7月3日开通，主要是香港地区及其他国家与地区的境外投资者经由香港与内地基础设施机构之间在交易、托管、结算等方面“互联互通”的机制安排，并投资于内地银行间债券市场。在“北向通”运行四年后，“债券通－南向通”于2021年9月24日上线运行。“南向通”是内地投资者投资香港地区债券市场交易流通的债券。在“南向通”正式设立之前，机构投资者主要是通过债券收益互换[①]及合格境内机构投资

① 债券收益互换又称“债券掉换”，是通过对债券或债券组合在水平分析期中的收益率预测来主动地互换债券，从而主动地经营一组债券资产。

者（QDII）[①] 配置境外债券，“南向通”的设立有助于丰富境内投资者标的选择范围，并增强汇率管理意识。伴随“南向通”开放，跨境资本将更加呈现双向波动态势。

“债券通”与“沪港通”和“深港通”一样，第一次为全世界数量众多的国际小型投资者敞开了大门，方便他们从海外参与中国债券市场。交易券种涵盖国债、政策性金融债、政府支持机构债券、同业存单、中期票据、短期融资券和企业债等各种类型。

表 1-2 “债券通”的“南向通”和“北向通”交易规则对比

项目	南向通 （内地投资者投资香港债券市场）	北向通 （境外投资者投资内地债券市场）
上线时间	2021 年 9 月 24 日	2017 年 7 月 3 日 （现日均交易额 260 亿元，4 年约增加 17 倍）
交易时间	9:00 至 12:00 13:30 至 20:00	9:00 至 12:00 13:30 至 20:00
交易货币	债券发行条款中约定的币种	人民币
额度	年度总额度为 5 000 亿元； 每日额度为 200 亿元	不设额度

① QDII，即 Qualified Domestic Institutional Investor 的首字母缩写，为合格境内机构投资者，是指在人民币资本项目不可兑换、资本市场未开放条件下，在一国境内设立，经该国有关部门批准，有控制地允许境内机构投资境外资本市场的股票、债券等有价证券投资业务的一项制度安排。

续表

项目	南向通 （内地投资者投资香港债券市场）	北向通 （境外投资者投资内地债券市场）
参与资格	首阶段包括中国人民银行认可的部分内地公开市场业务一级交易商（41家），及QDII与RQDII的投资者	符合银行间债券市场准入条件的境外机构投资者
投资产品	香港债券市场交易流通的所有券种	银行同业债券市场交易流通的各类债券，包括利率债及信用债

中国债券市场的成熟和开放，是中国经济和金融实力不断提升的标志。作为连接内地和国际金融市场的重要桥梁，“债券通”极大提升了在岸和香港离岸市场“互通互联”的效率和一体化程度，扩大了香港离岸金融市场的容量与规模，也为全球投资者参与中国内地金融市场提供了更加便利的通道，为内地债券市场的开放和发展迎来突破，也为人民币国际化做出了重要贡献。同时，香港地区与国际接轨的金融市场规则、基础设施安排和监管体系等，也有助于推动内地深化金融市场的开放和改革。

从货币国际化的视角来看，成熟的国际货币需要构建一套成熟的流动性循环机制，即货币能“走出去”，还能“回得来”。以美元为例，由于美元成了国际石油结算最主要的货币，在此基础上，美元“走出去”的渠道较顺畅，难点在于美元的回流机制。美元债券，尤其是美国国债（美国国债建立在美国国家信用基础上，目前是全球份额占比最大、流动性最好的债券品种）成为最主要的美元回流机制的载体，发挥了美元国际货币循环体系的核心作用。也就是说，因为有了美元债券的关键支撑，美国才得以构建了美元的“国际货币循环”（见图 1–7）。

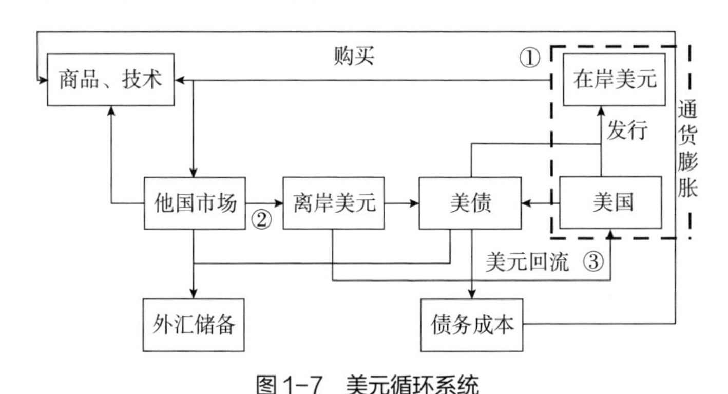

图 1–7　美元循环系统

“债券通”的开通对于人民币国际化的推进具有深远的影响。中国借助香港离岸市场，通过债券“互联互通”的方式，可以实现“有管理、有控制和有隔离”地向世界开放中国在岸债券市场，规避了在岸人民币在兑换上的限制，并在一定程度上打开了中国在岸资金投资海外债券的通道，构建了一个封闭式的货币循环机制。

从全球资产占比的角度来看，全球债券市场仍然是占比最大的金融类型，债券市场的规模长期超过股票市场，是增长潜力最大的市场。截至 2022 年 9 月，全球债券市场市值达到 125 万亿美元，而全球股票市场市值为 86 万亿美元。以全球第一大债券市场美国为例，截至 2022 年底，美国债券市场余额约为 60 万亿美元，约占世界固收市场的 39%，是当年美国 GDP 总量的 235%。

中国债券市场是世界上增长最快的债券市场之一。在过去十年里，中国债券市场规模增长了 444.3%，成为仅次于美国的第二大债券市场，截至 2022 年底的总存量规模达到 20.18 万亿美元。截至 2021 年 12 月末，境外机构持有中国银行间市场债券达 4 万亿元，占比 19.8%，而这一占比在 2016 年仅为 2%（8 526 亿元），债券“互联互通”机制在此发挥了关键性作用。依托于 2016 年人民币被正式纳入国际货币基金组织的特别提款权货币篮子，人民币债券在“债券通”开启之后也陆续被纳入全球三大主流债券指数。这极大地扩大了中国债券市场价格的国际影响力，外资持有人民币债券份额的提高也提升了中国在岸债市基础设施的国际参与度。

从金融中心基础设施建设角度来看，一个高度发达的国际金融中心必须拥有一个高度发达和稳健的金融基础设施，若离开了金融基建，金融中心的地位便无从谈起，货币国际化也将无从谈起。香港地区之所以能够成为国际金融中心，其“债务工具中央结算系统”（CMU）是最主要的基础设施支撑之一，但其距离欧美发达经济体的结算系统——“国际中央证券托管平台”（ICSD）还存在一定的差距，如果香港地区借助“债券通”开通的契机，进一步夯实结算系统的功能，将会夯实香港地区离岸人民币中心的战略地位。

香港地区作为国际金融中心，在全球债券市场上占据了重要份额。根据国际资本市场协会统计，2021 年香港地区安排了 34% 的亚洲国际债券发行，而美国、英国和新加坡分别占 22%、17% 和 5%。虽然亚洲债市活跃，可是亚洲市场一直缺乏和欧洲债市规模相当的国际中央证券托管平台。香港地区目前使用的结算系统是自 1990 年开始启用的 CMU 系统，但这个系统距离美欧债市使用的托管平台仍然存在一定差距。香港地区的 CMU 系统最初仅为外汇基金票据及香港政府债券提供发行、交收及结算服务，后来逐渐拓展至在香港发行的港元及外币债券，提供多币种结算、交收及托管服务。当前，无论是香港特别行政区政府发行的债券，还是由中国人民银行、财政部在香港地区发行的央行票据或人民币债券，都是由 CMU 系统结算。截至 2021 年底，存放于 CMU 系统在香港发行的债券总额超过 2 万亿港元。“债券通”开启以来，对离岸和在岸的金融基础设施提出了更高的要求，成为提升香港地区结算系统能力的有效推动力。

“债券通”于 2017 年开通之后，CMU 系统“互联互通”的角色更加重要。CMU 系统成功实现了中国在岸市场与国际惯例接轨，无论是国际还是内地投资者，都可以用自己最熟悉、最便利、最信赖的方式进行结算，大大降低了跨境买卖的结算成本。“债券通”已吸引全球 36 个国家和地区共 3 500 多家机构投资者参与，成功地把投资者引入在岸金融市场。截至 2022 年 4 月，“债券通”日均成交额超过 310 亿元人民币，境外投资者通过 CMU 系统持有在岸债券总值超过 8 000 亿元人民币。此外，2021 年 9 月“债券通 – 南向通”开通后，CMU 系统为内地机构投资者提供便捷、高效及安全的通道，协助内地投资者通过香港离岸市场灵活配置境外债券资产。

将 CMU 系统打造成为亚洲主要的国际中央证券托管平台是香港人民币离岸中心下一步的关键举措。提升 CMU

系统的功能，才可以提升离岸人民币债券市场发展的深度及多元程度，同时更好地从跨境清算、交易结算、托管等方面支持内地与国际金融市场之间的联通。

货币的国际化需要具有深度和广度的金融市场，强大且稳定的金融基础设施是优质金融市场的基本前提，这一点对于任何国家、任何货币、任何路径而言都没有捷径。

三、衍生品市场："互换通"

"互换通"自2023年4月28日起启动，初始开通"北向互换通"。所谓"互换通"，是指境内外投资者通过香港地区与内地基础设施机构连接，参与香港地区金融衍生品市场和内地银行间金融衍生品市场的机制安排。"北向互换通"即中国香港及其他国家和地区的境外投资者（以下简称"境外投资者"）经由香港地区与内地基础设施机构之间在交易、清算、结算等方面"互联互通"的机制安排，参与内地银行间金融衍生品市场。

"互换通"全面借鉴了债券市场对外开放的成熟经验和整体框架，对接境外衍生品市场最新发展趋势，以电子化交易、中央对手方清算为核心优化了现有流程，提高了交易清算效率。“互换通”模式下，境内外投资者可通过相关电子交易平台的连接开展交易，无须改变交易习惯。同时，“互换通”创新了衍生品清算机构互联模式，由两家中央对手方共同为境内外投资者提供人民币利率互换的集中清算服务。境内外投资者可在遵从两地市场法律法规的前提下，便捷地完成人民币利率互换的交易和集中清算。

“互换通”是在股票、债券市场“互联互通”的经验基础上推出的。自2017年“债券通－南北向通”的推出以来，截至2021年，全年境外投资者达成人民币债券交易达到11.47万亿元，境外投资者持有人民币债券规模达到4万亿元，约占全市场总托管量的3.5%。随着境外投资者持债规模扩大、交易活跃度上升，其利用衍生品管理利率风险的需求持续增加。

从银行间衍生品市场来看，自2006年在银行间市场推出人民币利率互换品种以来，经过多年稳步健康发展，其交易规模逐步扩大、参与主体日益丰富、风险管理功能有效发挥。为进一步便利境外投资者参与银行间利率互换等衍生品交易，中国人民银行持续推动银行间利率衍生品市场稳步开放，利用内地与香港两地金融市场良好的合作基础，采取类似“债券通”的金融市场基础设施连接方式，允许境外投资者通过境内外电子交易平台、中央对手方清算机构的互联参与境内人民币利率互换市场。

“互换通”对中国高水平资本账户开放有深远意义。

第一，有利于境外投资者管理利率风险。“互换通”的推出可便利境外投资者使用利率互换管理风险，减少利率波动对其持有债券价值的影响，平缓资金跨境流动，进一步推动人民币国际化。

第二，有利于推动境内利率衍生品市场的发展。推出“互换通”后，由于境外机构存在更多差异化的需求，同时交易场景衔接了更多电子化清算环节，这有助于提升市场流动性，并推动银行间利率衍生品市场的进一步发展，进而形成良性循环。

第三，有利于巩固香港国际金融中心地位。作为中国金融衍生品市场对外开放的重要举措，“互换通”的推出是对“十四五”规划关于强化香港国际资产管理中心及风险管理中心功能的具体落实，有利于增强香港作为国际金融中心的吸引力，深化内地与香港地区金融市场的合作。

第二章

人民币国际化的离岸发展

第一节　现代国际货币格局

世界货币格局是从历史中一步步走来的。人类最早的统一货币体系开始于 19 世纪 70 年代末。工业革命后，英国建立了古典金本位制度，英镑成为世界最主要的计价和结算货币，伦敦城发展成为最发达的金融中心，国际货币体系逐渐形成。随着国际货币格局的演进，古典金本位制又在历史的跌宕起伏中进一步过渡到新金本位制、布雷顿森林体系、后布雷顿森林体系，一直到当前新时代多元化的国际货币格局。

当历史跨入千禧年，中国经济腾飞并迅速成为世界第二大经济体，人民币开始受到世界的关注，并于 2016 年 10 月 1 日正式加入国际货币基金组织的特别提款权篮子，成为继美元、欧元、日元、英镑后的第五个成员，这也是

SDR 创建以来首次纳入发展中国家的货币。表 2–1 显示了 2022 年 IMF 定值审查[①] 后的 SDR 篮子构成及权重。人民币的加入反映了中国在货币、外汇和金融体系改革中取得的进展，体现了中国在开放和改善金融市场基础设施方面取得的成就。这些举措的继续和深化将使国际货币和金融体系更加强健，也使得国际货币格局更加多元和稳健。

表 2–1 2022 年定值审查后的 SDR 篮子构成及权重（单位：%）

币种	SDR 权重
美元	43.38
欧元	29.31
人民币	12.28
日元	7.59
英镑	7.44

资料来源：国际货币基金组织。

① 2021年3月，为了优先开展应对新型冠状病毒感染的工作，国际货币基金组织执行董事会将 SDR 估值篮子延长至 2022 年 7 月 31 日，有效地重新设定了 SDR 估值审查的五年周期。2022 年 5 月结束的审查维持了特别提款权篮子货币的组成，并更新了其权重，即仍由美元、欧元、人民币、日元和英镑构成，并将人民币权重由 10.92% 上调至 12.28%（升幅 1.36 个百分点），人民币权重仍保持第三位。修订后的篮子于 2022 年 8 月 1 日生效。数据来源参见 https://www.imf.org/en/About/Factsheets/Sheets/2023/special-drawing-rights-sdr。

表 2-2 显示了 2016 年 12 月至 2023 年 6 月全球外汇储备的币种份额。截至 2022 年末，人民币在全球外汇储备中的占比为 2.61%，位居第五。美元和欧元占据了全球外汇储备份额的 70% 以上，是最主要的国际货币；排名第三位和第四位的是日元和英镑。相较于中国经济体量而言，人民币在国际货币格局中的地位与经济规模并不适配，受限于中国资本项目可兑换还未实现，人民币距离成为成熟的国际货币还有一定的距离。图 2-1 绘制了 2016 年末、2019 年末和 2022 年末全球外汇储备份额的柱状对比图。

表 2-2　全球外汇储备的币种份额（单位：%）

时间	美元	欧元	日元	英镑	人民币	瑞士法郎	加元	澳元
2016 年 12 月	65.36	19.14	3.95	4.35	**1.08**	0.16	1.94	1.69
2017 年 12 月	62.73	20.17	4.90	4.54	**1.23**	0.18	2.03	1.80
2018 年 12 月	61.76	20.67	5.19	4.43	**1.89**	0.14	1.84	1.63
2019 年 12 月	60.75	20.59	5.87	4.64	**1.94**	0.15	1.86	1.70
2020 年 12 月	58.92	21.29	6.03	4.73	**2.29**	0.17	2.08	1.83
2021 年 12 月	58.80	20.59	5.52	4.81	**2.80**	0.17	2.38	1.84
2022 年 12 月	58.52	20.40	5.51	4.92	**2.61**	0.23	2.38	1.97
2023 年 6 月	58.88	19.97	5.40	4.87	**2.45**	0.18	2.49	1.97

资料来源：CEIC 数据库。

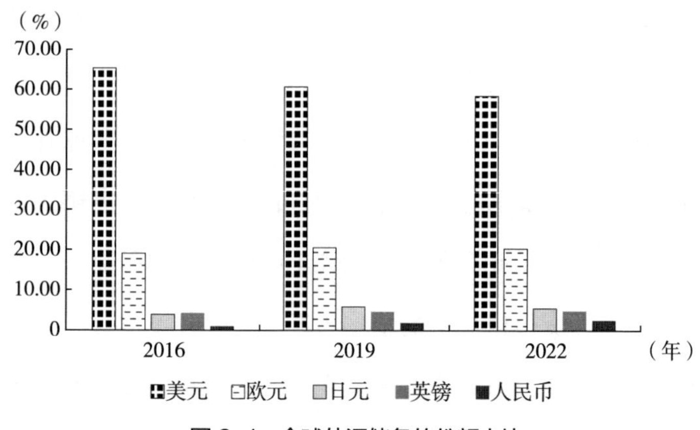

图 2-1　全球外汇储备的份额占比

资料来源：CEIC 数据库。

经济学界对于国际货币的研究通常基于两种框架：一种是货币功能框架，另一种是政治经济学框架。近代以来，金融一体化成为发达国家和许多发展中国家的战略选择，因此学术界对于国际货币的讨论广泛聚焦于货币功能框架。

抽象来看，一种国际货币首先必须是可兑换的，其次必须具有国际用途，包括作为国际贸易和投资的计价单位和支付货币，作为国际金融的投融资货币，以及作为国际储备的货币。要实现货币的可自由兑换，一国必须首先实现经常项目的可自由兑换，其次实现资本项目的可自由兑换。由于开放资本账户通常面临较高的外部风险的冲击，因此大多数国家在实施资本项目可兑换的开放政策时通常比较谨慎。例如第二次世界大战（以下简称“二战”）后的德国，德国马克于 1958 年 12 月已经实现了经常项目的可自由兑换，但直到 1984 年 12 月才最终实现马克在资本项目上的完全可自由兑换。日本的情况也很类似，日元于 1964 年实现了经常项目下的汇兑自由，但直到 1980 年才实现资本项目的自由兑换。此外，要扩大货币的国际用途，这包括建立货币的国际影响力，拓展金融市场的深度和广度，形成货币流动的循环机制，形成庞大的、有吸引力的、以本币计价的资产和负债等。纵观历史，无论一种货币的国际化路径如何，其都包含了可自由兑换及丰富的跨境用途。

中国经过几十年的高速发展，人民币成为崛起的新星。人民币国际化的路径也是独一无二的，人民币已经成为 SDR 储备货币的一员，但人民币尚不能在资本项目中自由兑换，人民币汇率尚未实现清洁浮动，人民币是唯一一个“理论”要素不全，但成为国际储备货币的币种。我们不禁要问，这是怎样实现的，以及人民币国际化的路径是什么？

中国自 1978 年改革开放以来，创造了人类经济史上的一个奇迹。1978—2022 年这 45 年间，中国名义 GDP 平均年增速高达 9.1%，即使是 21 世纪第二个十年的名义 GDP 年均增速已经降到 7.6%（2010—2019 年），中国在这个阶段的绝大部分年份仍贡献了全球 30% 以上的增长。中国改革开放后的经济奇迹持续了接近半个世纪，经济成就超越了二战后的德国和日本，人民币国际化成为经济地位的一个逻辑结果[①]。

横向比较来看，联邦德国高速的经济增长发生在 1951—1966 年，15 年间保持了 10.3% 的年均名义增长率[②]和 7.5% 的年均实际增长率，这段时期在历史上被称为德国“经济奇迹”。日本经济在 1956—1970 年的 15 年间保持了 15.1% 的年均名义增长率和 10.4% 的年均实际增长率，超过了当时所有的发达经济体（1956—1970 年世界部分国家的年均名义经济增长率分别为：意大利 9.4%，英国 8.1%，法国 7.2%，美国 6.2%），并于 1968 年成为位居世界第二的经济大国。联邦德国和日本这两个国家基于前文讨论的飞速的经济增长，其本币也逐渐站上国际舞台，德国马克于 1973 年跃升为最主要的国际货币，并占据国际储备货币份额的第二位；日元则在 1984 年正式启动本币国际化进程后，逐渐成为主

① 诺贝尔经济学奖获得者蒙代尔（1993）指出：“大国有大国货币（Great powers have great currencies）。”

② 名义 GDP 增长率是指名义 GDP 的年度增长率，计算公式为：名义 GDP 增长率 =（本期名义 GDP – 上期名义 GDP）/ 上期名义 GDP × 100%。名义 GDP = 实际 GDP × 本地生产总值平减物价指数。

要的储备货币。

中国自1996年放开了经常项目可兑换，人民币国际化的重点聚焦于实现资本项目可兑换。由于汇率承担了宏观经济“稳定器”的作用，人民币汇率改革成为中国迈向高水平资本账户开放的第一步。事实上，如果没有较成熟的本币汇率市场化定价机制，资本项目的可兑换则无从谈起。人民币汇率一直在不同阶段的历史背景中挣脱束缚，当前人民币汇率的双向波动明显，但距离清洁浮动的汇率仍有一定的距离。

货币理论及经验证据还指向另一个结论，即资本账户高水平开放是货币国际化迈向成熟的一个基本前提。经验证据还表明，新兴市场国家在开放其资本账户时可能会面临巨大的外部冲击，有时甚至会引发金融危机。中国在历史中形成了“一种货币，两个市场”的独特结构，使得人民币国际化和高水平资本账户开放有了更多的政策工具选择。

第二节　国际货币的定义

国际货币通常被定义为在本国以外的其他地方使用的

货币。[1]对于国际货币的研究，经济学文献提出了两个框架，第一个主要基于国际货币的功能（用途）进行研究，第二个主要从政治经济学角度进行研究。本节分别阐释了这两个研究框架，特别是从国际货币的定义、发行国际货币的好处和成本，以及国际货币地位的决定因素三个方面讨论了两个框架的不同内涵。

一、货币功能框架

（一）定义

Cohen（1971）在20世纪70年代初关于英镑汇率的文章中首先提出了国际货币的功能性概念，此后Kenen（1983）和Krugman（1984）在此基础上做了进一步完善。这种基于货币功能的国际货币概念是当前最广泛使用的方法。

与本币的功能类似，国际货币也具有货币的三种功能：

① 与此同时，Cohen（1998）根据货币影响力覆盖的范围将其分为七组，"货币影响力范围"结合了领土和交易领域的因素。Thimann（2009）提出了一个新的概念——货币的"全球"作用。这一概念包括货币的国内和跨境使用，以反映其在世界经济中的总体重要性。

交换媒介、记账单位和价值存储。对于使用主体而言，国际货币对政府（公共）部门和私人部门的功能略有不同，因此可以进一步细分为六种功能。作为交换媒介，它对私人部门意味着贸易结算和金融交易，对政府（公共）部门意味着外汇干预的工具货币。作为记账单位，在私人部门代表贸易和金融的计价单位，而对政府（公共）部门，它扮演着钉住本币的“锚货币”的角色。作为价值存储，它在私人部门被用作投资资产和外汇储蓄，而对政府（公共）部门而言则是外汇储备。这六种功能中的每一种都可以在一定程度上与其他功能产生关联（Cohen，1971）①。

表 2–3 归纳了国际货币的属性。无论从因果还是静态

① 学术界对于国际货币实证研究的样本选择，通常仅侧重于考察储备货币的币种，并将储备份额作为国际货币地位的主要指标，这主要是因为国际货币基金组织公开提供了储备货币的丰富数据。然而，这些数据有几个缺点。例如这些数据通常不包括中国的数据，而中国是世界上外汇储备数据最大的国家。储备货币的组成结构也可能是因为所持货币价值的波动而变化，而不是因为央行选择的变化而变化。近年来，越来越多的研究将外汇储备以外的变量作为货币国际使用的指标。例如 Goldberg 和 Tille（2005）分析了国际贸易发票中的货币选择，Meissner 和 Oomes（2008）研究了锚定货币选择的决定因素。Cohen（2005）、Flandreau 和 Jobst（2009）以及 Habib 和 Joy（2008）等学者的研究主要涉及国际债券安全面额的货币选择以及货币在外汇市场上的流通因素。与此同时，Truman 和 Wong（2006）提出了国际货币基金组织数据中报告的美元在外汇储备中的数量份额的变化，从而消除了估值效应。

角度，国际货币的不同属性之间都是高度相关的。Gopinath 和 Stein（2018，2021）所做的因果分析表明，国际上使用一种货币的交换媒介功能（贸易结算和金融交易）及计账单位功能（贸易和金融的计价单位）与金融上的价值存储功能（投资资产和外汇储蓄）（尤其是对于美元和日元等具有避险属性的货币而言）有着经济上直接的因果关系。

表 2–3　国际货币的属性

货币的功能	政府（公共）部门	私人部门
价值存储	外汇储备	外汇储蓄
交换媒介	外汇干预的工具货币	贸易结算和金融交易
计账单位	钉住本币的“锚货币”	贸易和金融的计价单位

注：该表最初由 Cohen（1971）绘制，并由 Kenen（1983）和 Frankel（1992）等修改后采用。

世界上并不是所有国际货币都同时发挥这六种功能，当前只有美元在全球范围内具有全部的功能。欧元和日元等国际货币，在特定的地理区域中发挥了全部功能，但在全球范围内则不是。其他的国际货币仅仅发挥了这些功能中的一部分，例如人民币。

基于货币功能的分析框架为国际货币的经济学研究做出了重大贡献，使得研究人员可以根据国际货币发挥的功能范围，以及每种货币功能的国际化程度来评估一种货币的国际化地位。

（二）发行国际货币的好处

发行国际货币对其经济体而言有许多好处，有些好处很直观，但有些好处则并非那么直观。本书将这些好处总结为六个方面，并分别讨论如下。

第一，发行国际货币最常见的好处是铸币税，即货币面值与其生产成本之间的差额。当外国人持有本币或以本币计价的金融债权以换取贸易商品和服务时，就会在国际层面产生铸币税（Cohen，2009a）[①]。铸币税对经济体会产生直接的好处，是政府补充财政支出的重要手段之一。

第二，在更广泛的意义上，国际铸币税还包括一项额外收益，这项收益由发行国获得的外国资产的利息与外国人获得的以本币计价资产的利息之间的差额而产生（Aliber，1964；Chinn 和 Frankel，2007）[②]。Genberg（2010）将这项

① 对于美元在国际铸币税上获得好处，Dobbs 等（2009）提出大约半数的纸币和硬币是在美国境外流通的，因此美元在这方面的收益是显而易见的。

② 根据一项估计，美国海外投资的年回报率比海外债务的年回报率高 1.2%（Chinn 和 Frankel，2007）。

收益解释为外国人对国际货币计价资产需求的增加而降低的预期回报。有必要提及的是，经济学对这项收益的实证研究结论颇有分歧。一些研究表明，因货币国际化流通而产生的利息节省其实非常有限，例如 Dobbs 等（2009）估计，美元的年化流通规模小于美国国内生产总值的 0.1%。Cooper（2009）认为，这种美元收益源于美国投资者的风险承担，而不是铸币税，这表明美国在外国资产中的权益高于美国在外国负债中的权益（参考第三章第一节的讨论）。

第三，国际货币的更大好处是该货币的发行国可以用本币为其国内赤字融资，由此会带来国内货币政策空间的扩大（Cohen，1971，2009a；Kirshner，2008；Salant，1964）。20 世纪 60 年代，法国财政部部长瓦莱里·吉斯卡尔·德斯坦（Valéry Giscard d’Estaing）曾批评美国通过印钞来平衡国际收支赤字的做法是一种“霸权”（Eichengreen，2011a）。2008 年金融危机后，世界越来越关注美国货币政策的外溢对世界金融稳定产生的影响。

第四，国际货币的发行国可以用本币进行国际借贷，这会大大降低货币错配的风险。这一点在亚洲区域经济中表现得非常突出。亚洲经济在 1997 年和 2008 年的两次金融危机中都因货币错配问题而受到极其严重的影响

（Dobson 和 Masson，2009；Genberg，2010）。

第五，国内金融机构、企业和消费者会从货币国际化中受益。就像以英语为母语的人在国际交流时更具优势，国际货币发行国的金融机构也具有货币优势（Chinn 和 Frankel，2007）。例如美国企业可能更容易获得美元融资，金融部门也可能通过降低资本成本而更好地服务实体经济（Kenen，2009）。此外，国内企业也可能通过向外转移汇率风险而受益（Tawlas，1991）。由于货币的国际化使用，国内消费者的购买力会随着货币价值的增长而增加，从而提振国内的整体消费水平（Wright 和 Trejos，2001；Kannan，2009）。

第六，特殊时期的“可替代货币”[①]。当世界进入后布雷顿森林体系时代后，国际货币格局的“中心化”程度进一步提高，美元维持着全球外汇储备的最高份额，并对世界经济的诸多方面产生深远影响。与此同时，世界银行业伴随着科技的进步已经全部进入电子结算时代，SWIFT[②]

① 2022年8月4日，俄罗斯央行呼吁企业抛售其持有的美元和欧元等“有毒货币”，转而使用“友好”国家的货币作为“替代货币”，如中国的人民币。俄央行表示，“不友好”国家的制裁导致公民和企业使用美元和欧元时面临巨大风险。

② SWIFT是指国际资金清算系统，由环球银行金融电信协会（Society for Worldwide Interbank Financial Telecommunications，SWIFT）管理。SWIFT 的使用，给银行的结算提供了安全、可靠、快捷、标准化、自动化的通信业务，从而大大提高了银行的结算速度。

在世界货币格局中发挥着举足轻重的作用。假如一个国家或地区的银行业脱离了 SWIFT，则可能面临与国际金融体系脱钩的危险。在这种背景下，如果发生国际地缘政治重大事件，一种特殊时期的“可替代货币”就有了迫切的外部需求。这种特殊时期“可替代货币”的功能区别于前述国际货币的六大功能属性，也有别于传统上国际货币体现出的对其发行国的诸多好处；其所扮演的角色是一个在诸如国际地缘政治剧变的情景下可替代“中心”货币的选项。在一定时期内，这种替代选项至关重要，甚至关系到一个经济体的前途和命运。

一个典型的例子是 2022 年爆发的俄罗斯和乌克兰之间的冲突。俄乌冲突爆发后，俄罗斯受到西方国家的多轮制裁，其银行体系被迫退出 SWIFT，同时巨额外汇储备也遭到冻结。在这一事件中，国际货币公共品属性中隐含的地缘政治特性被凸显，显示出国际货币的功能很可能受到国际政治军事博弈的影响。当危机事件发生时，一种或几种“可替代货币”便成为迫切的需要，用于在特殊时期维护国际和国内经济与政治的稳定；而发行这种“可替代货币”的国家则能够在地缘博弈中获得更多的利益与自主权。

（三）发行国际货币的成本

首先，国际货币的发行国会涉及高额的成本。事实上，由于这些成本的存在，日本和德国过去并不愿意推动其本币的国际化。其中最主要的成本是，由于外国人持有本国货币，国内货币政策可能会受到限制。如果央行货币政策的主要重点是控制货币总量，那么外部持有则可能会降低货币需求的稳定性，从而干扰对货币的价格管理。此外，如果央行的主要货币政策工具是调控短期利率，本币的国际化可能会限制其通过公开市场操作影响利率市场的能力（这一限制对美国等债务规模较大的国家来说并不十分严重）（Kenen，2009；Genberg，2010）。

其次，国际货币发行国的货币政策也会因其附带的国际责任而受到限制。“特里芬悖论”（Triffin Dilemma）最能说明这一点。1960 年，美国经济学家罗伯特·特里芬（Robert Triffin）在其《黄金与美元危机——自由兑换的未来》一书中提出布雷顿森林体系存在着其自身无法克服的内在矛盾，“由于美元与黄金挂钩，而其他国家的货币与美元挂钩，美元虽然因此而取得了国际核心货币的地位，但是各国为了发展国际贸易，必须用美元作为结算与储备货币，这样就会导致流出美国的货币在海外不断沉淀，对美国来说就会发生长期贸易逆差；而美元作为国际货币核心的前提是必须保持美元币值的稳定与坚挺，这又要求美国必须是一个长期贸易顺差国。这两个要求互相矛盾，因此是一个悖论”。许多学者认为正是“特里芬悖论”描述的原因决定了布雷顿森林体系的不稳定性和垮台的必然性（Eichengreen，1996，2011a）。虽然“特里芬悖论”主要指布雷顿森林体系下的固定汇率制度，但这个悖论暗含的矛盾适用于任何国际货币的发行国。

最后，当本币作为其他币种的锚定货币时，货币发行国就失去了将汇率作为宏观经济调控工具的能力（Cohen，1971）。此外，国际货币也会因为其国际使用范围的扩大而升值，汇率升值会损害出口贸易的利益。

（四）博弈和取舍

大多数的学术研究倾向于将国际货币发行国的收益和成本看作静态的。然而，一种国际货币的优势不可能是永久的，其收益和成本之间的平衡也会随着时间的变化而变化。外国对一种货币的需求通常在其国际化初期上升，并随着其供应量的扩大而下降。因此，发行国际货币的收益可能会随着时间的推移而下降，而成本则会增加（Mundell，1993；Cohen，1998）。

例如当一种货币海外发行量的增长达到对其价值信心威胁的程度时，发行国可能需要提高利率以保持其吸引力，这将使其国际铸币税净收益降至零，甚至为负。在这种情况下，由于必须避免外国人突然或实质性放弃该货币，国内货币政策自主性可能会在很大程度上受到限制，从而限制发行国的硬软实力。此外，如果出现其他的替代者，发行该国际货币的收益会急速减小，而成本则会显著增加（Cohen，1998）。英镑就是很好的案例，英镑在二战前作为主要国际货币，这使英国能够在战争期间为其巨额军事开支提供资金。然而，随着战后英镑的国际地位被美元永久取代，战争遗留的债务成为英国最棘手的问题，这加剧了英国20世纪60年代的长期金融危机（Eichengreen，1996，2011a；Kirshner，2008）。

（五）国际货币地位的决定因素

Helliner（2008）将货币国际化的决定因素划分为三类：对货币的信心（Confidence）、流动性（Liquidity）和交易网络（Transactional network）。[①]

第一，货币的信心对其国际化至关重要，这种信心主要体现为货币价值的稳定性，因为货币价值的不稳定会增加持有该货币的风险，也会降低其价值存储的功能（Lim，2006）。一种货币的信心可能受到多种因素的影响，包括发行国的货币和财政政策、经常账户收支状况以及国家债权债务结构等（Tavlas 和 Ozeki，1992）。

第二，流动性是国际货币的另一个显著特征，因为国际货币的用户通常以流动资产的形式持有国际货币。具有深度和广度的金融市场对流动性的提供非常重要，因为发达的金融市场会降低货币的交易成本。美元国际化的案例非常典型，美元是在 1913 年美联储成立后才真正具备超越英镑的潜力，美联储的建立成为拓宽美国金融市场深度和广度的关键事件（Broz，1997）。

第三，货币的国际化也受到发行国交易网络规模的

---

① 事实上，流动性和交易网络在很大程度上都与货币使用的便利性有关。因此，为了进一步简化，国际货币地位的经济决定因素可以分为两类：信心和便利。然而，影响流动性的因素与影响交易网络的因素截然不同。为了明确区别，本节分别讨论了流动性和交易网络。此外，Helliner（2008）与 Frankel（2012）对货币国际化决定要素的结论略有不同，本书对人民币国际化的研究主要基于 Frankel（2012）提出的研究框架。

影响。现实世界中存在一些商品/服务满足这样的特征：（1）当消费同种商品和服务的消费者越多时，这些商品和服务越有价值；（2）这些商品需要和其他商品同时使用，如果它们单独使用则只有很少的或几乎没有价值。经济学家把拥有这种特征的产品称为“网络产品”，使用这些商品的用户的多少决定了网络规模的大小，同时把这种因为消费行为产生的价值溢出效应称为“网络外部性”（network externalities）。大多数经济学家认为国际货币也符合网络产品的特征，但也有一些经济学家持反对意见，例如 Eichengreen（2010）认为国际货币的网络外部性并没有大家起初认为的那么强。

由于网络外部性的存在，使用特定货币的好处会随着使用该货币的其他用户数量的增加而增加（Kindleberger，1967）。交易网络的规模受到国家经济体量的影响很大，因为一个国家的经济体量越大，其在世界经济中的影响力就越大，合作伙伴也会越多。

此外，一些经济学家认为货币的网络外部性会导致国际货币使用的惯性和路径依赖，从而为占主导地位的国际货币创造了在位优势，这意味着货币的国际使用与发行国的经济规模等因素非线性相关（Krugman，1984；Chinn 和 Frankel，2007）（这方面研究具有较大争议）。近百年来，美国、德国、日本等国经济规模地位的跃升都早于其货币地位的跃升，英镑国际地位的下降也比英国经济地位的下降要滞后很多（Krugman，1984；Chinn 和 Frankel，2007；Flandreau 和 Jobst，2009）。此外，网络外部性的存在也暗含了一种具有垄断性的货币格局，因为使用单一国际货币比使用多种国际货币通常更有效率，所以国际货币的垄断是一个必然的结果（Kenen，2002；Lim，2006）。

持反对意见的经济学家认为网络外部性对国际货币地位的影响并没有那么强，特别是货币作为价值存储的功能方面（Eichengreen，2005，2010，2011a；Eichengreen 和 Flandreau，2008）。这些研究指出，多样化的国际货币格局有很多好处，现当代信息技术的发展也已经大大降低了货币之间的交易成本，全球也发展出了多个具有深度和广度的世界级金融中心。例如英镑、法国法郎和德国马克在 20 世纪 10 年代的国际货币地位不分高下（即不是单一格局），而英镑、法郎和美元在 20 世纪 20 年代和 30 年代的国际货币地位也很相似（Eichengreen，2005，2010，2011a）。这些研究还发现，虽然美元在 20 世纪 20 年代中期首次取代了英镑成为主要的储备货币，但英镑在随后的 20 世纪 30 年代初又重新获得了重要的国际地位，这表明国际货币的网络外部性其实并没有那么强（Eichengreen 和 Flandreau，2008；Eichengreen，2011a）。历史似乎表明，网络外部性的影响是有限的，因此美元在 20 世纪下半叶的主导地位可能是国际货币格局的一个特殊案例而已。

二、政治经济学框架

（一）定义

Strange（1971）提出了国际货币的政治经济学研究框架，她在研究中提出了两个重要问题。第一个问题是：在什么样的政治环境中（而非经济环境），人们开始使用由本国以外的国家发行或控制的货币？第二个问题是：对政党来说，使用国际货币会带来什么样的政治结果？在对这两个问题研究的基础上，Strange 进一步将国际货币分为四种类型：（1）宗主国货币（Master Currencies）；（2）顶级货币（Top Currencies）；（3）协商货币（Negotiated Currencies）；（4）中性货币（Neutral Currencies），并强调了经济和政治因素如何影响货币的国际化。

宗主国货币源于正式的政治依附关系，并且依赖于一定程度的强制约束，因此它的货币地位总是来源于发行国和附属国之间的政治关系。英镑区的英镑和过去法郎区的法国法郎就是很好的例子。相比之下，顶级货币则主要源于货币发行国的经济优势在各种货币用途上受到世界市场的青睐，因此它的货币地位主要由经济因素决定，通常是世界主要经济体的货币，例如 20 世纪 50 年代的美元。与此同时，当货币发行国与其他国家就其本币的使用进行讨价还价或政治谈判，并提出军事、外交或经济等援助或支持时，就会出现协商货币[①]。协商货币的例子包括第一次世界大战（以下简称“一战”）后期的英镑和 20 世纪 60 年代的美元。最后，中性货币的国际使用主要归因于其发行国强大的国内经济（但不一定在世界中占主导地位），同时发行国并没有主观动力去推进其本币的国际化，例如瑞士法郎和德国马克（Strange，1971）。Strange 强调，四种类型的国际货币并不互斥，一种货币可以同时具有多种类型。国际货币的政治经济学概念为分析政治和经济因素对国际货币地位的影响提供了一个有用的框架，从而扩大了我们对国际货币使用机制的理解。

---

① Strange（1971）将协商货币描述为衰落中的货币，即已经或正在失去其作为宗主国货币的政治主导地位或作为顶级货币的经济主导地位的货币。然而，正如 Helliner（2008）所指出的，协商货币也可能是一种正处于上升期的货币。

（二）发行国际货币的好处

国际货币的政治经济学概念认为货币的国际化使用增加了货币发行国的“特权”（Andrews，2006）。换句话说，货币的国际化增强了发行国的货币政策空间，增强了其避免外部失衡的国家干预能力（通过“延迟”干预或将国内问题“转嫁”到其他国家）（Cohen，2006）。国际货币的发行国之所以能延迟“干预”，是因为国际社会对其货币的需求，使其能够用本币有效地为其赤字融资（Cohen，2006）。而它之所以能将国内问题“转嫁”给其他国家，是因为其可以通过贬值本币而迫使外国采取扩张性的货币政策，这就可以使其在不进行政策干预的情况下达到收支平衡（Henning，2005；Helliner 和 Kirshner，2009a），而这种强大调控能力的必要前提是货币政策的独立性和政策空间（Cohen，2006）。[①]

货币的国际化也会增强发行国的综合实力，进而对其他国家产生多方位的影响，因为他国在国际经济活动中对该货币的依赖会给发行国带来巨大的政治影响力（Kirshner，1995；Cohen，1998）。例如在 20 世纪 80 年代末巴拿马危

① Cohen（2009a）认为，对于国际货币的发行国而言，货币政策自主性的提高主要源于货币的“价值存储”以及“贸易发票和结算功能”。

机期间，美国采取了加强反洗钱监管的国际举措，这正是利用了美元清算网络的优势，并进一步将这种优势转化成其外交政策工具（Kirshner，1995；Helliner，1999）。此外，美元作为主要国际货币也使美国更有能力应对国际金融危机的影响（例如美联储的量化宽松政策）（Helliner 和 Kirshner，2009a）。[①] 然而，国际货币的发行国应谨慎地使用这种“特权”，因为过度使用这种权力可能会导致其他国家寻求摆脱对该货币的依赖（Kirshner，1995）。

此外，和其他商品一样，其用户依赖也可能产生于这种商品的吸引力，而非强制使用，即通过“吸引”而不是“胁迫”来实现目标，这种形式显然会柔和很多，这种形式在国际货币的政治经济学框架中称为“结构性力量”。Kirshner（2008）指出，有两种与货币国际化相关的结构性力量：一种是 Strange（1988）提出的概念，它强调增强参与者的联动关系；另一种结构性力量的概念是 Hirschman（1980）提出的，强调通过经济关系的结构来改变参与者对

① 例如在2008年全球金融危机期间，美联储提供的互换额度为主要外国央行提供了美元流动性，并在帮助稳定经济方面发挥了关键作用（Aizenman 和 Pasricha，2010）。美国在危机中对美元的国际供应能力会增强其政策的国际影响力。

自身利益的看法，也就是 Kirshner（1995）术语中的“诱捕”（entrapment）。例如那些使用美元的国家往往会因为美元的币值稳定而产生既得利益，因此也会保持与美国的密切关系（Helliner 和 Kirshner，2009a）。

货币的国际地位也体现了发行国的软实力，因为货币长期以来一直被视为主权地位的象征，其广泛的跨境使用是国家地位提升的明显标志（Cohen，1998；Helliner，2006）。

（三）影响国际货币地位的因素

Helliner（2008）研究了政治因素影响国际货币地位的两个渠道，分别为直接渠道和间接渠道。通过直接渠道，政治因素直截了当地影响货币的国际地位。通过间接渠道，政治因素首先影响经济，然后通过经济要素而间接地影响货币的国际地位。

关于直接渠道，Helliner（2008）在 Strange（1971）国际货币概念的基础上，进一步研究了政治因素作用的机制。政治因素对宗主国货币和协商货币的国际影响力尤其重要，顶级货币和中性货币的国际地位主要源自其固有的经济吸引力，因此政治因素的作用相对有限。

关于间接渠道，Walter（2006）认为货币发行国的国内政策和制度安排等因素，通过影响货币的流动性和货币价值的稳定性来影响货币的国际使用。国际货币的发行国政府需要建立审慎的货币政策，保证政府的执行力和透明度（如央行是否能保证其独立性等），因此制度体系等影响金融市场发展的要素会对货币的国际化发展产生重要影响。

第三节　人民币国际化的内涵

一个国家的建立和繁荣，总是伴随着法定货币的流通和强化。人民币国际化本质上反映了中国主权信用在世界上的政治和经济地位，有助于促进国内经济转型，增强中国在国际舞台上的竞争力。

近代以来，英镑、美元、日元，以及欧元先后加入国际货币的行列。2008 年全球蔓延的金融危机凸显了现行国际货币体系的缺陷，全球金融危机爆发后美联储持续扩大其资产负债表，这直接削弱了美元汇率，推高了部分国家货币的本币汇率，并推高了全球的通货膨胀水平。同时，当美联储逐步退出量化宽松政策后，其货币政策的转换又会使新兴市场国家面临巨大的外部冲击。这种情况使全世界都有动机去寻找一种新的“锚定”货币。在此背景下，人民币的国际需求应运而生，并越发强劲，使得人民币这种尚不可自由兑换的主权货币在国际上被广泛地使用。

中国是一个 GDP 和贸易额均居世界前列的主要经济体，人民币高度国际化应该是一个公平的选择。2022 年中国国内生产总值（按平均汇率计算）为 120 万亿元，折合美元约为 18 万亿美元。中国在 1978 年的 GDP 仅是 1 495 亿美元，按照不变价格计算，增长了 40 倍，年均增长率为 9.3%，中国经济总量从占全球 1.8% 提高到 17% 以上，稳居世界第二位。

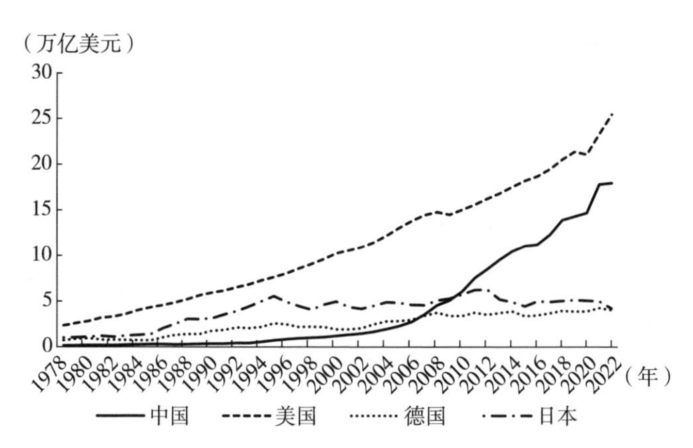

图 2-2　中国、美国、德国、日本的 GDP 对比（1978—2022 年）

资料来源：CEIC 数据库。

杰弗里·A. 弗兰克尔（Jeffrey A. Frankel）曾写道："20世纪三个货币国际化的成功案例是1913—1945年的美元国际化，1973—1990年的德国马克国际化，以及1984—1991年的日元国际化。国际货币地位的基本决定因素是经济规模、对货币的信心和金融市场的深度，只要这三个因素到位，本币国际化就可以相当快速地实现。"①

自1971年布雷顿森林体系崩溃和2008年全球金融危机以来，国际货币体系已经凸显出美元本位制的缺陷，人民币国际化成为一项战略性选择。根据孟刚（2017）人民币国际化是指实现人民币海外流通，并在世界范围内广泛使用人民币作为估值、结算、投资和储备货币的过程。这个过程通常遵循一种基本模式：跨境贸易结算→海外持有并用本币进行交易→海外持有人用本币参与金融市场活动→海外持有且储备本币资产。

当前人民币国际化进程已经迈出了很大的步伐，但这个进程是在"平面上"推进的，表现在国际上更多地使用

① Frankel（2012）原文如下：The fundamental determinants of international currency status are economic size, confidence in the currency, and depth of financial markets. The new view is that, once these three factors are in place, internationalization of the currency can proceed quite rapidly。

了人民币，但人民币尚不能自由兑换。根据成思危（2017），货币国际化意味着一个国家的主权货币可以在世界上正常流通和使用。当前人民币在国际化使用上，多表现为在“两方资金”中使用，但很少在第三方使用。举例而言，假如中国人和印度人或马来西亚人做生意，中国人和印度人之间，以及中国人和马来西亚人之间分别用人民币结算，但印度人和马来西亚人之间却很少用人民币进行结算。只有当“第三方”也普遍使用人民币结算时，人民币才能成为一定意义上成熟的国际货币。

人民币国际化应至少实现五个目标：（1）人民币可以在国内外自由兑换；（2）人民币可以作为国际投资和贸易的计价单位；（3）人民币可以作为国际投资和贸易结算的支付货币；（4）人民币可以作为国际金融的投融资货币；（5）人民币可以作为主要储备货币。这五项高度相关但不相同。一种货币的“国际用途”与其“可兑换”是不同的概念，二者都不是对方的充分或必要条件，但一种货币获得并扩大其储备地位则需要同时满足这两个条件。同时，储备货币地位有五个重要的衡量标准：（1）经济体量；（2）资本账户开放；（3）清洁浮动的汇率；（4）金融市场具有深度和广度；（5）稳健的宏观基本面，通常指国内通胀水平、政府债务水平等，这关乎国际市场的信心和预期。图 2–3 对国际货币内涵要素做了整理。

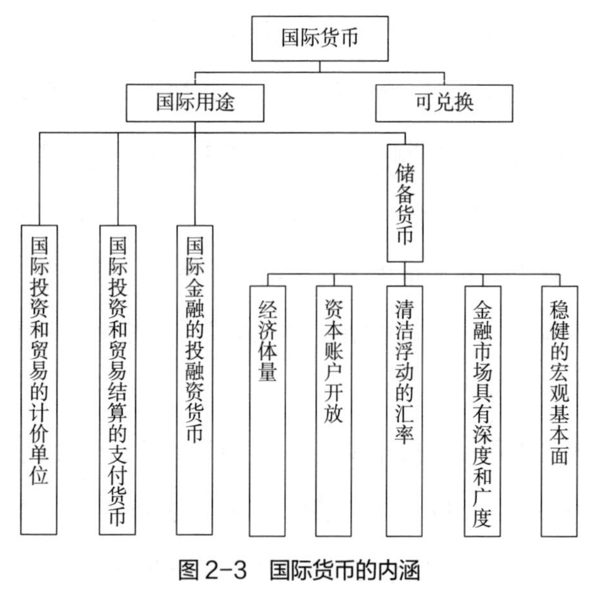

图 2–3　国际货币的内涵

资料来源：作者绘制。

人民币国际化在过去十多年的探索中，其在全球贸易和金融市场中的作用越来越大，人民币资产也更具吸引力。然而，当前人民币国际结算规模和中国贸易份额很不匹配，人民币作为储备货币的份额仍然很小。

前文介绍了国际货币的两个重要内涵：第一是可自由兑换，第二是货币的国际用途。对于人民币而言，首先，中国当前在岸资本账户并未实现完全可兑换，汇率实行有管理的浮动汇率制度，也并未实现完全的清洁浮动，因此人民币尚不属于完全可自由兑换的币种；其次，对于货币的国际化用途而言，人民币还没有成为主要的“国际投资和贸易的计价、支付和投融资货币”。中国当前已经实行了经常账户的完全可兑换，但对资本账户仍维持一定程度的管制。因此人民币在贸易结算领域的使用虽然已经比较广泛，但在资本项目中的使用则一直比较有限，这与中国的经济体量并不匹配，也意味着人民币的国际用途仍比较狭窄。

此外，人民币面临着亚洲区域经济的特殊影响，或者说特殊风险。第一，东亚国家主要是出口导向型经济体，区域内外的经贸合作十分密切，但是所有的贸易及经济合作几乎都不是以本币进行的，而是主要用美元进行交易结算安排，这形成了币种错配。第二，东亚地区是世界经济增长最快的地区之一，不仅需要巨大的资本，也提供了丰厚的回报，成为资本流入最多的地区，但是区域资本的流入却以短期为主，资本的短期性和生产的中长期性造成了期限错配。第三，东亚是全球储蓄率最高的地区之一，但是因为缺乏健全的金融基础设施，金融机构及金融市场也不发达，本地的储蓄不能有效地在本地转化为投资，反而会被区域外所动员，并以投资的形式反投东亚，这形成了结构错配。人民币在国际化进程中始终无法回避上述三个“错配”对区域经济的干扰。

第四节 人民币资本项目可兑换与其他政策改革的配合关系

国际收支是由经常账户（Current Account）和资本账户（Capital Account）组成的。在宏观经济学和国际金融中，国际收支中的资本账户[①]（Capital Account in The Balance of Payments）有时也被称为资本和金融账户（Capital and Financial Account），记录投资交易流入经济体的净流量（IMF 将资本账户划分为资本账户和金融账户[②]）。

IMF定义的资本账户[③]包括资本的转移、非金融资产的交易、直接投资、证券投资和其他投资。资本账户反映国家资产所有权的净变化，而经常账户用于估计国家的净收

---

① 相关解释请参考 https://en.wikipedia.org/wiki/Capital_account。

② 相关解释请参考 https://www.imf.org/external/np/sta/bop/bopman.pdf。

③ 相关解释请参考 https://www.imf.org/external/pubs/ft/fandd/basics/capital.htm；原文的表述如下：The capital account in a country's balance of payments covers a variety of financial flows—mainly foreign direct investment（FDI），portfolio flows（including investment in equities），and bank borrowing—which have in common the acquisition of assets in one country by residents of another。

入。资本账户盈余意味着资金流入一个国家，但与经常账户盈余不同的是，流入实际上代表借款和资产出售，而不是劳动报酬。资本账户赤字意味着资金流出该国，表明该国正在增加其对外国资产的所有权。本书所讨论的资本账户，均指在国际收支中与经常账户相并行的资本账户的概念。

在高层次上，“资本账户 = 国内资产的外国所有权变化 – 外国资产国内所有权的变化”。若对资本账户做进一步分解，可表示为“资本账户 = 外国直接投资 + 证券投资 + 其他投资 + 储备账户”。

中国推进人民币国际化的关键要务是实现“资本项目可兑换”。甄峰（2011）提出货币“自由使用”的条件远高于“自由兑换”。从诸多内容各异的讨论来看，中国推动人民币国际化的一个核心问题是人民币能否完全可兑换，以及如何走向可兑换，因此人民币国际化的根本问题是如何推进资本项目可兑换。中国人民银行原行长周小川（2012）指出，人民币国际化，以及与其相关的资本项目可兑换、资本市场开放与发展等问题，仍将是一个在争论中前行、逐步达成共识的过程，要争取利大于弊。从实践来看，在资本流动管制下通过推进离岸市场来推动本币国际化，是一个“没有先例”的过程，对于中国这样的大国，更是一个“充满挑战”的过程（McCauley，2011）。

一国货币实现可兑换，是指一种货币不仅在国际收支经常性往来中可以用本国货币自由兑换成其他货币，而且在资本项目上也可以自由兑换，这意味着一国取消对一切外汇收支的管制，居民不仅可以通过经常账户交易，也可以自由地通过资本账户交易，所获得的外汇既可以在外汇市场上出售，也可以自行在国内或国外持有；国内外居民也可以将本币换成外币在国内外持有，满足资产需求（国家外汇管理局，2015）。资本项目可兑换的实现意味着一国允许其资本账户中的各种资本自由流动，居民可以自由地进出国际金融市场进行投资和筹资，非居民也可以自由进出国内金融市场进行投资和筹资。党的十八大报告中明确提出了“逐步实现人民币资本项目可兑换”，这句话也被写入了“十二五”规划中。

一、货币国际化和资本项目可兑换的关系

国际货币需要满足“可兑换”和“国际用途”两个要素，这两个概念并不相同，二者都不是对方的充分或必要条件。国际货币的国际用途中，其“储备货币”的功能经常被经济学界用作衡量货币的国际地位。根据 Frankel

（2012），衡量储备货币地位有五个重要的标准：（1）经济体量；（2）资本项目可兑换；（3）清洁浮动的汇率；（4）金融市场具有深度和广度；（5）稳健的宏观基本面。由此可以看到，货币国际化和资本项目可兑换是不同的概念，二者存在相互关联和影响，但没有必然的对应关系。

第一，一种国际货币必须是可兑换的，包括经常项目可兑换和资本项目可兑换。因此，本币实现了国际化意味着这种货币一定是可兑换的。当前在岸人民币实现了经常项目的完全可兑换，但没有实现资本项目的完全可兑换。但人民币在“一种货币，两个市场”结构下，在离岸市场是经常项目和资本项目完全可兑换的。因此可以说人民币实现了一定程度的本币国际化，但并不成熟。

第二，实现了资本项目可兑换并不意味着该种货币实现了国际化。本币国际化的一个先决条件是该经济体的规模和影响力较大。因此，如果一个国家的经济体量在全世界的份额较小，即使该国实现了资本项目的可兑换，该币种也很难成为国际货币。事实上，国际上大多数的小型开放经济体都已宣布本币是资本项目可兑换的，其中也有不少国家的资本账户开放程度相当高，其货币可兑换程度也比较高，但除瑞士法郎外，这些国家的货币都不是国际货币。

第三，货币主要国际储备地位的获得需要资本项目的可兑换。如果资本账户开放程度不高，国内存在较严格的资本控制，就会对本币国际化的空间产生限制。因此，虽然货币国际化和资本项目可兑换并不是必然的对应关系，但是人民币国际化要取得更大发展，有必要逐步推进资本项目可兑换。

二、货币国际化和金融开放的关系

国际货币储备地位的其中一个决定性因素是国内金融体系的深度和广度，这是一个充要条件。如果资本项目实现了可兑换，但国内金融体系的深度和广度不够，国内经济就会面临巨大的外部风险的冲击，甚至是经济金融危机（参考第二章第七节的讨论）。因此要提升货币的国际储备地位，需要实现资本项目的可兑换，需要建立一个具有深度和广度的金融市场，需要金融市场的高水平开放。

但金融市场的高水平开放，并不意味着所有金融市场对国际资本都是完全开放的。各国在开放其金融市场时，对开放的类型和顺序都有谨慎的选择，比如各国对国内债券市场的开放就经常持谨慎态度。以东亚经济体为例，东亚国家主要是出口导向型经济体，但东亚国家几乎所有的贸易和经济合作都是以美元进行交易结算安排，币种错配的问题长期存在。在此情况下，东亚国家在开放本国债券市场时需要更加审慎，否则会导致类似 1997 年亚洲金融危机时出现的外部负向的剧烈冲击。泰国在 1997 年亚洲金融危机时爆发了严重的货币危机，当时泰国国内私人部门存在较大规模的以美元计价的外债，美元外债到期后当然需要以美元进行偿还，这会严重冲击泰国当时的固定汇率制度。一旦出现大规模的资本外流，货币当局若要维持固定汇率则必定会大量消耗外汇储备，倘若固定汇率维持不住，则会引发国内的货币危机，并进一步传导至整个区域经济体。由此可以看到，如果本国经济存在一定的币种错配问题，开放国内债券市场通常是一项极具风险的举措，需要审慎考量和稳步推进。

金融衍生品市场的开放同样具有类似的问题。在金融衍生品市场中，一部分金融衍生品的设计本身就具有极强的短期投机性质，交易量非常大，并会引起剧烈的市场波动，但究竟对实体经济有多大益处则存在诸多争议。从宏观审慎的视角而言，债券市场以及资本项目下的其他市场，如股票、信托、金融租赁、基金、衍生品等市场类型的高水平对外开放并不意味着必须完全放开，谨慎地选择开放的类型和顺序是极为必要的。推行资本项目可兑换应该是审慎、稳步和渐进式的。

三、货币国际化和汇率清洁浮动的关系

衡量国际货币储备地位的另一个决定因素是汇率的清洁浮动程度，这是一个充要条件。但资本项目可兑换与汇率的清洁浮动之间并不是对应关系，而且实行资本项目可兑换的国家，政府对其本币汇率也会进行某些程度的干预。以瑞士为例，瑞士法郎对美元的汇率在 2011 年前维持在 1.2 ：1 左右的水平，后来汇率虽有所上升但波动幅度并不大。2011 年美国出现债务上限危机，美元汇率下行，日元和瑞士法郎快速升值，最高时达到 0.8 瑞士法郎兑 1 美元，本币的快速升值对瑞士经济产生了明显冲击。瑞士是一个小型自由经济体，瑞士法郎也是重要的国际货币之一。面对瑞士法郎的快速升值，瑞士政府对瑞士法郎汇率进行了干预，使其汇率最后稳定在 1.2 瑞士法郎兑 1 美元的水平。与瑞士类似，日本也对日元汇率进行了干预。瑞士法郎和日元虽然是可自由兑换货币，但并不意味着其汇率就必须完全自由浮动。另一个例子是港币，香港地区实行与美元挂钩的联系汇率制度，港币实行固定汇率，但是港币却是全球自由兑换程度最高的货

币之一。由此可见，汇率清洁浮动和货币可自由兑换有一定联系，但互相都不是对方的充分必要条件。

四、货币国际化和资本流动控制的关系

货币国际化和资本流动控制之间没有必然的联系。资本项目可兑换和资本流动管制方面也有很大的区别。很多情况下，货币是可自由兑换的，但资本的汇入汇出仍然会受到一定的管控。美国“9·11”事件以来对资本流动控制方面的三个变化是一个极好的例证。一是美国对反恐融资的监管全面加强，对有恐怖融资嫌疑的账户资金转移进行了密切跟踪和严厉监管。二是反洗钱监管明显强化（在国际监管中，反恐融资和反洗钱这两项都是统一放在反洗钱框架下的）。三是管理避税天堂。2008年国际金融危机导致很多国家需要对金融机构和实体经济进行救助，一些国家在财政上捉襟见肘，因此呼吁加强对避税天堂的监管。这些国家认为，避税天堂的存在使得应纳税收得以规避，导致了本国财政能力的减弱。2009年和2010年，G20对此经过反复讨论后就管理避税天堂达成协议。美国也试图通过“长臂管辖”来监管美国人在海外的存款和账户变动

情况，以打击逃避纳税行为。可见，即便是非常强调自由市场的发达经济体也在反洗钱、反恐融资和涉及避税天堂的跨境交易方面加强了资本流动管控。

与此同时，当下还出现了一个观念上的变化，世界在2008年之后开始重新提倡对资本流动施加一定程度的控制（参考第二章第六节的讨论）。IMF也开始认为新兴市场国家在有需要时可以实施临时性资本管制。IMF（2010）提出在特殊情况下，新兴市场经济体可以对短期的投机性资本流动加以管制。这和过去IMF所秉持的观点截然不同。IMF观点的转变实际上支持了巴西等国家对短期投机性资本流入征收托宾税的做法，意味着在资本项目可兑换的衡量方面，对限制新兴经济体管制短期资本流动的要求出现了放松。因此，无论是发达国家还是新兴经济体，实行资本项目可兑换都不是允许跨境资本可以百分之百地自由流动，而是可以有一定程度的干预和管理。

第五节　人民币国际化的离岸模式

人民币离岸市场的开启和运用是一个相当自然的过程。离岸人民币的使用首先从经常账户下的贸易结算开始，随着中国贸易份额的持续扩大，逐渐扩大到资本账户下的使用。在贸易结算领域，人民币迅速成了美元和欧元之后的第三大贸易融资货币，这自然产生了通过资本账户回流的压力和动力，中国资本账户对外开放的局面也自然而然地产生了。

这一自然而然的过程还在于，当人民币成了主要的贸易计价和结算货币后，会自然而然地产生本币头寸，由此产生相关的金融安排，人民币离岸市场便由此开启。人民币借助金融高度发达的离岸市场，直接和与国际接轨的发达金融基础设施对接，并通过与人民币支付系统（CIPS）的连接，促进了在岸和离岸市场之间的资本高效流动，促进了离岸金融市场的高效运作和第三方机构对人民币的离岸使用。

为什么会形成离岸市场？普遍意义上的离岸市场通常是一个以某种货币计价的金融产品买卖的市场，但该市场位于货币发行国之外。离岸货币市场通常是一个声誉良好的国际金融中心，拥有悠久的法治传统、健全的金融基础设施、成熟的监管框架、强有力的合同执行以及对金融业的优惠税收政策等。从历史来看，离岸货币市场的出现有三个主要原因。第一，储户希望将国家风险与非国家风险分开。第二，在岸和离岸银行之间存在监管不对称，致使离岸银行比在岸银行更具优势。例如美国离岸和在岸的法律及税务处理不同，离岸美元存款和在岸美元存款之间存在收益差异。第三，便利性因素。对一些投资者和筹资者而言，离岸市场所在地的监管环境、会计方法、语言和时区等，比在岸市场更方便。

和美元离岸市场不同，人民币离岸市场是“渗透型”和“隔离型”的。新兴市场国家资本账户开放改革的无数案例已经表明了一个基本事实：当汇率没有实现清洁浮动，同时本国金融市场缺乏深度和广度的情况下，开放在岸资本账户将面临巨大的金融风险，甚至会产生金融危机。因为固定或受到严格监管的浮动汇率制度会使资本流动变得困难，如果汇率起不到“减震器”的作用，将会降低国内货币政策的独立性，压缩央行运用利率等货币政策维护国内价格稳定的政策空间，同时国内和世界利差的扩大会反过来影响汇率的稳定，甚至造成货币套息交易等资本账户的“多孔”问题。

由于中国是外向型经济体，中国不可能，也没有必要主动承受在岸资本账户开放所伴随的巨大外部风险的冲击，谨慎和渐进的做法是可行且明智的。香港地区是国际金融中心，具有成熟且发达的金融体系，中国借助香港离岸市场，通过打造一个强大的人民币离岸中心，有控制、试验性地推动人民币国际化使用，同时间接扩大在岸资本账户的可兑换程度，并将风险隔离在在岸市场之外，这无疑是收益和风险权衡后的最优选择之一。

由此，我们将人民币国际化离岸模式的内在逻辑总结为三点。

第一，建立全球离岸人民币市场，并使人民币在岸和离岸市场连接，随着两个市场连接程度的加强，两个市场会逐渐融合，最终实现在岸资本账户的完全可兑换。在这个政策框架下，如果离岸和在岸人民币之间不能完全自由地双向流动，这隐含着中国在岸资本账户仍受到实质性的管制，那么通过离岸路径开放在岸资本账户，就是一个收益和风险权衡后的最优选择。此时，中国在岸市场可以用自己的节奏开放资本账户，同时将人民币打造成国际货币，用于贸易发票、贸易结算和中国企业的境外融资。

在这个政策框架中，人民币在岸和离岸市场运用丰富的双向“互联互通”工具实现连接，并实现有条件的货币可兑换。随着人民币在岸和离岸市场政策工具的增加，两个市场会逐渐收敛，并最终实现完全的融合。当前已经推出的双向“互联互通”工具包括2014年和2016年推出的“沪港通”和“深港通”，2017年启动的“债券通”，以及2023年的“互换通”等。

第二，在岸资本账户的自由化程度不能过多超前于金融市场的自由化程度，否则在岸金融体系将无法承受短期资本流动造成的利率和汇率的波动。人民币国际化通过香港离岸发展模式，将使得在岸资本账户自由化和金融市场改革形成一个正反馈，更开放的资本账户迫使在岸金融部门进行改革，而更发达的金融体系又反过来使进一步的高水平资本账户开放成为可能。换句话说，即离岸模式在隔离了外部风险的基础上，形成了资本账户开放和在岸金融体系改革的积极互动和良性“倒逼”作用。

第三，“渗透型”和“隔离型”的人民币离岸市场需要精细的管理和调适。离岸人民币实行自由浮动的汇率，其价格由市场供需关系决定，离岸市场依托高度发达的金融中心，其资本项目是完全可兑换的，且是一个具有深度和广度的金融市场。当前人民币离岸和在岸市场之间仍存在一定程度的资本控制，两个市场之间依据无抛补的利率平价理论，形成了一套非常复杂的利率和汇率的联动关系。由于两个市场存在汇率制度、金融体系以及资本控制上的巨大差异，人民币离岸和在岸的价格体系并非一个稳定的系统，而是需要货币当局进行精细的管理和调适。

图 2–4 绘制了人民币国际化的基本离岸模式。香港离岸模式丰富了人民币的国际化用途，发展出了规模较大、

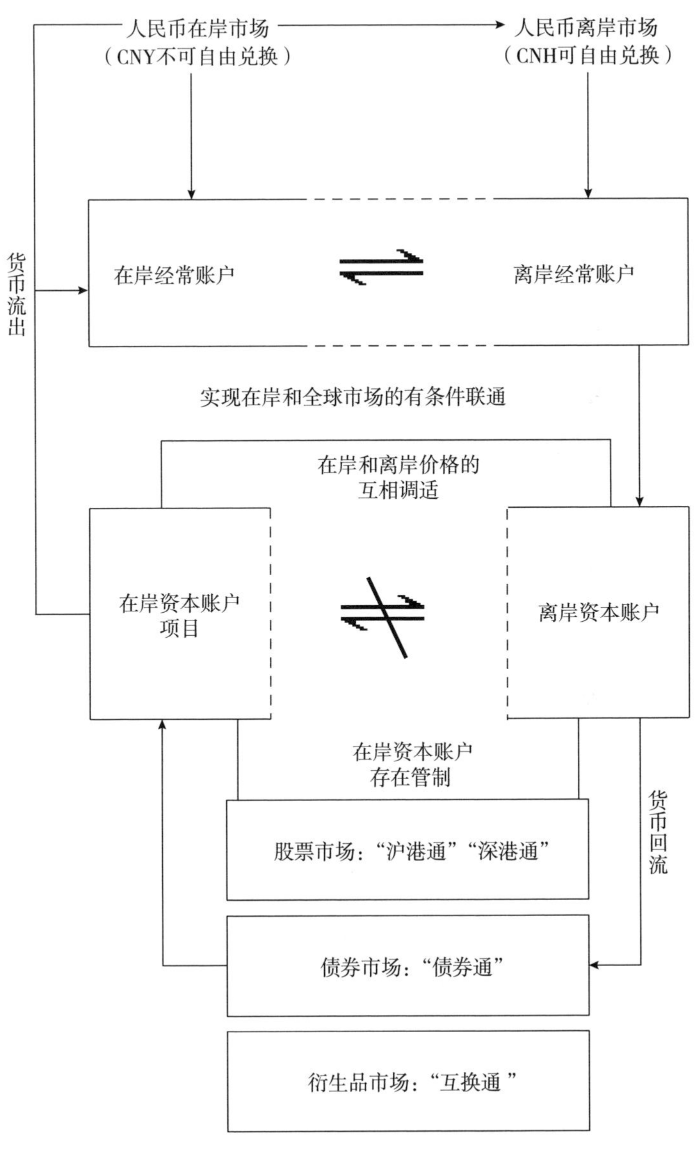

图 2-4　人民币国际化的离岸模式

品种丰富的人民币离岸资产，在一定程度上解决了国际货币循环的难题。但由于人民币离、在岸之间存在资本控制，货币的回流和循环并不充分。中国通过在离岸和在岸市场之间搭建类型多样的“互联互通”工具，有管理和有控制地解决了两个市场的资金流动，创造了人民币国际化基准的货币循环体系。

第六节　资本账户开放和经济增长

自从罗伯特·蒙代尔（Robert Mundell）提出一个国家对资本账户开放的政策影响其汇率制度和货币政策以来，资本账户开放就成为现代经济金融学最重要、最有趣，也最具争议的话题之一（Obstfeld、Shambaugh 和 Taylor，2005）。

早期的经济学研究并没有发现资本账户开放和经济增长之间的相关关系，例如 Alesina、Grilli 和 Milesi-Ferretti（1994）发现工业国家的资本账户开放水平与经济增长之间没有关联。Grilli 和 Milesi-Ferretti（1995）研究认为即使是对新兴市场国家来说，二者之间也不会互相影响。Eichengreen（2001）在梳理了资本账户开放和经济增长关系的文献后，认为各种经济学研究得出的结论非常不一致，没有所谓的主流看法。Gourinchas 和 Jeanne（2006）认为二者之间的影响关系非常模糊。

回顾过往的经济学文献，由于资本账户开放对所有主权经济体都是至关重要的经济政策，对经济金融的各个方面都会产生深刻影响，越来越多的经济学家尝试分别从理论和实证的角度探索二者之间的关系，然而时至今日并未得出较为一致的结论，但是有一些经济学家从计量方法的角度探讨了这种结论不一致产生的可能原因。同时，由于世界已经爆发过多次经济金融危机，许多文献也致力于从危机中寻找经验证据。

2008 年金融危机后，世界更加掀起了对资本账户开放的热议。人们逐渐意识到“中心”国家的货币政策对世界经济的影响，中心国家的货币政策会内生性地创造金融周期，从而对“非中心”国家的经济产生溢出效应，建立在“三元悖论”理论上的无抛补利率平价公式似乎失效。回顾过往，资本账户开放的成功改革经验似乎非常有限，新兴市场国家在实践中通常谨慎地选择改革的路径、改革的时间窗口，以及改革的顺序和节奏等。

本节从过去几十年经济学研究的基本理论和结论出发，

首先梳理了关于资本账户开放和经济增长关系的一些基本看法，包括一些有代表性的积极和消极的正反两面的观点，并从实证分析角度解释了为何会出现如此相异的研究结论。其次，从改革结果来看，资本账户开放会带来对国内金融体系的正向激励作用，通俗地说即“倒逼”作用，本节讨论了这种作用发生的内在机理。最后，学术界在2008年后再次兴起了对资本账户开放的大讨论，一些学者引入了金融周期理论，并对经典研究框架做出了进一步的扩展，本节对这一学术价值观的重大转变做了一定的分析和阐释。

一、积极的观点

传统的经济学增长理论认为，一个国家实行资本账户自由化是一个双赢的选择，认为面向世界的经济开放是一个不可阻挡的长期趋势。支持资本账户开放的观点认为，国际资本的流入会缓解本国企业的财务约束，因而会提升就业和社会福利，其直接的作用机制是降低资本成本。资本账户开放后，国际资本流动将不再受到严格限制，资本流动性增加，资本的流入和流出将遵循市场原则。对于缺少资本的国家而言，资本账户开放可以带来国内投资的增加，从而对经济增长带来正面的影响。

传统经济理论所提倡的资本账户开放与经济增长的正相关关系，源自金融自由化的增长效应。Mckinnon 和 Shaw（1973）开创性地提出，消除金融压抑会对经济增长发挥正向的效果，因为利率会趋向于市场均衡水平，资源分配的效率将会提高，资本账户自由化可以让企业更容易以较低的价格得到境外资本，同时金融自由化也会促进国内金融系统效率的提高。

Fischer（1998）和 Summers（2000）提出，实施资本账户自由化的国家将降低资本成本，增加投资并提高产出。Quinn 和 Inclan（1997）构建并使用了一个微小的资本控制变量，发现资本账户开放程度的提升会对经济产生显著的积极影响。Edison 等（2002a）提出资本账户开放的福利经济学意义，认为资本账户开放提高了国际分配效率，资本稀缺国在国际资本的帮助下会加速国内资本积累，使消费平稳化。Bekaert、Harvey 和 Lundblad（2001，2005）发现资本账户开放和金融自由化的推进都与随后的经济增长有正相关关系。Glick、Guo 和 Hutchison（2006）通过在实证中控制样本选择的偏差，认为资本账户开放降低了国家发生货币危机的可能性［这项研究发现与 2000 年前后盛行的

“资本账户开放会引发新兴经济体金融危机”的观点存在巨大分歧，例如 Rodrik（1998）]。

Chanda（2005）从社会学的角度研究了这个问题，提出种族异质性较高的国家会在资本账户开放中受益，但种族同质化较高的国家则不符合这个结论（同时参见 Satyanath 和 Berger，2006）。IMF（2001）实证测试了四种制度的社会结构，并没有发现二者关系在统计上的显著性。

Quinn 和 Toyoda（2008）使用了 1950—1999 年 94 个样本分散国家的数据集，研究表明资本账户自由化对新兴经济体在内的大多数国家的经济持续增长，产生了直接有力的积极影响，这是对 Quinn（1997）以及 Bekaert、Harvey 和 Lundblad（2005）先前结论的一个增强和扩展。

此外，Kose 等（2006）认为，即使一国的经济发展并不依赖外资，开放资本账户也会带来许多好处，比如资本账户开放可以使一国的金融体系面临外部竞争，促进国内公司治理的改善，并对国内政府行政机构施加纪律约束。Klein（2003，2007）在实证中证明了中等收入国家受益于资本账户开放。Edison 等（2004）也发现了区域异质性的实质证据，证明资本账户开放为中等收入国家带来了经济上的好处。其他的实证研究提出，二者之间的计量关系有总体的正系数估计，但是点估计的标准误差很大（IMF，2001；Edison 等，2004）。

二、消极的观点

另一些经济学家持有相反的看法，认为资本账户开放对经济增长的推动作用非常微小，反而可能催化金融危机的发生，对经济带来致命的影响。Solow（1956）、Hall 和 Jones（1999）认为，生产率的提高是经济长期增长的主要决定因素，由此得到的一个推论是，外国资本流入本身对经济增长的影响应该只是暂时的。

Lucas（1990）研究发现，从工业国家到发展中国家的资本流动，远远低于资本和劳动力比率不同的国家之间的资本流动水平。在 21 世纪的第一个十年中，“卢卡斯悖论”被激烈讨论，因为新兴市场经济体一直在向较富裕的工业经济体净出口资本，主要是以外汇储备的形式，外汇储备主要投资于工业国的政府债券。这种现象表明投资资源的匮乏，不是这些经济体增长的主要制约因素。资本这种“上坡流动”的一种可能的解释是，低收入国家可能并不主要是“储蓄受限”，这些国家投资项目的盈利能力也较低。

此外，历史上发生的亚洲金融危机、阿根廷及全球次贷危机等，使一些经济学家热衷于讨论新兴市场国家的改革经验（例如 Bekaert、Harvey 和 Lundblad，2005；Edison 等，2004；Eichengreen，2001）。一些经济学家也在这个背景下提出了一些尖锐的观点（例如 Stiglitz，2003；Eichengreen，2001；Kose 等，2006；Levine，1997）。

Rodrik（1998）发现 1996 年五个亚洲经济体（韩国、印度尼西亚、马来西亚、泰国和菲律宾）获得了 930 亿美元的私人资本净流入，但 1997 年这五个国家经历了 121 亿美元的资本外流，相当于一年之内流走了 1 050 亿美元，占这些经济体 10% 的 GDP 份额，给这些国家造成了严重的经济灾难。试问，即使是一个拥有强大金融体系的国家，例如美国，是否能承受相对于 GDP 而言如此巨大的资本外流冲击？

由此，Rodrik（1998）提出了对于资本账户开放的基本观点：（1）资本账户自由化会干扰控制通货膨胀的目标，以及会干扰将汇率维持在竞争水平的汇率目标；（2）短期负债和长期资产之间存在的不匹配，使金融中介机构容易受到银行挤兑和金融恐慌的影响，这个问题在没有国际最后贷款人的跨境交易中尤为严重。

Stiglitz（2002）认为金融开放是“没有回报的风险”，资本账户开放没有给发展中国家带来增长，反而带来了更大的危机，使得“穷国”承担了更多的风险，特别是缺乏安全保障的国家。他驳斥了两个“不妥当”的观点：一是资本账户不开放就不可以吸引外国直接投资；二是资本账户开放可以引致国内改革。Stiglitz 认为高资本流入带来了经济不稳定性，反而降低了对投资的吸引力；同时资金大量流入会引发高汇率，使得出口困难。资本市场与产品市场不同，风险和信息尤为重要。发展中国家与发达国家有很大不同，因为新兴经济体通常缺乏管理波动的能力，所以资本账户自由化会增加风险，使得这些国家的经济表现为高波动性。根据次优理论，如果资本账户开放后仍然保护国内的不完全竞争产业，或存在向下的工资刚性，资本会流向具有比较劣势的产业部门，这样会减少社会福利。

Moel（2001）认为资本账户开放会导致宏观经济不稳定和市场结构的分裂。Aizenman 等（2004）研究发现，自筹资金比率较高（国内储蓄占国内投资的份额）的发展中国家，经济的平均增长率更高。Fratzscher 和 Bussiere（2004）认为市场扭曲降低了自由化的增长效应，资本账户开放让一些国家经历了增长过程中的危机。市场扭曲包括信息不对称（Stiglitz，2000，2002）和政治经济问题（Bagwati，1998），它们会破坏这种增长效应。

Eichengreen 和 Leblang（2003）认为资本控制使得经济体可以抵御国际金融危机的冲击，但是这种作用是动态的，会随着时间的推移有所不同。Kose 等（2006）从一项更广泛的调查中得出结论：几乎没有证据表明资本账户开放与GDP增长具有显著的正相关性。Prasad、Rajan 和 Subramanian（2007）收集了过去三十年对外国资本依赖较少的非工业国家，即经常账户赤字较小甚至盈余的国家，其增长速度并不比那些依赖外国资本的国家慢（在许多情况下，增长速度更快）。

Alfaro 等（2007）认为，出现这种情况的原因可能是许多低收入国家缺乏私人产权保护机制，或因为它们的金融系统不发达，投资者权益得不到保护。Rodrik 和 Subramanian（2008）认为外国资本的流入，可能不成比例地流向金融体系，导致汇率高估，投资的盈利能力进一步下降。这一论点可以解释外资流入与汇率高估之间的正相关性。Prasad 等（2007）研究得出了类似的结论，即外资流入与经济增长之间呈负相关性。

一些文献也对经济的波动性进行了讨论。在使用跨国数据的研究中，Ramey（1995）发现波动率较高的国家，平均增长率较低。Easterly 等（2000）和 Denizer 等（2002）发现，金融发达的国家，经历的经济波动性较小。

三、为什么实证结论如此矛盾

（一）计量模型中存在的聚类（Clustering）和共线性（Collinearity）问题

一些学者提出，对于资本账户开放和经济增长关系的研究需要纳入更宏观的框架中，需要同时考虑其他影响经济增长的因素，如文化和地理因素、市场机构的特征等，并在实证分析中将其作为解释变量来分析相关的影响渠道和作用机制（例如 Beck、Demirgüç-Kunt 和 Levine，2002；Rodrik、Subramanian 和 Trebbi，2002；Barro 和 McCleary，2003；Stulz 和 Williamson，2003；Acemoglu、Johnson 和 Robinson，2004；Rigobon 和 Rodrik，2004）。

另一些研究认为，政治、社会和经济发展水平相似的国家也具有相似的资源禀赋（endowments）、市场机构和政策特征。资本账户开放的政策可能是更广泛的政策和机构"聚集效应"的一部分，并有可能和许多其他变量有共线性。许多文献讨论了样本聚集和共线性的问题，但没有明确提出这些计量问题是否以及怎样影响资本账户开放和经济增长之间的关系（例如 Rodríguez 和 Rodrik，2000；Bekaert、Harvey 和 Lundblad，2001；Eichengreen，2001）。变量之间的聚类问题对许多研究文献产生了直接的影响，例如 Rodrik（1998）、Edison 等（2004）和 Klein（2003）提出资本账户开放程度可能仅仅是政府治理能力或其他政治制度的变量。

（二）数据误差

对于资本账户开放和经济增长问题的研究，受到样本数据的限制较大，例如 Arteta、Eichengreen 和 Wyplosz（2001）指出样本选择的时间段差异可能导致完全不一致的结果。此外，根据经典文献，研究人员通常使用两种类型的度量方法来测度资本账户的开放程度：一种是基于法律的度量，另一种是基于事实的度量，但由于多种原因，这两类方法都未能充分反映现实世界资本管制的复杂性，因此样本的测量误差通常很大（更多的讨论参见第四章）。

1. 法律度量（De jure measures）

早期文献使用的是国际货币基金组织出版的《外汇安排和外汇限制年度报告》（简称 AREAER），这是一个二元指标（称为 IMF-BINARY 指标），非 0 则 1，受到资本控制取值 1，没有资本控制取值 0。这个指标包含的信息太少，用途有限，无法捕捉大多数国家的现实情况。IMF-BINARY 指标将资本账户部分开放的国家和完全封闭的国家进行分组，当这个指标用作自变量时，就会在回归中携带系统测量误差，导致有偏的系数估计。此外，IMF-BINARY 指标仅包含了资本账户对国内居民的限制，但不包含对于非居民的资本账户控制的信息（例如外国直接投资）。

在样本的时间段方面，IMF-BINARY 指标仅包含了阶段性的数据，例如它不包含 1966 年以前的数据，因此在使用该指标进行研究时，必然会忽略 20 世纪 50 年代至 60 年代中期的经验证据，而那段时间的许多新兴市场国家其实是相对开放的。IMF-BINARY 指标的数据集于 1995 年终止，取而代之的是一个新的子类别数据，称为“资本交易”（Capital Transactions），该子类别强调了资本账户交易的 13 个独立方面。因此，若研究中使用 IMF-BINARY 指标，也必然会忽略 1995 年以后的情况。由此可见，IMF-BINARY 二元指标形态的局限性是显而易见的。Voth（2003）提出早期研究之所以没有发现资本控制对大多数经济控制变量的显著影响，主要是由使用简单的二元变量导致的。

此后，一些学者尝试优化 IMF-BINARY 指标，例如 Edison 等（2004）和 Klein（2003）。他们使用了一个新的指标（称为 SHARE），它是对 IMF-BINARY 指标在某段时间的一个加总。举例而言，尼日利亚在 1970—1984 年的 15 年间，每一年的 IMF-BINARY 数值都是 1，因此该段时期的 SHARE 得分为 15。美国在同一时间的资本账户是完全开放的，因此美国的 SHARE 分数是 0。乌拉圭在 1970—1984 年里有 8 年时间存在资本账户控制（取值 1），7 年没有控制（取值 0），因此这个时间阶段的 SHARE 分数是 8。

另外一些学者在国际货币基金组织 AREAER 数据表的基础上，将表格的类别进行进一步分解，创造了法律上衡量资本账户开放程度的指数。在 Johnstone 和 Tamirisa（1998）以及 IMF 新数据表的基础上，Miniane（2004）对 IMF 数据表“资本交易”的 13 个类别的得分进行了平均，得到了 34 个国家 17 年的数据。这些数据的类别包括证券、衍生品和货币市场的投资组合。Brune 等（2001）创建了五个不同类别的分类指标，并对资本的流入和流出进行了区分。Chinn 和 Ito（2006）基于 AREAER 三个金融流动的二元指标（“多重汇率”“经常账户”和“出口收益返还”）的主成分分析和 IMF-BINARY 的 5 年平均数值，创建了另一个度量指标（称为 KAOPEN）。KAOPEN 涵盖了 1970—2005 年 181 个国家的数据集。

上述方法都对资本账户开放程度的测度研究产生了贡献，提供了比早期 1 和 0 的二元变量更加丰富、颗粒度更细的信息。但这些数据都是在 IMF 二元变量基础上的分类数据，因此仍然包含了二元变量的局限性。

2. 事实度量（De facto measures）

法律度量的方法通常只显示了资本账户开放的某一个方面。Edwards（2005）提出对于一些国家来说，观察到的资本流动往往超过了法律允许的流动范围。

为了衡量一个国家金融一体化的程度，学者们更倾向于采用事实上的测度方法。这样的方法利用了资本流动增加所引致的经济现象，如总资本流动的规模（IMF，2001）、可供外国购买的国内股票的份额（Bekaert，1995；Edison 和 Warnock，2003）、储蓄和投资之间相关性的下降（Feldstein 和 Horioka，1980）或国内外利率的趋同（Dooley、Mathieson 和 Rojas Suarez，1997；Quinn 和 Jacobson，1989）。Lane 和

Milesi Ferretti（2006）创建了一个指标（称为 TOTAL），许多学者认为该指标在衡量一个国家在国际金融中的敞口方面非常有用，其计算是用一个国家总资产和总负债的总和与 GDP 的比值。由于 TOTAL 变量是将一个国家的外国直接投资和投资组合的数据汇总在一起，因此不同国家对外国直接投资的定义，以及对投资组合流量的处理方式并不会影响该指标。

然而，事实度量方法的局限性也很明显，因为现实中事实度量的指标不一定是政策立场的有效衡量标准，例如一个资本账户完全开放的国家，其资本流动仍然可能受到限制。相应地，许多公司在一些国家进行投资的原因恰恰是该国存在资本账户限制（允许投资的主体事实上获得了一个“进入”的特权），因此事实度量方法在测度资本账户开放程度时可能存在偏差。最后，资本的流入和流出可能是对许多其他政策因素的一个反应，例如法国、德国和荷兰等许多先进工业国家的资本账户开放程度在 1994—2004 年没有发生任何重大变化，但这些国家的 TOTAL 数值从 100% 增长到了 300%。

此外，Arteta、Eichengreen 和 Wyplosz（2003）以及 Klein 和 Olivei（2008）讨论了衡量资本账户开放方法的复

杂性和局限性，他们认为资本控制的法律措施是一回事，但有效实施这些措施是另一回事；使用外国资产和负债存量的总和作为衡量金融一体化的指标，以获取国际资本市场的累积敞口，充其量也只能得出关于经济增长收益的微弱证据。

四、资本账户开放的“阈值效应”

众多文献研究表明，新兴市场国家的资本账户自由化与其经济增长之间存在相关性的“阈值效应”，即只有当一个国家的制度和经济发展高于一定水平时，开放资本账户的好处才会体现出来。

Klein 和 Olivei（1999）认为资本账户开放会带来金融体系的“深化”，但只对发达的工业经济国家成立，这暗含了新兴市场国家缺乏金融市场关键结构的现实问题，而只有这些市场要素得以健全发展，资本账户开放才会发挥有益的作用。Eichengreen（2001）和 Kose 等（2006）在对过往文献的总结中发现，如果实证模型中引入一个表示“经济先决条件”的交叉项目，那么实证结果将会体现出资本账户开放和经济增长的正相关关系。Bekaert、Harvey 和

Lundblad（2005）使用这个方法发现更高水平的金融市场发展、治理良好的金融机构和投资者保护的增强，会增加股票市场自由化带来的经济增长效应。

“阈值效应”的另一种可能性解释是，只有当一个国家金融体系更健全时，该国才能利用外资流入带来的知识和信息，提高本国相关机构的成熟度。例如当一个国家非常贫穷时，所需要的投资可能很多，投资收益也可能很高，但政府薄弱的治理能力可能会妨碍外国资本投资收益的变现，使得外资望而却步。

Schenider（2000）提出资本账户自由化促进经济增长的前提条件是，财政的稳固、金融部门进行改革、经常账户收支平衡、关税壁垒的降低、多元化出口和金融部门的审慎性管理。Bekaert 等（2001）研究认为，不同国家的国内政府管控力及法律体系的完善程度等方面存在很大差异，因此资本账户开放对经济增长的效应不同。

Edwards（2001）使用 Quinn 的方法测度发现，资本账户可兑换对富有的国家产生积极的影响，但对贫穷落后的国家产生消极影响。Chinn 和 Ito（2002）提出，资本账户自由化程度和金融发展的水平与法律制度等因素有关。

Stulz（2005）研究提出，当产权不受保护或司法机构非常薄弱时，外国投资者可能无法促进本国公司治理的改善。Prasad 等（2007）和 Abiad 等（2007）提出，尽管对外国资本的更大依赖似乎与非工业化国家的经济增长无关，但它与工业化国家的经济增长呈正相关关系，且在短时期内，其与更先进的处在经济转型期国家的经济增长也呈正相关关系。Alfaro 等（2004）、Klein（2005）、Chinn 和 Ito（2006）、Klein 和 Olivei（2008）、Kose 等（2008）研究表明，国内金融深度及国内金融机构的治理能力，会影响外国资本流入带来的经济增长的能力。

Prasad 等（2007）研究提出，一个国家的制度如果低于一定的门槛，资本账户开放可能是有害的。对于一个没有足够的治理能力来处理企业破产的国家，可能会在外资大规模流出时受到严重伤害，因为逃离的外资会拖垮国内企业。Faria 和 Mauro（2004）发现，更好的制度体系使发展中国家的外国资本流入倾向于外国直接投资和证券投资，这不仅比债务流动风险更低，还导致更多的外国资本参与公司治理和技术转让。Rajan 和 Tokatlidis（2005）的研究指出，解决国内财政冲突能力有限的国家，可能会有更脆弱的外债结构和更多的美元化倾向。

五、资本账户开放对金融体系改革的良性“倒逼”作用

当在岸资本账户实行一定程度的高水平开放后，金融体系将面临来自外部金融机构的正面竞争，“温水”将逐渐冷却，外部的竞争者将倒逼内部机构进行改革，从而提高整体金融体系的深度和广度。

Rajan 和 Zingales（2003a）提出，资本账户开放会促进国内金融部门的发展，从而推动全要素生产率的提高。Mishkin（2006）调查显示，国际金融流动是国内金融市场发展的重要催化剂，这反映在对银行业和股票市场规模的直接推动作用，以及对监管能力的催化作用。Claessens 等（2001）、Levine（2001）、Clarke 等（2003）、Claessenss 和 Laeven（2004），以及 Schmukler（2004）均研究认为，引入外国银行的竞争与国内金融服务质量和金融中介效率的提高有关。

Gillian 和 Starks（2003）调查研究认为，金融开放促使许多国家调整其公司治理结构，以应对外部竞争和国际投资者的要求。Goldberg（2004）研究认为，一些外资来源于监管良好的国家，这些资本的流入给新兴市场国家带来了机构治理的新理念，为发展中国家融入世界经济提供

了监管能力方面的帮助。此外，Tytell 和 Wei（2004）发现金融开放与较低的通货膨胀率呈正相关关系，但与预算赤字规模不相关。Levine 和 Zervos（1998）研究认为，股票市场自由化后，股票市场往往变得更大和更具流动性。

中国在离岸开放模式下，在岸金融市场会面临国际同业的竞争压力，同时离岸和在岸之间仍然维持一定程度的资本控制，使来自外部的“倒逼”作用在“可管理”和“可控制”的状态下实现良性上升螺旋，这给予在岸金融体系一定的缓冲，推动外部竞争与在岸金融体系改革之间构成良性的“催化”关系。

六、2008 年金融危机后对资本账户开放的再讨论

2008 年全球金融危机给世界的一个启示是，对资本账户进行一定程度和一定阶段的控制是有好处的。为了应对全球金融周期，大部分国家面临以下几个政策选择：（1）开展有针对性的资本管制；（2）跟随“中心国家”央行（美联储和其他主要央行）的货币政策，因为其本身是金融周期的一个来源；（3）利用国家宏观审慎政策，通过在周期繁荣阶段限制信贷增长和杠杆作用，周期性地影响金融周期

的传染渠道；（4）通过对所有金融机构的杠杆施加更严格的限制，在结构上对传导渠道采取管制。此外，亚洲、俄罗斯和拉丁美洲的金融危机再一次将讨论的重心由各国何时应该自由化转向是否应该自由化。

Bhagwati（1998）、Rodrik（1998）和 Stiglitz（2002）认为资本账户自由化不会对经济产生更高的效率；相反，金融自由化引发了投机性的热钱流动，增加了金融危机的可能性，且对投资、生产和任何其他具有重大福利影响的实际变量没有明显的积极作用。

2008 年全球金融危机后，对于资本管制的讨论也日益激增，一些实施资本账户自由化的国家开始重新实施资本管制，其中包括一些发达国家和新兴市场国家，例如巴西、冰岛、爱尔兰、秘鲁和土耳其等。这些措施的出台是为了应对资本流入引起的汇率升值和潜在的资产价格波动的风险。

资本管制是指与金融交易相关的规则、税收或费用，对在本国主体和国外主体之间表现出的歧视行为（经合组织，2009）。资本管制可以是行政手段，也可以是市场措施。行政管制包括完全禁止外国借贷、对这些交易实施数量限制，以及要求对国际资本实施行政准入。市场措施包括对跨境资本征收交易税、对本国和外国的银行机构征收比例不同的银行准备金，以及要求将一定比例的外国资本存入中央银行的无息账户等（这实际上是对外资流入的征税）。

2008 年全球金融危机始于美国金融市场，金融市场是经济危机从一国蔓延到另一国的关键媒介。这一事件重新使世界开始讨论宏观审慎管理的重要性。短期资本流动是 2008 年全球金融危机后对于资本管制再讨论的核心内容，也是宏观经济学中金融周期分析的核心。

无抛补的利率平价理论是经典“三元悖论”的核心。“三元悖论”要求在开放经济体中，独立的货币政策、完全的资本流动和稳定的汇率不可能同时实现。Rey（2013）在经典“三元悖论”的基础上提出“二元悖论”，认为“非中心”国家只有通过宏观审慎政策直接或间接管理资本账户，独立的货币政策才有可能真正实现。全球金融周期的一个重要决定因素是“中心”国家的货币政策会影响全球的杠杆率、国际金融体系中的信贷流和信贷增长，该通道使得“三元悖伦”失效。Rey（2013）认为，无论一个国家采用何种汇率制度，国家间的金融状况都会呈现出较强的相关性，因此即使是实行浮动汇率制度的国家，也会受到全球金融周期的影响。

自 Rey（2013）提出“二元悖论”后，学术界大量论证了在全球金融周期的大背景下，汇率制度在隔绝外部冲击中能够起到的作用。Kaminsky 等（2004）研究认为大多数发展中国家的资本流动具有显著的顺周期性，而货币政策不仅没有熨平，反而加剧了经济的波动。

Jeanne（2011）认为，自由的资本流动使货币当局可以选择以利率或汇率为目标，自由浮动汇率和固定汇率是两种极端的情况。资本管制可以为政策创造更多空间，资本管制对那些能够影响国内利率，并进一步影响本币汇率的资本流动实施限制，使得政策获得更大的利率和汇率的调整空间。这将使货币当局更容易实现“内部”目标，如低失业率和低通货膨胀水平，同时实现经常账户的“外部”目标，如经常项目收支平衡。从理论上讲，对资本流入的阶段性管制，可以使货币当局通过提高利率来对抗通货膨胀，而不必同时面临资本流动导致的汇率大幅波动。

Ostry 等（2011）提出，阶段性资本管制可以促进金融稳定。Farhi 和 Wering（2012）研究发现，在固定汇率制度和名义刚性的条件下，资本管制在应对外部冲击时往往是最优的。Forbes（2013）提出，资本管制措施能显著降低金融系统的脆弱性。

Obstfeld 等（2017）和 Jorda 等（2019）研究认为灵活

的汇率制度，比如浮动汇率制度和中间汇率制度，确实起到了缓冲的作用，但是在金融一体化的大背景下，即使是自由浮动的汇率制度，也不可能完全隔离外部冲击。

一些最新的研究集中在讨论阶段性的资本管制，强调其作用于金融稳定和防止金融周期的机制和方式。这些研究考虑到了金融市场的一些固有属性，如信息不对称等，提出可以引入限制借贷等的约束条件，比如对金融抵押品提出要求。综观历史上金融危机的表现形式，资产价格上涨或货币升值时，抵押品的价值也会随之升高，但随后的资产价格暴跌或货币贬值会产生连锁效应，导致抵押品价值下降、贷款减少、总需求下降以及资产价格和抵押品价值的进一步下降，这产生了一个负反馈循环。Korinek（2011）讨论了个人借贷增加如何提高了资产价值并放松了抵押品约束，从而共同导致了金融脆弱性，他认为这与驾驶员不考虑对空气污染的情形所产生的外部性的场景非常类似。正如对汽油征税可以迫使司机将污染外部性内部化一样，对资本流入征税也可以用来限制外国借贷，使金融体系更具弹性。

支持阶段性资本控制的学者提出，对于顺周期的资本流动应采取相应的资质管理，因为这种资本流动会导致金融脆弱性，例如一个国家的外币债务规模。但校准模型

（Model Calibrations）预测的最优资本税却非常低。Korinek（2010）使用了印度尼西亚的数据，计算出卢比（IDR）债务的最佳税率为 0.44%。Bianchi 和 Mendoza（2011）使用美国数据进行校准模型预测，提出最优债务审慎税应该为 1%。Bianchi（2011）在其校准模型中使用阿根廷数据，计算出 5% 的平均最优债务或有税，或者 3.6% 的最优债务固定税。然而，这些计算存在一定的局限性，因为在资产快速升值或经济蓬勃发展的时期，投资者可能会认为这些税收无关紧要，使得这种形式的阶段性资本管制并不能起到预期效果。

Ostry 等（2010）研究并提出了资本管制的最优顺序，认为应首先对外币债务进行管制，其次是那些影响本国 CPI 指数的本币债务，再次是证券投资类型，最后是直接投资类型。与此相一致，国际货币基金组织发布的 AREAER 报告及相关的研究分析认为，从资产类别对金融稳定的影响程度进行排序，短期债券比长期债券风险高，债券比银行贷款风险高，银行贷款比股权投资类型风险高，而直接投资被认为是国际资本流动中风险最小的类型。

基于这种排序，相对应的资本管制顺序应该是，对短期债券或长期债券的管制优先于对其他三类资产的管制；在对股权投资实施管制之前，应先对银行贷款和短期或长期债券实施管制。但必须强调的是，现实世界几乎没有经验证据表明，资本管制是按照这种顺序进行的。

2008 年后经济学界对于资本控制的讨论，再次说明资本账户开放和对资本流动进行控制并不是内生矛盾的，很多情况下，资本项目是可自由兑换的，但资本的汇入汇出仍然会受到一定的管控，例如美国在“9·11”事件以来对资本流动方面的控制。

第七节 资本账户开放面临的潜在风险

发展中国家的资本账户开放一直是政策界和学术界都非常关心的问题，其中新兴经济体开放资本账户的好处、相伴随的风险及当中的权衡取舍，一直是争论的焦点，但至今并未有定论[①]。

早期的学术研究大多集中在探讨发展中国家资本账户开放的增长效应上，但无论是理论还是实证研究都没有达

① 参考 Eichengreen（2002）和 Kose 等（2006）文献回顾中的讨论。

成任何的一致结论。20世纪90年代后期以来，经济学研究开始侧重讨论新兴市场国家开放资本账户后通常发生金融危机的现象，并重点转向了分析资本账户开放对经济稳定的影响。近年来对资本流动最优管理的文献，从理论上审视了资本账户开放对金融危机发生的影响（Korinek，2010b；Mendoza，2010；Korinek，2011；Bianchi，2011；Bengui 和 Bianchi，2014；Korinek 和 Mendoza，2014；Reyes-Heroles 和 Tenorio，2015）。从实践来看，自20世纪90年代中后期以来，选择开放资本账户的新兴市场国家在逐渐增加，但随之而来的是不少国家在资本账户开放后发生了不同程度和类型的金融危机。

虽然对资本账户开放的潜在风险的研究并未形成一致看法，但各国在改革其资本账户时，都会对可能引发的风险做出前瞻性判断，同时对改革的政策安排和窗口选择慎之又慎。与此同时，历史上发生的多次金融危机都伴随着“中心”国家货币政策的周期性调整，这使得新兴经济体的改革风险更加不确定。因此，资本账户开放进程是一个对改革路径、时间窗口及改革顺序权衡选择的过程，其中的利弊相伴相生，所面临的风险挑战也始终存在。

从历史经验来看，新兴市场国家在改革其资本账户时主要面临三类风险。一是金融脆弱性风险，有时也称外部风险。金融脆弱性风险是导致历次债务危机的主要原因，也是大多数新兴经济体主要面临的风险（中国是个特例）。二是国内货币政策独立性的风险。三是跨境资本流动的风险。

（1）金融脆弱性风险。大多数新兴经济体受限于国内储蓄率，金融脆弱性风险成为其资本账户自由化改革的主要风险。金融脆弱性通常产生于过高的国家外债水平，尤其是以外币计价的短期外债，这一直是新兴市场国家的脆弱点，也是20世纪80—90年代拉美地区和亚洲金融危机的主要来源。

按照国际标准，中国外债水平较低，国内储蓄率较高，同时中国外汇储备也提供了额外的“保险”，这使得中国经济能够较好地抵御外部冲击，因此金融脆弱性风险对中国经济构成的外部威胁通常较小，这也是中国经济结构区别于大多数新兴经济体的主要特点之一。

（2）货币政策独立性风险。大量文献表明，在汇率尚未实现清洁浮动的情况下开放资本账户会带来很大的外部风险。更灵活的汇率制度，可以缓解投机性和波动性的资本流入对金融体系稳定性产生的破坏（Eichengreen，2011b）。而新兴市场国家普遍实行的固定汇率制度或受到严格监管的浮动汇率制度，会使得资本流动更加困难，如果汇率无法发挥宏观经济“减震器”的作用，国内货币政策的独立性就会降低，央行利用“数量型”和“价格型”等货币政策维护国内价格稳定的政策空间就会受到挤压，从而引发国内货币政策独立性风险。同时，资本管制措施会引发国内和世界利差的走阔，如果再叠加市场主体对经济基本面产生预期上的较大变化，有管理的浮动汇率水平将难以维持，跨境资本流动可能加剧，这反过来又会给汇率的管理带来更大挑战。因此，只有在一个国家实现了高度的金融一体化之后，开放资本账户对经济增长方面的好处才可能充分体现出来，这也较好地解释了资本账户开放的“阈值效应”蕴含的内在机理。

对于中国的资本账户改革而言，当前人民币（CNY）汇率的市场化程度仍然有限，人民币实行有管理的浮动汇率制度，并曾于1994年、2005年和2015年进行了三次重要的汇率市场化改革，但距离清洁浮动仍有较远的距离。如果中国在人民币汇率市场化真正完成之前，大范围放松对资本账户的控制，将会削弱货币政策对国内经济的调控作用。除此之外，由于人民币是“一种货币，两个市场”

的结构，人民币离岸和在岸市场之间表现出复杂的利率和汇率上的联动关系（参见第一章第三节），离岸市场会对在岸市场产生金融稳定方面的直接影响，这会放大中国改革资本账户的货币政策独立性风险，使国内宏观经济政策的管理面临异常复杂的局面。因此，区别于大多数新兴市场国家的情况，中国改革资本账户时最主要面对的风险是货币政策独立性风险。

（3）跨境资本流动的风险。当国内汇率受到较严格管制时，跨境资本流动将会受到国际金融环境的影响而表现出“大进大出”的高波动性。此外，本币汇率的浮动水平会从两个方面影响资本账户开放的潜在风险水平。一是影响国家的资本流动结构，尤其是资本流入结构。二是影响金融市场的发展水平。更深更广的金融市场有助于吸收资本流入，并将其引导至生产活动，或者说有助于应对资本流动的高波动所带来的风险。

随着中国逐渐放松资本管制，中国不得不面对跨境资本流动伴随的各种风险。首先，如果缺乏恰当的国内监管手段，资本“大进大出”式的流动会给金融体系带来巨大的短期风险。其次，在利率市场化没有完成之前，进一步放开资金流出可能会导致家庭将存款从银行部门转移出去（因为基准利率框架下会导致实际利率为负）。大规模的存款转移会对银行业造成系统性的破坏和流动性的冲击，并可能产生更广泛的宏观经济影响。因此，无序和高波动的跨境资本流动是中国改革资本账户时面临的另一项重要风险。

正是由于面临这样的跨境资本流动风险，中国长期以来的主要资本流入形式是外国直接投资，这是最稳定的形式，通常会带来技术和管理的转移，但弊端是其对金融体系的改革推动作用效果微弱，而金融体系的深化发展正是资本账户改革的核心目标之一。

第八节　美元、马克和日元的国际化路径

20 世纪最成功的三个本币国际化案例是 1913—1945 年的美元、1973—1990 年的德国马克，以及 1984—1991 年的日元。Helliner（2008）提出决定货币国际化程度的因素有三个，分别是：（1）货币的流动性、（2）货币的国际交易网络、（3）国际社会对该货币的信心。与此同时，Frankel（2012）提出国际货币地位的基本决定要素是该货币发行国所具有的：（1）经济规模的世界占比、（2）金融市场的深度和广度、（3）国际社会对该币种的信心，且只要这三个要

素到位，本币国际化就可以快速地实现。本节将研究视角聚焦于货币功能框架。接下来对美元、马克和日元国际化进程的讨论，主要参考了 Frankel（2012）提出的国际货币的三个决定要素。

一、1913—1945 年美元国际化

美元于 1917 年正式超越英镑成为最主要的国际货币，并占据国际储备的最大份额。这期间主要的历史背景是 1914—1918 年的一战。战争迅速转变了世界货币的格局，英镑在战争中体现出严重的颓势，美元得以超越英镑站在国际货币舞台的中央。根据 Frankel（2012）提出的决定国际货币地位的关键要素，我们分别从美国的经济规模、美国金融市场的深度和广度、国际社会对美元的信心三个方面来讨论美元的国际化进程。

（一）美国的经济规模

通常而言，经济体本币国际化的时间要远远滞后于其经济崛起的时间。根据麦迪逊数据库的报告，美国经济的

GDP 总量、人均 GDP 和商品贸易规模超过英国的时间分别为 1879 年、1906 年和 1912 年。就 GDP 衡量的经济规模而言，美国在 1879 年就超越了英国，成为全球经济体量最大的国家。1870 年前后第二次工业革命开启，人类生产力再次跃升到一个新高水平。在众多的工业国家中，美国是在第二次工业革命中受益最大的国家，工业革命后美国经济突飞猛进，同时在一战爆发后，美国更是成为世界的头号经济强国，并在此后百余年时间里稳占世界经济强国的龙头地位。

国际贸易方面，第二次工业革命开始后，作为后起之秀的美国正好遇上了资本主义在全球范围内大规模的扩张，这一时期国际贸易最鲜明的特点是资本主义扩张和殖民主义扩张并行，先进工业国对落后农业国原材料的掠夺和对这些市场的开拓并行，以及工业品与农产品、原材料之间巨额的剪刀差[①]（price scissors）贸易。自 1870 年开始，美国成为剪刀差贸易主要的工业品输出方，以及农产品及原材料的主要进口方，这为美国经济带来了丰厚的利润。

---

① 剪刀差指工农业产品交换时，工业品价格高于价值，农产品价格低于价值所出现的差额。剪刀差是发达国家在国际贸易中的一种重要交换手段。

战争因素也成为美国经济跃升的重要推手。1914 年一战爆发后，欧洲陷入战火，区域经济和贸易受到重创，美国借此历史窗口大量出口食品和军火武器到欧洲，而欧洲对美国的出口则大幅下降，美国在出口的飙升和进口的下滑之间形成巨大差额，为美国经济带来了丰厚的贸易顺差。1915 年，美国已经成为世界第一大出口国。

经济规模占据世界主要地位是本币国际化的一个基本前提。但是，经济地位和货币地位并不是对应的关系，前者是后者的必要不充分条件，且货币国际化会表现出明显的滞后性。本币国际化的实现还需要另外两个重要条件，即金融市场的深度和广度，以及国际社会对该货币的信心程度。

（二）美国金融市场的深度和广度

美国能够建成发达的、具有深度和广度的金融体系，得益于两项重要的制度保障，一项是 1900 年美元金本位制度的确立，另一项是 1913 年美国联邦储备体系的建立，这两项共同奠定了美元国际化的金融制度基石。

一战前，真正被认可为国际货币（用于贸易计价结算和储备货币）的币种只有三个：英镑、法郎和马克[①]，这三种主权货币都和黄金挂钩，都可与黄金自由兑换。对于当时的国际社会而言，金本位制已经成为当时主流的货币制度。自1816年英国正式确立金本位制以后，大多数工业国家相继采用了金本位制，金本位逐渐自发形成一种国际性的货币制度——国际金本位，在这样的国际货币体系下，黄金是衡量一个国家主权货币价值的唯一标准，各国货币之间的汇率关系也是以黄金为中心来计算的。对于美元而言，如果其想要融入国际货币体系并成为国际货币的一种，并被其他国家的政府和民众认可和接受，就必须首先将美元和黄金挂钩，采用当时国际主流的金本位制。

1900年，美国国会通过《金本位法案》，在法律上确立了金本位制，并规定黄金作为美元的唯一价值标准，1金衡盎司（480格令）的法定价值为20.671 8美元，美国发行的一切货币都必须与这一标准保持一致，规定金币为标准货币，面值1美元金币的重量标准为25.8格令（含23.22格令

---

① 这里指德国纸马克（德语：Papiermark）是德国在1914—1923年发行的货币。一战结束后的1922—1923年，德国由于缺乏足够的黄金而发生极端严重的通货膨胀，纸马克价值暴跌。1923年，纸马克被地产抵押马克替代，一年后被国家马克（又名帝国马克，德语：Reichsmark；标记：RM）取代，停止发行。

纯金）。1900年《金本位法案》明确建立了美元和黄金的固定价值关系，美元因此真正融入国际金本位货币体系之中，开启了美元的国际化进程。

确立金本位制事实上对美国经济也起到重要的推动作用，尤其是在外贸领域。国际金本位制下形成的稳定汇率关系，为国际贸易与投资创造了极佳的条件，这对于正处于工业化高速发展时期的美国商品出口贸易极为重要，也非常有利于美国企业向海外投资。

在国际金本位体系下，哪种货币能长期稳定地与黄金保持固定价值关系并实现自由兑换，哪种货币就更容易被国际市场所接受。一战期间，当英法德等欧洲国家纷纷中断其本币与黄金的自由兑换时，美元曾一度成为唯一允许与黄金按照战前固定比价进行自由兑换的币种。美元在一战中“一枝独秀”的坚挺形象，使其快速获得了国际社会的认可。而美元之所以能够保持与黄金的稳定自由兑换关系，首先是因为一战战火并未波及美国本土，其次是战争期间欧洲的黄金通过贸易支付和避险的形式源源不断地流入美国，为美国金本位制下的可自由兑换提供了充足的黄金储备。

另一项对于美元国际化至关重要的制度安排是联邦储

备体系的建立。1913 年美国国会通过《联邦储备法案》，由此建立了美国的中央银行体系——联邦储备体系，从此纸币（美钞）的发行权统一于美联储。美联储最初发行的法定货币并不叫美元，而是叫作联邦储备券，也叫金币券，老百姓拿这个券可以到银行兑换成金币。此后，联邦储备券逐渐成为美国货币流通中唯一的法定纸币。《联邦储备法案》规定，联邦储备券的发行以 40% 的黄金为支撑，这保证了美元不被滥发，从而确保了美元的币值稳定。

1913 年确立的《联邦储备法案》中，另一项重要内容是允许美国的银行机构在海外设立分支机构（此前是不允许的），并允许自由交易美元承兑汇票。这对美元在国际贸易中计价和结算的推广起着关键作用。1914 年爆发的一战扰乱了欧洲的经济秩序和贸易信贷市场，并迫使各参战国中断黄金自由兑换，这严重损害了欧洲国家货币（英镑、法郎、马克）的信誉。很快，德国和英国的银行机构就接受了来自纽约的美元承兑汇票（以美元计价的票据，主要用于对外贸易）。

美元承兑汇票打入欧洲市场后，美国的银行机构纷纷开展起美元承兑汇票业务。与此同时，美国的银行业也开启了海外扩张的征程，到 1920 年底，美国的银行机构已经在海外开设了181家分支机构，推动当地的进出口商使用美元承兑汇票。随着美元承兑汇票业务的发展壮大，美国和欧洲国家的进出口贸易商们越来越认可和接受美元。同时，纽约还建立起了美元承兑汇票交易中心，吸引了很多外国银行机构（包括外国央行）加入投资。到20世纪20年代下半叶，美国所有进出口贸易中超过一半的份额是由美元承兑汇票来支付结算的，美元在国际贸易中的使用逐渐超越了英镑，在各国政府和央行外汇储备中的份额也逐渐超越英镑，美元正式成为最主要的国际货币。

（三）国际社会对美元的信心

一战是国际金融和货币秩序发生重要切换的时期。一战后，美国从债务国转变为债权国，英国的情况却恰恰相反。一战中美国向战时的英国和其他参战国提供了大规模贷款，迅速扭转了美国的债权债务结构。而英国在一战期间的军费开支高达75亿英镑，是其1913年财政支出的38倍。截至1919年一战结束，英国未偿还的国债余额占GDP的比重从1914年的28%上升到了128%，英镑在国际社会中的声望持续走颓，美元逐渐受到青睐。

此外，一战后的欧洲急需资金以恢复经济秩序，资金宽裕的美国自然成了欧洲大陆寻求国外融资的首选地。1921 年，时任纽约联储行长的本杰明·斯特朗（Benjamin Strong）前往欧洲与各国就美元贷款问题进行磋商，并运用各种可能的手段鼓励各国从纽约安排贷款。在整个 20 世纪 20 年代，资本一直从美国流向欧洲，美国的银行机构为欧洲政府和公司发行以美元计价的债券，同时再将其卖回给美国投资者。由于面向欧洲的贷款业务大都在纽约进行，因而纽约也开始发挥国际金融中心的作用。到 1929 年，美国在欧洲的直接投资高达 13.52 亿美元，间接投资达到 30.3 亿美元。

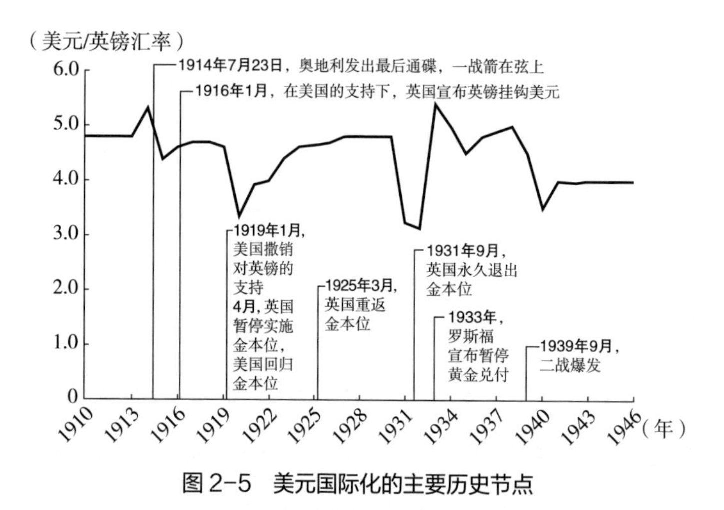

图 2-5　美元国际化的主要历史节点

由于美国在一战后主要债权国地位的建立，同时主要的债券品种都以美元计价结算，纽约逐渐成为世界上最主要的金融中心，美国金融体系的深度和广度得以建立，这些因素夯实了国际社会对美元的信心。在各种复杂历史因素的共同作用下，美元用了短短不到 10 年时间就超越了英镑，成为强势的国际货币。

二、1973—1990 年德国马克国际化

德国马克（新马克）是一种存在历史很短的货币，其从诞生到实现国际化，仅仅用了 25 年的时间。1948 年 6 月 20 日，德国通过了《通货法》来推行币制改革，同日，德国发行了新德国马克。1957 年德国中央银行成立。到 1973 年，德国马克已经跃升成为最主要的国际货币，并占据国际储备货币份额的第二位。

有三个主要因素推动了马克的快速国际化。一是德国经济在两次世界大战后实现的腾飞，这在德国历史上被称为“经济奇迹”。二是德国建立起世界上最稳健的银行体系并逐步完成了资本账户的开放。这个稳健的银行体系抵御了数次金融危机的冲击，法兰克福也常常被称为“银行之

城”，这成为奠定德国金融市场深度和广度的基石。第三是越南战争为马克国际化创造的历史机遇，这期间由于美国受越战的拖累而逐渐失去了维护黄金官价的能力，美元和黄金的固定汇率终结，并最终于1971年发生了布雷顿森林体系的解体。相较而言，二战后德国的贸易盈余和黄金储备则持续积累，马克也于1973年成为第二大国际储备货币。

（一）二战后德国经济的腾飞

1945年二战结束后，德国遭受毁灭性打击，经济崩溃，满目疮痍，领土被四大盟国分区占领和监管。二战后的德国陷入恶性通货膨胀，物价暴涨，民生凋敝。1948年，德国国内钞票发行量比1938年增加了13倍。国际上，旧马克虽然是清偿货币，但在贸易中却被拒绝使用，旧时代已经无法延续。1948年，德国通过了《通货法》来推行币制改革，旧马克终结，新马克诞生。

与此同时，德国[①]经济在“铁腕总理”康拉德·阿登纳（Konrad Adenauer）的强力领导下，逐渐走出战争的阴霾，

① 此处指西德，又称“联邦德国”，是对1949年5月23日成立至1990年10月3日两德统一期间的德意志联邦共和国之俗称。

实现了经济的腾飞。德国经济从 1951 年开始进入高速发展时期，并且持续到 1966 年。在整个 20 世纪 50 年代，联邦德国的国民生产总值平均每年增长 7.5%，超过当时所有其他欧美国家。联邦德国的国内生产总值从 1949 年的 790 亿德国马克迅速增长到 1960 年的 3 000 亿德国马克。1960 年，联邦德国一跃成为仅次于美国和苏联的世界第三大经济体。在那时，受到欧美潮人追捧的甲壳虫汽车成了德国经济奇迹的重要象征。1955 年，第 100 万辆甲壳虫汽车从德国大众汽车的狼堡工厂下线，同时“西德制造”的冰箱、电视、洗衣机和收音机开始畅销全球。

（二）德国金融市场的深度和广度

二战后德国建立了世界上堪称最为稳健的银行体系，并稳步完成了国内资本账户的开放。1951 年之前，德国在欧洲支付同盟中一直处于严重的国际收支逆差，因此德国对外汇的管制非常严格，实行贸易进出口许可证制度。随着马歇尔计划的实施，德国在经常项目上逐步转变为顺差，国际收支得以改善，并逐步放松了外汇方面的严格管制。

1954 年，德国放宽了对非居民在德国投资的限制；1958

年 12 月，德国马克实现了经常项目的可自由兑换，但资本账户还存在一定的限制。此后，德国先后放开了资本项目下流出和流入方面的可自由兑换。20 世纪 80 年代中期，德国在金融市场上的稳步发展使得其能够较好抵御外部风险的冲击，促使了德国资本账户的持续开放，并于 1984 年 12 月最终实现了马克在资本项目上的完全可自由兑换。

德国是一个以金融业著称且受益于金融的现代化国家。无论是在 19 世纪 70 年代引领第二次工业革命，还是二战后实现的“经济奇迹”，德国都离不开金融业的基础性作用。其中，德国稳健的银行体系最为外界称赞，世界金融中心法兰克福被誉为“银行之城”，并长期充当着欧洲金融心脏的角色。

这里有必要讨论一下德国银行业稳健的底层制度基础和治理结构。德国的银行业体系一直执着于货币稳定、坚守中小银行区域经营原则、强调政策性银行竞争中立、维持实体经济占优的报酬结构，这体现了德国在处理政府与市场、金融与实体经济、金融体系内部关系时对秩序的追求和维护。二战以来德国几乎没有发生过大的金融危机。特别是 2008 年至 2012 年，尽管德国身处美欧金融危机的旋涡中心，但德国的银行体系仍在这一轮危机中展现出了较好的韧性。德国稳健的银行体系有三个重要的特征。

第一，德国银行业长期维持“三支柱”框架，并在历史的演进中保持了稳定的延续性。自19世纪中后期形成商业银行（私人所有的银行）、储蓄银行部门（国有或公共银行）和信用社（合作制银行）的三支柱框架后，德国银行业的结构在经历了两次世界大战、德国“经济奇迹”和全球私有化浪潮后，依然保持稳定。三支柱框架的延续性（强调“延续性”），而非三支柱框架本身，是德国银行业最重要的特征。

第二，金融的“亲实体”经济属性长期得以保持。“管家银行”是德国金融“亲实体”经济属性的集中体现。在管家银行模式下，银行为企业提供隐性长期融资承诺，承担长期融资提供者、流动性保险提供者和金融救助积极主导者等角色，因此德国银行“雨天收伞”的现象很少见。

第三，德国金融体系长期保持稳健。二战后，德国并没有像美国、日本和英国等国一样发生大规模的金融危机。货币稳定、住房（金融）市场稳定和企业自立是德国金融稳健的三大支撑因素。其中，住房（金融）市场稳定或金融与房地产的良性循环受益于德国央行对货币的保护、发达的住房租赁市场和审慎性住房金融制度。其中，住房金融制度的审慎性集中体现在基于抵押贷款价值（MLV）的抵押物价值评估、固定利率占主导，以及再融资以不出资产负债表的潘德布雷夫抵押债券[①]模式为主等方面。这些制度设计有助于隔离货币政策变动对房地产市场的扰动，弱化了金融和房地产市场的顺周期性叠加，避免了房价上涨与房贷扩张的螺旋式循环。

从资本市场构建的角度，德国在二战后建立起具有深度和广度的资本市场，法兰克福成为世界金融中心。但德国一直体现出其债券市场的规模和流动性远大于股票市场的独特结构形态，这和美国的情况有比较大的区别。这主要是因为德国实行综合银行制度，银证合一，银行可兼营放贷和证券等项目。在这种结构下，企业从银行获得贷款要比发行股票获得融资容易得多。

（三）国际社会对马克的信心

二战后，随着德国国际贸易盈余的持续积累，德国的

① 德国潘德布雷夫债券（Pfandbrief）是最具标杆特征的一类欧洲担保债券，是欧洲担保债券的市场基准。抵押率是它提高信用水平的核心设计。以德国按揭类担保债券为例，它的抵押率设定不是以市场价值为基础，而是在市价基础上先评估一个相对稳定的可按揭贷款价值，再以这个可按揭贷款价值为基础规定担保债券的抵押率，这是估值和抵押方面更为保守的做法。

黄金储备也持续增加，马克的国际地位开始提升。1969年，德国黄金储备已远超同时期的法国和英国。1949—1969年，马克对美元名义汇率上升了约13%，呈现出马克在国际上的强势地位。

事实上，马克作为国际货币的历史机遇与美元在越南战争后的走弱息息相关。20世纪50年代越南战争爆发，美国在越南战争期间国际收支赤字飙升，黄金储备与美元负债的比例急速下降。正如特里芬悖论中的预测，这种情况使得美元作为国际货币的信心受到伤害。

20世纪60—70年代，美国深陷越南战争的泥潭，财政赤字进一步拉大，国际收支情况急速恶化，美元的信誉受到冲击，美元危机轮番爆发。美国本土大量资本出逃，各国纷纷抛售自己手中的美元，抢购黄金，使美国黄金储备量急剧减少，伦敦金价上涨。美国政府开始对银行系统实行资本控制和金融抑制措施，由此导致了欧洲美元市场的兴起，这也是美元离岸市场的开端。20世纪60年代后期，美国进一步扩大了侵越战争，国际收支进一步恶化，美元危机再度爆发。1968年3月的半个月中，美国黄金储备流出了14亿多美元，美国失去了维持黄金官价的能力，市场金价开始自由浮动。1971年，尼克松总统宣布完全取消美元对黄金的依赖，美元挂钩黄金的固定汇率制度彻底终结，宣告了布雷顿森林体系的解体。

20 世纪 60 年代的美元危机，使得越来越多的中央银行采用马克作为储备货币。1972 年，IMF 将马克纳入国际储备货币行列，马克迅速成为第二大国际储备货币。布雷顿森林体系解体后，包括德国在内的许多国家解除了与美元的挂钩，纷纷实行浮动汇率制度。为了减轻汇率波动造成的不利影响，主要欧洲国家达成汇率联合浮动协议（虽然该协议执行不久后以失败告终），但这为 1979 年欧洲货币体系和欧洲汇率机制的创建打下了基础。

由于马克币值稳定，并且在欧元区体系下有着权重优势，名义上欧洲共同体成员的货币与欧元挂钩，但在实际运行中各成员的货币相当于和马克挂钩。因此，欧洲形成了事实上的“德国马克区”，马克成为“锚货币”。德国马克在经历了布雷顿森林体系的崩溃、两德统一以及 1992 年欧洲货币危机后，在世界货币格局中脱颖而出，跃升为强势的国际货币。

三、1984—1991 年日元国际化

20 世纪 80—90 年代，日本以 1980 年修改《外汇法》为

标志，开启了本国金融自由化改革和积极的日元国际化进程。从可兑换角度而言，日本于 1964 年开始实行经常项目下的汇兑自由，成为国际货币基金组织第八条款国后，日元进一步从不可兑换货币成为有条件可兑换货币，但仍对资本流动保留了许多限制措施。1973 年 2 月，日本开始实行浮动汇率制度，日元波动开始增加，为了应对汇率风险敞口，日本政府推动出口贸易以日元结算，形成了日元国际化的开端。日本政府将日元国际化定义为“日元在国际货币体系中作用的不断扩大，在经常账户交易、资本账户交易和外汇储备中的比重不断上升”。

1980 年 12 月，日本颁布了新的《外汇法》，取消了此前严格的外汇管制，启动了资本项目可兑换，推动日元计价结算的金融交易的发展，日本金融自由化改革开始提速。1984 年 5 月，由于美日之间的贸易不平衡加剧，美国要求日本加速金融自由化和日元国际化，日元美元委员会发表了《日元美元委员会报告书》，日本大藏省也发布了《金融自由化和日元国际化的现状和展望》，完善了推动日元国际化的多项措施，包括建立东京离岸市场、取消金融管制、准许外国银行的驻日分支机构在日本国内经营欧洲日元存款业务等。1986 年 12 月 1 日，日本东京离岸市场（Japan

Offshore Market，JOM）正式挂牌成立。这一阶段基本实现了日元在外汇业务、资本交易和外商直接投资等领域的自由化，资本项目管制的松动加速了日元国际化的进程。

从货币的计价和结算角度来说，1980 年日本出口商品的 30% 按日元结算，而在布雷顿森林体系崩溃前，日元的结算比例不到 1%。到 1991 年，日本出口贸易中以日元结算的份额上升到了 40%（但这个数值低于同期的德国，德国出口贸易的 80% 是以马克计价结算）。跨境贸易日元结算，促进了境外离岸市场的日元存量增加。随后，日本发行日元债券促进了离岸市场日元回流国内，催生了欧洲日元市场。除此之外，1973 年日本政府提出美国政府应当以黄金、特别提款权和日元偿还对日本的国际收支逆差，成为日本将日元转变为国际储备货币的开端。1973 年日元在全球外汇储备中的份额仍不到 0.1%，而这一数值在 1982 年上升为 4.1%，并在 1991 年达到 8.5% 的局部峰值。

（一）日本的经济规模

从二战的战败国到成为世界第二大经济体，日本经济经历了战后复兴时期和高速增长时期。1956—1978 年的

20多年中，除1958年增速较低之外，其他年份日本都保持了两位数的经济增长，有些年份甚至出现了高达20%的名义增长率。经过20余年的持续经济增长，日本的国内生产总值接连赶超法国、英国，并于1968年超越联邦德国，一跃成为资本主义世界中排名仅次于美国的第二大经济体。1988年日本人均年收入高达1.9万美元，略超美国。日本经济位居世界第二长达40余年，直到2010年被中国赶超才退居第三位。

1985—2003年，日本在贸易方面始终保持着世界第三的排位。1985年，日本进出口贸易额分别占世界进出口贸易额的6.48%和9.07%，仅次于美国和联邦德国。20世纪80年代中期以来，日本开始向海外大规模输出资本，1990年日本成为世界上最大的净债权国，至今其净债权大国的地位仍然没有动摇。

（二）日本金融体系的深度和广度

日本二战后的金融体系轮廓形成于1950年前后，并支撑了日本战后经济的迅速崛起。二战后至20世纪90年代初，日本的金融体系大致经历了两个阶段，第一个阶段是战后严格管制型的金融体系，第二个阶段是 20 世纪 80 年代中期开始的日本金融自由化进程。

战后日本严格管制型金融体系的建立，主要是为了应对战后国内的资金短缺、充分利用有限的资金促进经济的发展，并极为强调经济的宏观调控。这个阶段日本金融体系有四个突出特点。（1）银行业占据绝对的主导地位，例如 1965—1974 年年均 18.8 万亿日元的资金融资中，91.7% 是通过银行体系完成的。（2）政府对金融体系的严格管制，表现为严格的分业经营，包括长短期金融业务的分离（长期金融业务主要由长期信用银行和信托等金融机构经营；短期金融业务主要由城市银行、地方银行等金融机构经营）；银行与证券业务分离，以及银行与信托业分离。（3）利率管制，为了保证战后日本的企业获得较低成本的资金，日本实行了低利率管制，将存款利率维持在很低的水平。（4）国内金融市场和国外金融市场分离管制，这方面主要管制的是因日本长期低利率而造成的资金外流。

进入 20 世纪 80 年代，日本经过高速的经济发展已经成为全球最主要的工业国家，资金状况也由储蓄不足转变为储蓄过剩。此外，美日经济摩擦日益加剧，美国等国家强烈要求日本开放国内金融市场。日本金融当局在国内和国外的合力推动下，逐步开始了第二阶段的金融自由化进程。1984年，日本成立了“日美日元美元贸易委员会”，开始对日本金融自由化问题进行实质性推进。日本在20世纪80年代开始的金融自由化改革主要包括五个方面内容。（1）利率自由化，旨在最终形成由资金供求状况决定的市场化利率。（2）业务经营自由化，逐步将银行业、证券业、信托业之间严格的分业经营管制放松。（3）资金流动自由化，1980年12月日本政府实行新外汇法《外国汇兑及外国贸易管理法》，新外汇法的颁布标志着外资流动由“原则禁止，例外许可”转向了“原则自由，例外控制”，允许资本双向自由流动。（4）市场准入自由化，主要指日本放宽了国外金融机构准入条件、经营活动范围的限制和国内金融机构进入国际市场的限制，使日本金融机构与国外金融机构同台竞技。（5）资本市场自由化，日本在1984年后逐渐废除了公司债发行业务管制，加快了资本市场的自由化和国际化进程，公司债市场于1996年1月实现了自由化。

自1984年金融体系改革以来，东京成为高度发达的国际金融中心。东京一度成为全球第三大外汇交易中心，日本外汇保证金交易占全球1/3，是全球最大的外汇保证金市场；东京还是仅次于纽约的世界第二大证券市场。国际投资者可以在日元资产和其他货币资产之间顺利地进行交换，这使得日元资产具有极高的国际流动性，这些要素构建了日本发达和成熟的金融体系，使得日元具备了成为主要储备货币的条件。

（三）国际社会对日元的信心

日元的避险特征是其货币信心的集中体现。Habib 和 Stracca（2012）对 23 个发达国家和 29 个新兴市场国家货币的研究发现，排除美国银行同业拆借利差因素后，日元的避险能力十分突出，这个避险特征主要归因于日本海外净资产的巨大规模。Hossfeld 和 MacDonald（2015）认为，排除套利交易的影响，在危机时依然能升值的货币有着真正的避风港属性。

1985 年《广场协议》签订后，日元在近 3 年的时间里对美元单边升值了 115.27%，对日本贸易与经济造成了深度的影响，也激起了日本海外投资的热潮。1991 年开始，日本正式成为全球最大的净债权国，虽然这期间日本国内经济步入低迷，但其庞大的海外资产却很好地实现了保值与增值，日本国际投资净头寸占据全球第一的地位也一直延续至今，这成为日元国际信心来源的保障。此外，自1995年开始日元就是世界上主要的套利融资货币，这进一步强化了日元的避险能力。VIX指数（芝加哥期权期货交易所的市场波动性指数）在1990年以来的局部战争、金融危机、地缘政治、资本市场“黑天鹅”等风险事件发生的情况下均会产生剧烈波动和快速上升，而日元在多数情况下会快速升值，这也体现了日元作为优质避险货币的属性和功能。

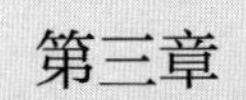

超越“不可能三角”

第一节　中国对外资产负债结构

一个国家向海外投资而产生的收益（体现为对外资产的收益）与外国主体在该国的投资收益（体现为对外负债的成本）之间的差额是其净投资收益。在中国国家外汇管理局公布的国际投资头寸表[①]中，对外资产和对外负债两个变量分别记录在资产和负债科目中，投资净头寸是用国际总资产减去国际总负债计算得到。从逻辑上讲，一个外部资产多于外部负债的国家通常会获得正的净投资收益。通俗地讲就是资产会创造更高的收益，而持有负债的成本通常较低。从现金流角度来说，一个国家的对外投资收益产生的现金流入（资产收益），理应比该国对外负债产生的现

① 中国国际投资头寸表由国家外汇管理局编制并发布，数据详情参见国家外汇管理局网站 https://www.safe.gov.cn/safe/zggjtztcb/index.html。

金流出（向外国投资者支出的成本）更高。世界上大多数国家的国际净投资收益是正数。中国呈现出净投资收益为负值的情况，表现出一定的外部资产负债表结构的不平衡。

中国这个外部资产负债结构的不平衡（国际净投资收益为负值）引起的现金流入和流出的差额，在某些阶段规模非常庞大。以 2015 年为例，当时中国是世界其他地区的净债权人（即贷款人），对外资产规模达到 1.6 万亿美元。但是，2015 年中国的净投资收益为 –730 亿美元。也就是说，中国向外国投资者支付的资金成本远远超过其在海外投资产生的收益。这种情况持续了相当长一段时间，中国外部净资产规模在过去几十年一路上涨，但其净投资现金流每年要么为负，要么基本为零。而世界上大多数国家，尤其是德国和日本等发达国家，其净债权的净现金流都为正。例如 2014 年底日本的净资产头寸为 3 万亿美元（其外部资产超过了其外部负债），但 2015 年的净投资收益为 1 720 亿美元。①

中国作为国际货币格局中重要的角色之一，但却处在

---

① 资料来源：国家外汇管理局。另，相关讨论可参见 Prasad E S, 2017. Gaining Currency，New York: Oxford University Press，第 3 章“the price of virtue”小节的讨论。

一个不平衡的净收益逆差的情形中：对存放在中国的资本提供了高利率，同时对贷款给其他国家的资本提供了低利率。在世界货币格局中，中国这种外部净资产收益逆差的现象并不常见。

一、中国国际资产端结构

根据国家外汇管理局公布的国际投资头寸表数据，中国持有的外部资产（表现为资本流出）的很大部分是央行储备资产，其中主要的构成是国家外汇储备，其他科目还包括货币黄金、特别提款权、在国际货币基金组织的储备头寸，但后三项数值极小，各年度的占比均小于 5%。从数值来看，2011 年储备资产规模为 3.11 万亿美元，占总国际资产的 68.47%，后逐年下降至 2015 年的 54.73%，2022 年底下降为 35.72%（3.3 万亿美元）。外汇储备的持续积累形成中国外汇净多头头寸，由此形成了外汇资产的巨大敞口。

中国不断增长的外汇净多头头寸，来源于较长期的经常账户盈余及外汇管制中的结售汇积累。中华人民共和国成立以来外汇资源稀缺，1994 年以来中国长时间实施强制结售汇制度[①]，将全社会的外汇集中到中国人民银行。1978年改革开放后，由于中国快速的经济增长和外向型经济特征，国内形成了经常项目长期顺差的局面，同时在强制结售汇制度下，企业获得的外汇必须兑换成人民币才能在国内继续进行投资和经营，这客观上要求中国人民银行购入外汇，形成了外汇储备的持续累积。此后数年，中国有意放松了强制结售汇制度，将其逐渐调整为意愿结售汇制度[②]，同时意愿结售汇的比例逐步从20%提高到80%，直到2007年8月实现了完全自主意愿结汇。

表3–1报告了中国国际资产和国际负债中占比最大的三类科目。储备资产占据了总国际资产的最大份额，如第（1）列所示，储备资产体现出资金的流出（Flow Out）。

---

① 自1994年外汇体制改革以来，中国一直实行强制性的银行结售汇制度。结汇是指外汇收入者将其外汇收入出售给外汇指定银行，后者按市场汇率付给本币的行为。结汇分为强制结汇、意愿结汇和限额结汇等形式。强制结汇是指所有外汇收入必须卖给外汇指定银行，不允许保留外汇；意愿结汇是指外汇收入可以卖给外汇指定银行，也可以开立外汇账户保留，结汇与否由外汇收入所有者自己决定；限额结汇是指外汇收入在国家核定的限额内可不结汇，超过限额的必须卖给外汇指定银行。

② 意愿结售汇制度是指，除国家规定的外汇账户可以保留外，企业和个人必须将多余的外汇卖给外汇指定银行，外汇指定银行必须把高于国家外汇管理局头寸的外汇在银行间市场卖出。在这套制度里，央行是银行间市场最大的接盘者，从而形成国家的外汇储备。

2011 年末，中国国际总资产是 4.75 万亿美元，其中储备资产规模为 3.25 万亿美元，占比 68.47%。2015 年末，这个占比下降到 54.73%，但仍然超过一半。截至 2022 年末，中国国际总资产为 9.25 万亿美元，其中储备资产规模为 3.3 万亿美元（外汇储备规模为 3.12 万亿美元），储备资产占比下降至 35.72%。

表 3–1 中第（2）至（4）列报告了国际总负债的占比结构。国际总负债体现出外国资本对中国的投资，表现为资本的流入（Flow In）。对于国际负债而言，由于中国在岸资本市场是一个受管制的市场，主要的资本流入形式是外国直接投资（FDI），占比国际总负债半数左右［表 3–1 第（2）列］，且这个占比非常稳定。此外，证券投资类的股票资产占比不到 20%［表 3–1 第（3）列］，二者加总的占比为 60% 以上［表 3–1 第（4）列）］。

表 3–1　中国国际资产负债结构（单位：%）

时间	国际资产科目	国际负债科目		
	（1）	（2）	（3）	（4）
	Flow Out	Flow In		
	储备资产占比	FDI 股权类占比	股票类占比	（2）+（3）
2011 年	68.47	55.40	11.98	67.38
2012 年	64.71	54.61	13.28	67.89

续表

时间	国际资产科目	国际负债科目		
	（1）	（2）	（3）	（4）
	Flow Out	Flow In		
	储备资产占比	FDI 股权类占比	股票类占比	（2）+（3）
2013 年	64.45	52.71	12.13	64.84
2014 年	60.14	49.40	14.14	63.54
2015 年	54.73	55.17	14.11	69.28
2016 年	47.09	55.23	13.43	68.66
2017 年	45.00	49.06	16.40	65.46
2018 年	42.62	48.56	14.10	62.66
2019 年	41.08	45.60	17.12	62.72
2020 年	37.80	44.61	19.12	63.73
2021 年	35.99	44.79	18.25	63.04
2022 年	35.72	47.10	16.71	63.81

资料来源：中国国家外汇管理局。

和世界大多数工业经济体一样，中国在管理其储备资产时，选择持有本国货币（人民币）的空头，而持有世界其他国际化货币的多头（如美元、欧元等）。这也是人民币没有成熟国际化的一个现实影响。基于此，中国外汇储备的投资标的物主要是发达国家的政府债券，如美国国债。中国人民银行和世界所有央行一样，主张保持投资的安全性和流动性，而提高收益率并不是组合管理的主要目标。

外汇储备被视为一个国家的应急基金，中央银行无法承担储备资产投资的风险。外汇资产不仅必须安全，而且在必要时必须易于快速清算。但毫无疑问，安全资产的平均回报率通常低于风险较高的资产，这就造成了中国国际投资收益逆差的问题。

二、中国国际负债端结构

中国国际负债端的科目，主要包括外国机构和个人对中国的直接投资，其中占比最大的是股权投资；其次是证券投资，包括股票及债券；再次是金融衍生品投资，这个科目规模极小，通常占比不到 1%，最后是其他投资科目，包括货币和存款、贸易信贷等。总体而言，外国直接投资项下的股权投资及证券投资（股票和债券）两项的总和，占到中国总外部负债规模的 60% 以上。外国直接投资是现代资本国际化的主要形式之一，按照国际货币基金组织的定义，是指一国的投资者将资本用于他国的生产或经营，并掌握一定经营控制权的投资行为，这种资本类型通常周期较长，波动性较小。

国际负债端产生的资金流入，投资在中国国内的风险资产上通常会产生较高的回报。权益性的资本流入形式，主要是中国在岸资本账户推出的合格境外机构投资者计划[①]，以及2014年后逐步推出的股票、债券、理财产品等的“互联互通”工具，例如“沪港通”“深港通”“互换通”以及“跨境理财通”等。“互联互通”机制涵盖债券、股票、理财、基金、利率衍生品等方面。如图3–1和图3–2所示，中国在2011年末的总国际负债规模为3.22万亿美元，其中FDI为1.90万亿美元，占比59%；证券投资组合规模为0.41万亿美元，占比12.73%。2015年，中国总国际负债规模达到4.52万亿美元，其中FDI为2.69万亿美元，占比59.51%；证券投资组合规模为0.85万亿美元，其中股票类投资为0.63万亿美元，股票类投资占比13.93%。截至2022年底，中国总国际负债规模达到6.72万亿美元，FDI投资达到3.49万亿美元，占比51.93%；证券投资中股票投资达到1.12万亿美元，股票类资产占比16.66%。权益类投资通常会产生更高的回报，伴随着中国改革开放后四十多年的经济高速发展，外国机构和个人向中国内地投

① 指2002年开始实行的合格境外机构投资者计划，该计划允许外国机构投资者投资中国内地证券市场。该计划主要针对大型的机构投资者，需要满足较高的准入门槛和经营资质的要求，同时投资配额具有上限。

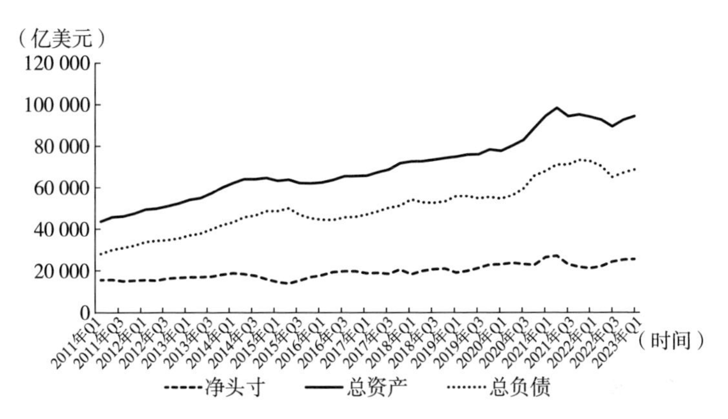

图 3-1　中国国际总资产和总负债规模

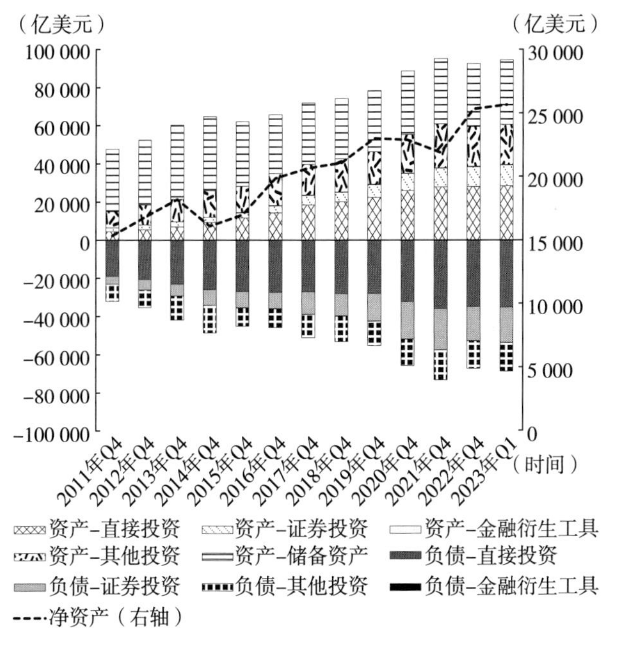

图 3-2　中国国际资产和负债结构

资产生的回报，显然非常可观。

从表 3–1 报告的中国国际资产负债结构中大类科目的占比情况，我们可以直观地观察到中国开放资本账户的意图。从 2011 年开始，中国在负债端的资本账户流入方向上，FDI 股权类的占比逐渐减少，而证券投资类股权的占比逐渐提升，这体现出中国开放在岸资本账户时对组合投资类型的偏好。同时在资本账户的流出方向上，中国有管理地放松了一些管制，比如允许意愿结售汇，藏“汇”于民，储备资产占比逐渐减少，这使中国外汇资产整体上有了更丰富的投资标的。然而即便如此，由于中国国际资产负债的基数规模较大，同时这种调整是温和的、渐进式的，因此并没有改变中国净国际头寸的收益逆差问题，结构上的失衡仍然坚挺地存在。

从中国国际投资收益逆差的问题出发，基于中国当前规模庞大的储备资产，中国有必要将外汇资产投资于更高收益的国际资产上，或者采用一个更“聪明”的做法，即推动人民币在资本账户中的广泛使用，这将为中国储备资产的投资组合标的卸下“枷锁”。由此，推动中国资本账户的高水平开放便自然而然地成为一个逻辑结果。

三、一种失衡：国际投资收益逆差

货币国际化的一个直接好处是，国家可以使用本币投资世界资产，因而可以获得较高的对外投资净收益，美国、德国和日本都是这样的情况。

以美国为例，美元是国际储备货币中份额最高的，由于美元是高度国际化货币，美联储无须和其他国家一样持有本国货币的空头，而可以相当安全地成为其他国家的净债务国，而不用考虑中央银行的流动性问题。过去三十年，美国一直是世界其他国家的净债务国（Net Debtor）。美国在 2007 年时净负债为 1.3 万亿美元。除去一些历史中的特殊年份，如 2008—2009 年的全球金融危机以及之后的欧元区债务危机期间，其余大部分时期美国均是净资本流入的国家。美国自 2015 年起的净外国负债逐渐由 1.3 万亿美元增长到 7 万亿美元。自 2007 年以来，仅外国投资者持有的美国国债这一项就增加了 4 万亿美元。

美国的外国投资者（包括中国在内）最主要的投资品种是美元债券，尤其是美国国债，这些债券通常被认为是高安全性和高流动性的，当然回报率也比较低。因此，美国对其对外负债总体上支付较低的成本。2005—2015 年，美国国际总资产的回报率比美国国际总负债的回报率高 1.3 个百分点，分别为 4% 和 2.7%，这就是为什么尽管美国的净负债规模庞大，但净回报率一直为正。美国约 60% 的海外投资是以外国直接投资和证券投资组合的形式进行的，这种形式的对外投资通常会产生更高的平均回报率。因此，平均而言美国的外部投资产生了更高的收入效应。以 2015 年为例，美国持有的共计约 25 万亿美元的外国资产产生的收益，远远高于外国投资者总计持有美国约 32 万亿的美元资产对应的收益，美国净投资收益为 1 930 亿美元。2005—2015 年，尽管美国的净外国负债规模庞大且不断增长，但其国际投资净收入却每年都为正数。

相比而言，中国是世界其他国家的债权国，但国际净头寸回报却为负值；而美国作为世界其他国家的债务国，这个数值却为正数。我们尝试用另一种方法测算这个外部净头寸的收益缺口。我们用一个国家的外部资产和外部负债的粗略回报率来衡量。衡量中国外部资产总回报的一个简单方法是，根据年初报告的外部资产存量，计算某一年产生了多少向内的投资收入流（即收益）。例如 2015 年初，中国的外部资产存量达到 6.4 万亿美元，当年的对内投资收入流为 1 940 亿美元，因此 2015 年中国的资产回报率为

3%。使用类似的计算程序，可以计算出中国对外负债的大致总回报率——换句话说，就是外国投资者在中国投资所获得的总投资收入。2015年初，中国对外负债为4.8万亿美元，对外投资收入为2 670亿美元，相当于负债的回报率为5.5%。换言之，2015年，中国对外资产回报率比对外负债回报率低2.5%。这些计算不考虑当年资产或负债的规模变化，也不考虑货币价值变化对回报的影响。尽管使用该程序计算的回报率是一个粗略的近似值（但不太可能被更复杂的计算所推翻），但它们揭示的现象是直观且惊人的。

过去十年中，中国每年从对外资产中获得的回报都大大低于从对外负债中支付的成本。相比之下，在中国的外国投资者，一直专注于更高回报的投资项目（尽管这些投资原则上风险更大，但现实中却没有那么大）。中国在过去四十多年改革开放中保持了持续而显著的国内增长，因此这些外国机构和个人的投资总体上获得了非常丰厚的回报。

第二节　人民币国际化的一个现实意义

解决中国国际投资收益逆差的一个现实方案是实现在岸资本账户的开放，使得外汇资产更多藏“汇”于民，并投资于更丰富和收益率更高的国际资产。这显然至少需要在资本账户的流出方向上放松资本管制。但是，开放资本账户的改革对任何一个新兴市场国家而言都是复杂和艰巨的，会面临一系列的内部压力和外部风险。

对内部而言，资本账户开放的改革举措会形成一种“倒逼”机制，国内的金融体系必将承受巨大的外部竞争压力，这个竞争压力有时候会非常残酷。尽管中国的改革是渐进式的，可以控制改革的速度和强度，也可以管理改革中的潜在风险，但改革在岸资本账户的内部压力始终是存在的，比如国际金融机构的竞争会削弱国内主体的盈利能力，比如人民币国际化可能会损害出口竞争力等。如何在改革中平衡现实的内部压力？人民币国际化的战略愿景提供了一个解决问题的思路。人民币国际化作为一个远期收益明显的战略，使得短期压力有了让位于长期战略的空间和理由，这对于改革的向前推进至关重要。①

从中国国际投资头寸角度来看，这个重要性的内涵可以进一步表述为两点。第一，人民币在资本账户下的广泛使用，相当于为中国庞大的外汇资产解除了“枷锁”，如果

---

① 这方面的观点可进一步参考Prasad E S，2017. Gaining Currency: The Rise of the Renminbi 第八章内容。

人民币在资本项目下实现高度的可兑换，储备资产就无须持有多头的以外国货币计价的资产，而可以持有以人民币计价的资产，中国国际投资收益逆差的问题就会自然而然得到解决。第二（这一点也许更加关键），在人民币国际化目标的顶层框架下，开放资本账户形成的“倒逼”机制有了更积极的理由和推动力，包括建设更稳健的银行体系、更具有深度和广度的金融市场、更灵活的汇率，以及允许更多元化的资本进入金融部门，如银行和保险行业等。这形成了一个短期成本和长期收益的权衡选择，有助于形成一个广泛的共识，从而为改革创造更积极和宽松的内部条件。此外，无论是从短期还是长期来看，无论人民币国际化在不同阶段的不同进程如何，推动在岸资本账户高水平开放的所有改革举措都将对中国经济产生积极影响。

第三节 “三元悖论”的“非角点解”

一、开放经济的“三元悖论”

开放经济的“三元悖论”是国际经济学中的一个著名论断，由著名经济学家约翰·弗莱明和罗伯特·蒙代尔在20世纪60年代各自独立提出；后来，美国经济学家保罗·克鲁格曼对此亦有阐发。[①]根据“三元悖论”的内容，三角形的三个顶点分别对应三个目标：（1）完全独立的货币政策；（2）完全固定的汇率；（3）完全自由流动的资本。“三元悖论”说的是一个国家最多只能选择三个目标中的两个，而不可能三者兼得（见图3–3）。

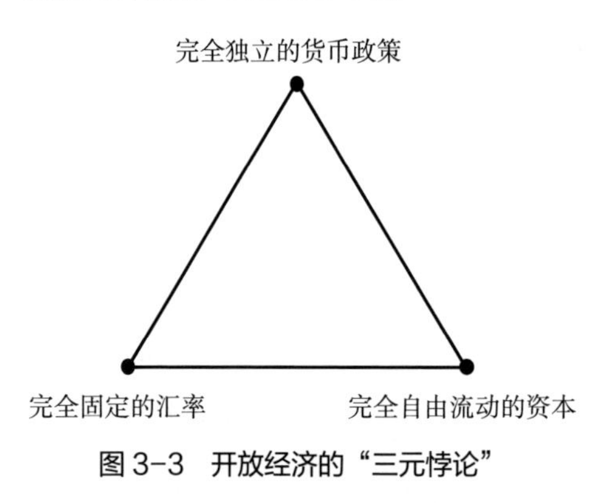

图3–3　开放经济的“三元悖论”

开放经济的“三元悖论”是一种简化的表达，只阐释了最极端的情况，或者说仅考虑了“三元悖论”框架下的

① 罗伯特·蒙代尔在研究了20世纪50年代的国际经济情况以后，提出了支持固定汇率制度的观点。20世纪60年代，蒙代尔和约翰·弗莱明提出的蒙代尔–弗莱明模型（Mundell-Fleming model）对开放经济下的IS-LM模型进行了分析，堪称固定汇率制下使用货币政策的经典分析。1999年，美国经济学家保罗·克鲁格曼根据上述原理画出了一个三角形，他称其为“永恒的三角形”，清晰地展示了“蒙代尔三角”的内在原理。

“角点解”（Corner Solution），即“三角形”的“三个顶点”，而没有充分讨论中间状态。这里我们所谓的“角点解”，是一个最优化问题中的术语，意即最优解出现在一个区域的顶点或者其边界的拐点这样的“角落”。在这里的问题中，“角点”正好对应三角形的三个顶点。类似地，我们可以有“边界解”和“内点解”。“边界”就是三角形的三条边，“内点”则是指三角形内部的点（不在边界上）。当然，如果要严格地阐述上面的概念，我们需要明确地定义这里的最优化问题。由于其中牵涉不少数学方面的背景知识，我们在这里就不详述了，只是把这个最优化问题的“可行集”定义出来。需要指出的是，这个“可行集”的定义是十分关键的，具体的定义方式如图 3–4。当然，我们对 x、y 以及 z 轴含义的指定只是一个示意，完全可以根据需要进行调换。我们这里对应“三元悖论”的最优化问题的可行集，就是 ΔABC；而 ΔABC 中的每一个点（包括边界点与内点），都对应向量 $\overrightarrow{OA}$、$\overrightarrow{OB}$ 和 $\overrightarrow{OC}$ 的线性组合，而且是“凸组合”。所谓“凸组合”，就是要求线性组合中的所有系数均非负，且其和为 1。换言之，ΔABC 是向量 $\overrightarrow{OA}$、$\overrightarrow{OB}$ 和 $\overrightarrow{OC}$ 所生成的“凸包”。

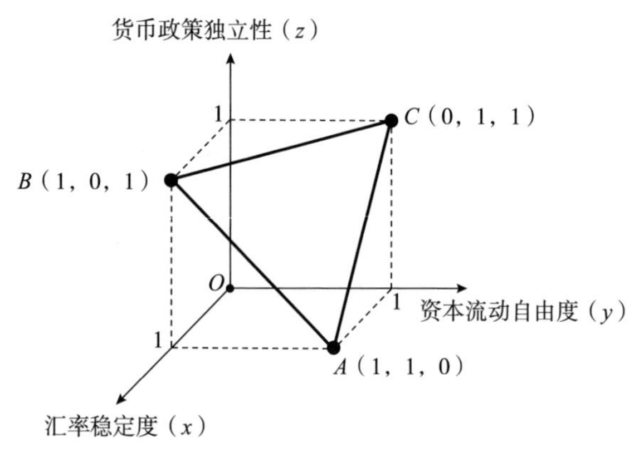

图 3-4　对应“三元悖论”的最优化问题的“可行集”定义

因为系数之和为 1，这些凸组合的系数，也可以视为“权重”；在我们这个问题中，则应该解读为三个“潜在的”角点解的权重。要注意的是，ΔABC 的每个顶点，都对应一个“三元悖论”中“三择其二”的“潜在最优解”：比如说点 A，它在上面图示的坐标系中的坐标为（1，1，0）；这意味着，点 A 对应“汇率完全固定且资本完全自由流动”这样的一个“潜在最优解”。我们知道，自从香港于 1983 年建立联系汇率制度以来，香港的货币与汇率制度就对应点 A。

显然，“三元悖论”中“三择其二”的选择同时也意味着“三去其一”。但是，对于中国这样的大国而言，完全放弃其中的任何一个目标，都意味着难以接受的巨大代价。

事实上，理论与实践都表明，对中国来说，最优的经济政策是不放弃三个目标中的任何一个，即部分实现这三个目标；这就要求我们选择 ΔABC 的三个顶点之外的解，即构成了“三元悖论”框架下的“非角点解”。

另外有一个数学上的概念，也就是“稳定性”。对于我们这里的“角点解”而言，通常来说，是两个不等式约束的共同作用，使得 ΔABC 的某个顶点成了最优解（比如点 A 就是对于香港地区而言的最优解）。而如果最优解出现在 ΔABC 的某条边上但不是顶点，那么通常来说，这个结果是由一个不等式约束和一个等式约束的共同作用导致的。而如果我们这里出现了“内点解”，那么这个结果则是由两个等式约束的共同作用导致的。注意到，等式约束和不等式约束所起的作用的一个重要区别就是：一般而言，不等式约束在目标函数发生微小扰动时依然是“稳定的”，也就是说，尽管此时目标函数发生了小的变化，但我们的最优解却依然不变（仍然是之前的“角点解”）；但等式约束则不然，在目标函数发生微小扰动时，最优解“几乎必然”发生变化。

我们在这里的讨论，都可以在数学上严格化。但考虑到本书并不是一部纯学术的著作，因此，对于过于技术化的部分，我们只是做一个简单的介绍。总结来说，由于我们国家的政策选择是在三个目标中做权衡，既不完全放弃其中任何一个目标，也不强求其中任何一个目标的极致，因此，我们的政策选择自然就是“非角点解”，甚至是“内点解”。如此一来，我们的政策选择就天然具有“不稳定性”，即我们寻求“三元悖论”框架下的“非角点解”所构成的非稳定动态平衡，因此在执行层面需要政策的干预和调适。

回溯历史，鉴于新兴市场国家在改革其资本账户时经常会受到外部风险的巨大冲击（详见第二章第七节的讨论），这种“非角点解”安排往往会成为权衡利弊后的最优选择，这种权衡关系也体现了国家改革资本账户时短期成本和长期收益之间的权衡取舍。这就是人民币国际化采用离岸发展路径的经济学理论基础。

从实践角度，人民币离岸市场为“三元悖论”框架下的“非角点解”提供了优异的政策工具试验田。人民币离岸市场是资本项目完全可兑换的，中国通过建立“隔离型”和“渗透型”的离岸市场，使人民币离岸市场成为人民币国际化的“缓冲带”和“试验田”，通过丰富的双向“互联互通”工具实现在岸和离岸市场的联通。此时，在岸市场呈现“三元悖论”框架下的“非角点解”状态（即“三角形”中“三个顶点”的政策目标均得到了部分实现），而离岸市场则呈现“三元悖论”的“角点解”状态（即“三角形”的“三个顶点”最多实现了两个，放弃了一个）。中国人民银行通过对在岸和离岸市场的管理和调适，实现对经济目标达成的节奏控制和利弊权衡，这将有机会同时实现短期目标和长期战略。

我们可以推演一个“三元悖论”的运作逻辑。假设一个国家或地区受到一个外部的“负需求”冲击（这通常会降低国内总需求），同时需要维持本币的固定汇率不变。通常，这种外部“负需求”冲击会降低国内GDP，降低利率，并带来汇率的贬值压力，这就是1997年亚洲金融危机呈现的情景。

为了稳定汇率，央行或货币当局将被迫出售外汇储备（央行拥有的外币），并购买本币来干预外汇市场。这会带来市场中流通的本币数量的减少。此后，随着央行退出外汇干预政策，货币供应量将有所减少，而利率将调整到原有的水平（货币供应量的减少将推动利率的上行），本币汇率的贬值压力将有所缓解。

在这个情景中，假如央行计划行使其独立的货币政策，央行就必须增加国内资产（如政府债券等）的购买，将货币供应量增加到原来的水平，但这意味着国内利率的下降。此时，稳定的汇率将难以维系。如果允许资本自由流动，且无抛补的利率平价公式成立，则必然会导致资本外流。此时，因为固定汇率的存在，外币存款的预期收益将大于本币存款的收益率。这种资本外流将伴随本币的抛售和外币的购买，从而抵消中央银行对外汇市场的干预效果。

为了遏制这种资本外流，政府必须选择以下两个选项中的其中一项。第一种选择是实施资本管制，使货币不能自由兑换。此时，资本的自由流动将不可能实现。在这种情况下“无抛补的利率平价公式”不成立。第二种选择是央行通过出售国内资产（如政府债券等）来放弃独立的货币政策，以减少货币供应量，并将利率提高到原先的水平。由此可以看到，当经济体面临一个“负需求”冲击，若政府选择维持固定汇率不变，那么经济体要么放弃资本的完全流动，要么放弃独立的货币政策，香港地区的情况就是这样。

在世界货币格局中，“三元悖论”在历史中得到了很好的证实，例如1944—1971年布雷顿森林体系期间，主要经济体实现了“三角形”中“货币政策独立性”和“汇率的稳定性”，但“资本流动”往往受到严格限制。1973年后布雷顿森林体系解体，主要经济体的“货币政策独立性”和“资本自由流动”得以实现，但“汇率稳定”不复存在。从这个角度来看，“三元悖论”提供了一个划分国际经济体系类型的直观方法。

香港地区是“三元悖论”有效性的一个现实案例。香港地区采用货币发行局下的“联系汇率”制度，港元与美元挂钩，且固定汇率为7.8港元兑换1美元（允许0.64%的浮动，即允许7.75港元至7.85港元兑换1美元），同时香港地区允许资本的自由流动。在“三元悖论”框架下，香港地区维持了“三角形”的两个“顶点”，即稳定的汇率和完全流动的资本，但失去了另外一个“顶点”，即货币政策的独立性。

值得注意的是，“三元悖论”框架下的“角点解”模式无法抵御外部巨大风险的冲击。1997年亚洲金融危机期间，香港金融管理局无法通过增加货币供应量来对抗经济的衰退，因为一旦金管局发行了额外的港元，港元就会相对于美元极速贬值，固定汇率就难以维系。中国在1997年亚洲金融危机期间将人民币汇率由“有管理的浮动汇率”短暂调整为“固定汇率”，此举维护了区域经济的稳定，也正是因为中国在岸市场采用的是一种“非角点解”模式，中国才可以如此迅速有效地应对危机。

二、无抛补的利率平价公式

在“三元悖论”的“角点解”安排下，无抛补的利率平价公式（UIP）通常是成立的。但在“非角点解”模式下，无抛补的利率平价公式则通常不成立。

当国家对资本流动实施最小控制时，UIP 将保持相当稳定的状态。UIP 条件要求，在考虑风险和流动性因素后，当投资于两个币种存款的收益转换为同一币种时，本币定期存款的回报率应该等于外币定期存款的预期回报率。更准确地说，国内定期存款利率等于国外定期存款利率加上外币对本国货币的预期升值率，再加上本国货币存款的风险和流动性溢价，任何偏离条件的情况都将导致套利行为。在上述论述中，“定期存款”可以被任何安全的计息资产（如政府债券）所取代。从数学上讲，无抛补的利息平价条件可以表述为以下等式：

$$\mathrm{R} = R^{*} + \hat{E}^{e} + \rho \qquad (3\text{–}1)$$

其中 R 是国内定期存款（或政府债券）的利率，R^* 是外国定期存款（或政府债券）的利率，$\hat{E}^e$ 是外币相对于本国货币的预期升值率，ρ 是本币存款的（恒定）风险和流动性溢价。

为了简化说明，我们假设本币存款的风险和流动性溢价不仅是恒定的，而且是零（维持恒定但非零的风险加流动性溢价的假设不会改变我们的结论，但会使分析更加复杂）。在固定汇率下，由于无抛补的利率平价，外币存款的本币回报率（当所有收益都转换为本币时）等于外币利率，由于外汇相对于本币的预期升值率为零（因为投资者预计汇率在未来是固定的），因此，在固定汇率制度下，中央银行的职责是保持国内定期存款利率与相同期限（比如一年）的国外定期存款利率相等。当国内存款利率低于国外存款利率时，国内央行必须通过出售外汇储备和购买本国货币来减少货币供应，以支持本国货币相对于外国货币的价值。国内货币供应量的减少将使国内利率提高到国外利率的水平。

近年来，一些文献对开放经济“三元悖论”的有效性提出了一定的质疑。例如 Rey（2013）指出，面对全球金融一体化，“非中心”国家面临的其实是一个“二元悖论”，而不是“三元悖论”。基于对“全球金融周期”的研究，Rey认为无论是何种程度的资本流动，源自“中心”国家（通常指美国）的全球金融周期将约束着“非中心”国家的货币政策，而不论后者采用了什么样的汇率制度。因此，“非中心”国家面临着选择“独立自主的货币政策”和“资本控制”之间的“二元悖论”，而不是“三元悖论”。只有在资本账户得到直接或间接管理的情况下，国家才有可能实行独立的货币政策。

“三元悖论”的另一个推论是，相较于“汇率更严格+资本市场更开放”的政策组合而言，“汇率更灵活+对资本流动进行一定程度的控制”的政策组合，其货币政策在应对外部冲击时的空间更大。这一推论在世界范围内的经济学家中被普遍接受。中国在开放资本账户时选择的“非角点解”安排，正是上述推论的现实案例，这也在理论上解释了为何人民币在现有条件下可以实现国际化（现有条件是人民币尚不能完全自由兑换，在岸资本账户仍受到一定程度的控制，且人民币汇率尚未实现清洁浮动），同时也从理论上解释了人民币国际化向纵深推进的巨大空间。

三、“非角点解”向“角点解”的演进

“三元悖论”框架下“非角点解”的安排，政策工具不是在三角形的顶点处寻求突破，而是在三条边的动态均衡中寻求平衡。这也可以直观地描述为独立的货币政策适度放松一些，资本账户的开放程度更高一些，人民币在岸汇率的浮动范围更大一些，同时在渐进式推进的动态路径上伺机实现平衡。这个过程是一个动态均衡的过程，而不是一种稳定的安排。在这种“非稳定解”的安排下，政策上需要统筹在岸和离岸市场，需要动态持续地互相调适。这也可以近似地理解为求解“非角点解”的帕累托最优的过程。

在这个寻求“非角点解”最优化的过程中，货币利率政策牵引着边际汇率水平，形成一套非常复杂的操作，其中最核心的问题是利率和汇率的平价关系。无抛补的利率平价理论（UIP）要求，当投资者是风险中性且行为理性时，利率收益的盈利会导致汇率上的贬值，且二者的百分比一样。如果UIP成立，则货币套息交易的预期超额收益应该为零。在风险中性的世界中，远期汇率应该是未来即期汇率的无偏预测指标。当前，人民币在岸市场因受到外

汇管制尚不能自由兑换，外汇供求关系主要通过央行结售汇进行，呈现一对多的供求关系，因此央行对汇率具有较大的影响权，形成了在岸人民币汇率的基准定价。同时，由于离岸人民币的收盘价更反映市场预期，客观上也成了次日在岸人民币开盘价的重要参考。

离岸人民币是允许自由兑换的货币，当市场预期离岸人民币相对美元升值时，就会大量贷出离岸人民币投资美元，实现套利。人民币利率决定了离岸市场上的套汇成本，只要在境内市场管制人民币流出，就能促使离岸市场的人民币利率上升。这时套利交易会被削弱，人民币汇率趋于稳定。

但这种做法也伴随着较高的政策成本。由于人民币离岸和在岸是“双重”汇率机制，当政策工具干预汇率水平时，会相应迫使货币当局用扭曲利率的方式实现再平衡，其结果会是利率和汇率都发生扭曲，使得无抛补的利率平价公式进一步失衡。这也可能导致人民币在岸和离岸市场中的人民币利率价格进一步分离，从而更加激励市场反复套利套汇，使得货币政策陷入首尾难顾的窘境。此外，由于政策的干预使得人民币流入和流出都更加不稳定，这也会影响人民币国际化的预期。

由此看到，在“三元悖论”框架下求解“非角点解”

最优化的过程，是一个异常复杂的动态平衡过程，伴随着短端成本和长端收益的权衡，以及对两个市场精准的互相调适。但即便如此，这仍是当前中国推进人民币国际化的最优路径之一。

随着中国资本账户开放进程的不断深化，人民币离岸和在岸市场会逐渐收敛和融合。政策组合对于“非角点解”的选择，会在动态平衡中逐渐逼近“角点解”，从而创造人民币全面可兑换的条件。这也是一个“量变到质变”的过程，因为“角点解”是当前成熟的国际货币普遍采用的路径。同时，这也是资本账户自由化“阈值”条件实现的过程。当然，这也是世界货币格局深度变革的过程。

当政策安排从“非角点解”逼近“角点解”后，中国会面临另一些全新的问题，我们有必要稍做讨论。中国资本账户的开放，其长期目标是服务人民币国际化的实现。一种主权货币要成为国际货币，该主权国家对外部应该保持长期逆差，否则就没有足够的条件进行货币国际化。但是长期逆差的状态，意味着本币币值的持续下跌，这会损伤货币国际化的基本前提，这也是美元“特里芬悖论”所反映的内容，即美元作为国际货币，其流动性和稳定性之间存在着不可调和的内在矛盾。

此外，2008 年全球金融危机发生后，美联储持续扩大其资产负债表，这直接削弱了美元汇率，推高了部分国家货币的本币汇率，并推高了全球的通货膨胀水平。同时，当美联储在稍后的时间里逐步退出量化宽松政策，其货币政策的转换，又会使新兴市场国家面临巨大的外部冲击。这种情况使全世界都有动机去寻找一种新的“锚定”货币。

当前人民币国际化进程已经迈出了很大的步伐，但这个进程仍处在“非角点解”区间，而且是在平面上推进的，表现在国际上更多使用了人民币，但人民币尚不能自由兑换。当中国资本账户开放进入“角点解”区间后，人民币将成为全球潜在的“锚”货币，人民币国际化也会走入“深水区”。第一，中国需要建立稳定的国际收支逆差形成机制，并构建国际货币流动性补充的机制和工具。第二，货币国际化的实现也意味着该主权货币的利率是覆盖全世界的，该国际货币的政府中央银行，也肩负着世界中央银行的重要责任。这不仅要求资本账户的全面开放，同时也要求金融市场的规则清晰可靠、制度体系健全、金融产品丰富，便于各国金融机构在该市场从事本币业务和进行本币交易。这是人民币国际化进程过渡到“角点解”区间后，可能面临的全新挑战和全新问题。

第四章

资本账户开放程度的测度

第一节　本章引论

本章是对资本账户开放测度的实证研究。经济学界对于如何测度一个国家资本账户的开放程度存在很大争议。资本账户的度量可以是对于金融开放程度的衡量，也可以是一个关于测度资本成本或平价条件的概念。对于资本账户开放程度的测度方法主要有两种：一是法律度量，二是事实度量，但由于多种原因，这两种方法均不能充分反映现实世界资本账户开放进程的复杂性，同时也导致了诸多关于资本账户开放问题研究存在的实证结论上的模糊和不一致。

与此同时，经典文献中使用的测度方法通常仅针对一个国家的在岸资本账户，对于中国这样的在岸资本账户存在控制，同时又构建了一个功能强大的离岸市场的情况，其在测度方法上就存在明显的局限性，拟合程度也较低，这也是研究中国资本账户开放问题的一个学术难点。我们在梳理大量文献时发现，对于中国资本账户开放程度的实证研究结果，经常表现出事实层面的开放程度会远高于法律层面的开放程度，这也是受上述测度方法局限性影响的结果。

尽管如此，由于资本账户自由化问题对任何一个国家都是重要的经济问题之一，自国际货币基金组织开始编写并提供资本账户控制的相关数据和信息以来，学术界不断迭代了样本的测度和编制方法，在变量使用和数据颗粒度方面有了很大的提升。就研究思路来看，对资本账户测度的“法律度量”和“事实度量”仍是主流的实证方法，但一些经济学家对测度方法的适用性准则和内生局限性做了更深入的探讨，同时提出了修正方法，已经形成了一套较为规范的研究程序，我们在此做一个概括梳理。

第一种方法是法律度量。从法律度量角度来说，资本账户开放是一个较为模糊的概念，因为资本账户本身是由许多复杂的零部件构成的，其中有一部分会受到政府的管制，而且对经常账户的监管往往和资本账户的监管相联系，二者共同作用构成了结构复杂的交易类型和监管措施。政府出台的法律政策有可能针对某一个资本账户的单一内容，也有可能针对某些复杂的金融交易结构。此外，资本管制的强度也难以从法律层面衡量，例如某些交易被完全禁止，而有些交易则以持有期限或税收调整的方式进行，因此法律度量的方法具有较大的局限性。

典型的法律度量方法是国际货币基金组织每年发布的 AREAER。AREAER 为许多国家提供了关于资本账户控制的数据，包括资本账户细分科目的交易规则和限制信息。其中的汇总信息简明地罗列出各国存在的资本账户的限制。AREAER 数据已经成为经济学界对资本账户或金融体系控制进行二分法研究的信息基础。该数据将跨境金融交易的控制类型分为四种：一是多重汇率的存在；二是对经常账户交易的控制；三是对资本账户交易的控制；四是关于出口收益转移的监管要求。其中第三种，或其与第二种的组合，在学术研究中经常被用作资本账户交易限制的虚拟变量（Grilli 和 Milesi Ferretti，1995；Glick 和 Hutchison，2001）。

法律度量方法的局限性较为明显，首先，法律度量方法几乎没有考虑资本管制的强度。IMF 发布的 AREAER 数据是一个二元变量，其数据颗粒度较大，无法捕捉实际资本账户开放的细节，也无法根据资本流动的方向（流入或流出）以及金融交易的类型来划分每个国家在资本账户开放的类型和方式上的不同。其次，从资本控制角度，几乎不可能区分对资本交易的法律控制和事实控制。资本控制政策的实施也往往没有明确的政策目标来控制资本流动的数量和类型。比如 Edwards（1999）所讨论的典型情景，由于一个国家的私营部门经常有动机绕开资本账户的监管，因此会抵消政府资本控制措施的整体预期效果（本书第六章讨论的人民币套息交易也是典型的案例）。Eichengreen（2001）和 Kose 等（2006）研究了资本账户管制在法律壁垒上的强度和有效性。在资本管制强度的法律度量方面，Eichengreen（2001）指出，一些研究人员在度量资本管制的相关指数时纳入了对经常账户的管控措施，认为这些经常账户的限制措施旨在防止通过虚假申报进出口交易而规避资本账户的管制，因此一国政府对于经常账户的管制措施也包含了对资本账户控制强度的有效信息，即对于经常账户管制的措施并不是为了阻止跨国贸易的逃税行为，而是反映了更深层的复合政策问题。基于上述的原因，学术界对于国家金融一体化的研究，通常是基于对资本控制的事实度量方法而言的（De Gregorio，1998；Rajan，2003）。

第二种方法是事实度量，且在近些年的经济学研究中更加受到关注。基于事实的度量方法更加多元化，可以衡量代表资产价格的利差变化，也可以测量资本成本的变化等。此外，对于资本流量的测度可以进行许多方面的修正，比如可以根据估值变化调整流量，或根据国家 GDP、人口及国家参与国际资本网络的程度等进行调整。Kose 等（2006）在关于衡量金融开放度的讨论中指出，法律上和事实上的度量都包含了重要信息，但作者主张使用基于事实的度量，并反对使用基于资产价格收敛的度量。Kose 等（2006）首选的事实度量方法是使用一个国家总流入和总流出与 GDP 的比值，但鉴于流动的波动性，他们推荐使用 Lane 和 Ferretti（2003）提出的存量衡量标准。该文献指出，法律和事实度量的区别至关重要，并强调在分析金融全球化的影响时，关键变量不是一个国家在金融上的法律开放程度，而是实际的开放程度。

事实度量的方法也存在较大的局限性。Arteta、Eichengreen 和 Wyplosz（2003）以及 Klein 和 Olivei（2008）认为资本控制的法律措施是一回事，但有效实施这些措施是另一回事。Bush（2015）研究提出资本账户开放不一定会导致事实上的金融开放。

在人民币“一种货币，两个市场”的结构中，测度中国资本账户开放的程度需要至少包括两个维度的考量。第一个维度是国内（在岸）资本账户的直接开放程度；第二个维度是在岸资本账户通过与离岸市场连接，然后间接与世界市场连接的程度。这里隐含了一个关键“桥梁”，即人民币离岸和在岸的联通程度及演进收敛趋势。

本章接下来的内容安排如下：首先是对相关文献的梳理和回顾（第二节）；其次是根据经典文献中的研究方法，分别对在岸资本账户进行法律度量和事实度量（第三节）；再次，用价格度量的方法衡量了中国离岸和在岸市场的联通程度（第四节）；此外，使用一价定律（LOOP）的方法测度了人民币离岸和在岸市场的收敛情况，并分析了两个市场的收敛特征（第五节）；最后，本章结合人民币套息交易这一现实案例，对中国资本账户开放程度的演进趋势做了拓展分析（第六节）。

第二节　文献回顾

Eichengreen（2001）和 Kose 等（2006）研究了资本账户管制的法律壁垒的强度和有效性。Edwards（2001）研究认为一国实际资本的流动性通常高于法律层面的度量。Cavoli 等（2003）、Takagi 和 Hirose（2004）讨论了二者在度量资本账户开放程度方面的差异。

Fernandez 等（2006）在 Schindler（2009）的基础上扩展了法律度量的指数体系。Hiro 和 Ito（2007）研究构造了一个衡量资本账户开放程度的新指数，使用了 181 个国家 1970—2005 年的数据，这个研究大大填补了对于资本账户开放程度度量的学术空缺。Binici 等（2010）使用回归分析评估了法律措施的变化对观察到的资本流动的影响，并研究了定向控制对其目标的影响，他们的法律指数来自 Schindler（2009），该指数使用了更为精细的 AREAER 数据，但是在面板中包含的数据时间长度有限。

Sedik（2009）发现，金融一体化和资本流动之间，存在强烈的正相关关系，表明资本账户的自由化，确实鼓励了金融一体化的发展，但对资本净流量的影响在统计上不显著。Yeyati（2009）运用一价定律测量了在不同市场上市的同一种股票的收益差别，并以此衡量金融市场的一体化程度，指出流动性和资本控制是影响跨市场溢价的主要因素。

第三节　中国资本账户开放程度的法律度量和事实度量

一、法律度量

本节是在中国“一种货币，两个市场”结构下，对资本账户开放程度第一个维度上的度量，即对中国在岸资本账户进行的度量。许多法律度量方法都使用了 Chinn-Ito 金融开放指数（KAOPEN）。该指数是基于国际货币基金组织《汇兑安排与汇兑限制》年报中，对各国跨境金融交易限制的评估编制而成的二元指标（Chinn 和 Ito，2006，2008），只有当特定的资本项目发生重大政策变动时，这些指标才会发生变化。

IMF 对资本账户可兑换性的评价分为 7 类，包括 11 个大类和 43 个小类。所谓资本账户自由化，就是逐步放松对上述 43 类内容的限制，而且是双向的限制（流入和流出）。根据该标准，如果 11 个大类中的 6 类实现了货币的自由兑换，即可被视为资本账户开放。根据 IMF 发布的年度《汇兑安排和汇兑限制》报告，其涵盖的 40 类交易科目中，中国自 20 世纪末，有 90% 以上的资本交易类别都没有实现自由兑换。经过 20 多年的自由化进程，中国目前完全不可兑换的资本交易类别已经下降至 10%，部分可兑换和基本可兑换的类别总计可达 90%。在《汇兑安排和汇兑限制》中涉及的所有 40 个子类中，中国不可兑换的资本类别有 4 项，占比 10%；部分可兑换的资本类别有 22 项，占比 55%；基本可兑换的资本类别为 14 项，占比 35%。

使用 Chinn-Ito 指数（Chinn 和 Ito，2019）测度的中国在岸资本账户在法律层面的开放度的结果显示，中国自 1993 年以来开放度的变化寥寥。Chinn-Ito 指数是将 AREAER 数据覆盖的不同种类的信息加总后计算得到，指数值范围从金融开放度最高的 2.39 到金融开放度最低的 –1.89，数值越高表明金融自由化程度越高。作为国际储备货币的经济体（包括美国、英国、加拿大、日本和瑞士）的指数都是最高序列（2.322），属于资本账户完全开放。中国的金融开放指数自 1993 年至今都没有变化，一直为 –1.226，小于新兴市场经济体的平均值 0.3，也小于其他金砖国家的数值，表明中国在法律度量角度的资本账户较封闭，存在广泛且严格的资本管制。在其他金砖国家中，南非和印度目前的 Chinn-Ito 指数值

（-1.226）与中国相同，俄乌冲突前俄罗斯的指数为 0.100 7，高于中国。随着人民币国际化进程的积极推进，中国资本账户管制的数量和力度在过去几年中均有所松动，但大多数资本流入和流出的管制只是变得相对宽松，并没有完全取消。

图 4-1 报告了部分国家和地区的 Chinn-Ito 指数，包括美国、韩国、澳大利亚、新西兰、印度及中国香港地区。图中使用 Chinn-Ito 指数，并将 KAOPEN 变量标准化至 0 到 1 之间。从图 4-1 可见，美国、韩国等发达经济体的资本账户是完全开放的，其标准化后的指数值为 1；韩国经历了一系列开放度的提升后，其指数从较低水平跃升至顶部。印度和中国的开放程度处在底部位置，且长期没有变化，表明存在较严格的资本管制。

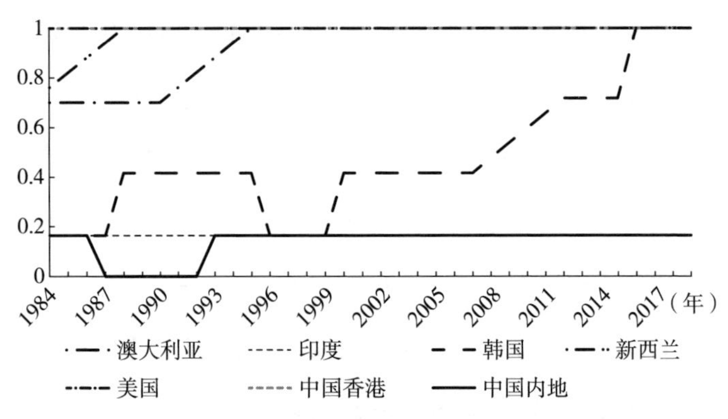

图 4-1　部分国家和地区资本账户开放的法律度量

资料来源：http://web.pdx.edu/~ito/Chinn-Ito_website.htm。

二、事实度量

事实度量分析了经济体与全球金融市场的融合度。根据 Lane 和 Ferretti（2003）提出的存量衡量标准，本节使用一个国家国际资产（资本流出）与国际负债（资本流入）相加的总资本流动与该国 GDP 的比值，来度量事实上的资本账户开放程度。

图 4–2 和图 4–3 显示了 2011—2020 年中国及世界部分经济体的国际资产、国际负债，以及总资本流动与 GDP 的百分比。从图 4–2 可见，中国 2011—2020 年的国际资产和负债增长都非常快。2020 年 6 月末，中国对外资产余额约为 7.9 万亿美元，对外负债约为 5.7 万亿美元。从资产负债结构看，对外资产余额中有 3.1 万亿美元储备资产，对外负债中有接近 3 万亿美元是外商直接投资。细分数据来看，境外投资者所持有的中国境内债券市场托管余额为总额的 2.4%；其持有境内股票规模占 A 股总流通市值的比重仅为全部市值的 4.5%，且约 70% 经由香港地区流入，这一比例远低于美国、欧盟、日本等发达国家，甚至低于巴西、韩国等新兴市场经济国家。另外，外资银行在中国的资产总额，占比我国整体银行业资产的不足 2%。

图 4–2 是根据 Lane 和 Ferretti（2003）提出的资本存量方法绘制的中国资本账户开放的事实度量。图 4–2 中浅灰色柱代表中国国际资产与 GDP 的比值，深灰色柱代表中国国际负债与 GDP 的比值，黑色线条表示当年总资本流量（国际资产 +| 国际负债 |）与 GDP 的比值。

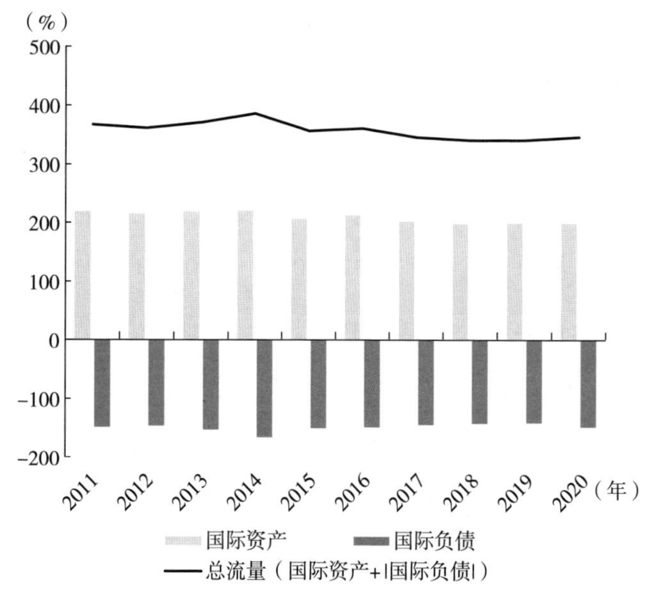

图 4–2　中国资本账户开放的事实度量

资料来源：CEIC 数据库。

图 4–3 绘制了美国、俄罗斯（俄乌冲突前）、印度和韩国的资本账户开放程度的事实度量。浅灰色柱代表该国国际资产与 GDP 的比值，深灰色柱代表国际负债与 GDP

的比值，黑色线条代表由国际资产加国际负债绝对值的总资本流量与 GDP 的比值。从图中可见，韩国资本总流量与 GDP 的比值最高，处在最顶部，且仍有增长的趋势；中国总流量与 GDP 的比值处于中等水平，高于印度，低于韩国。

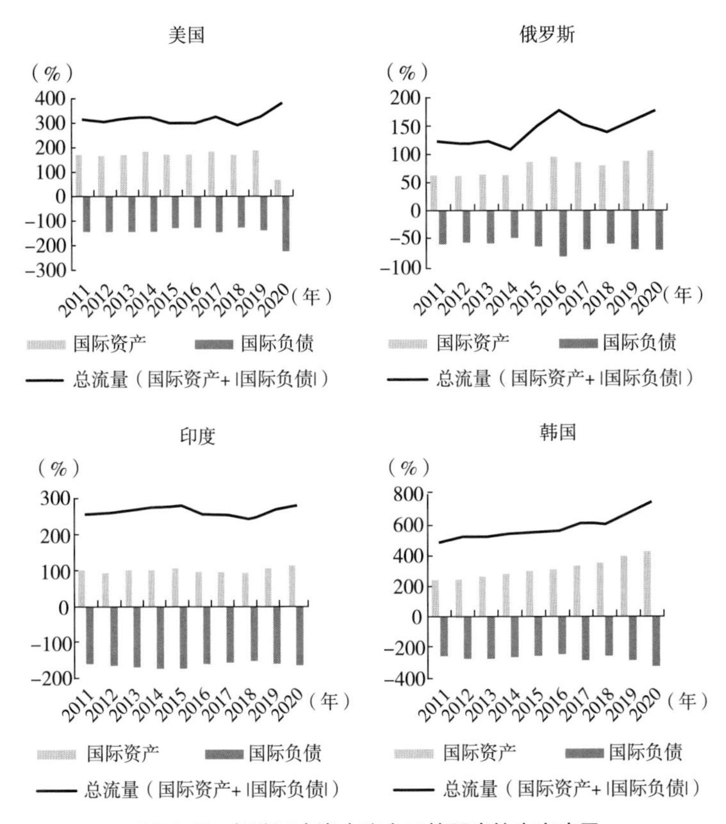

图 4-3　部分国家资本账户开放程度的事实度量

资料来源：CEIC 数据库。

图 4–4 对比了 2011—2020 年中国、美国、俄罗斯、印度、韩国、新西兰和澳大利亚基于事实度量的资本账户开放程度。

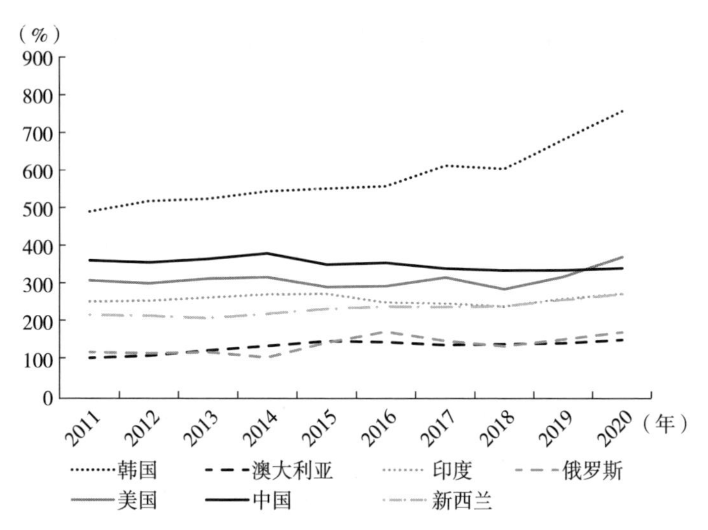

图 4–4 部分国家资本账户事实开放程度在时间维度上的比较

表 4–1 报告了 2020 年中国、美国、俄罗斯、印度、韩国、新西兰和澳大利亚基于事实度量和法律度量的资本账户开放程度。2020 年中国国际资产（表现为资本流出）占 GDP 的 198.91%；中国国际负债（表现为资本流入）占 GDP 的 147.68%，总资本流量占 GDP 的 346.59%。相比较而言，美国的总资本流入占比 GDP 为 376.33%，俄罗斯为 175.76%，印度为 278.90%，韩国为 763.97%，新西兰为

278.17%，澳大利亚为 155.58%。因此，事实度量方法测度的中国在岸资本账户的开放程度，相较法律度量的测度结果而言，高出许多。

表 4-1　2020 年部分国家资本账户开放程度的度量比较

类型	变量	中国	美国	俄罗斯	印度	韩国	新西兰	澳大利亚
事实度量（%）	国际资产	198.91	70.54	105.22	115.48	435.56	42.97	–23.79
	国际负债	147.68	223.29	70.54	163.42	328.41	169.83	131.79
	总资本流量	346.59	376.33	175.76	278.90	763.97	278.17	155.58
法律度量	Chinn-Ito 指数	0.164	1.000	0.000	0.164	1.000	1.000	1.000

图 4–5 对比了 2020 年中国、美国、俄罗斯、印度、韩国、新西兰和澳大利亚，基于事实度量和法律度量的资本账户开放程度。图 4–5 显示从法律度量角度，中国在岸资本账户开放程度处于底部；但事实度量测度的结果显示中国开放进程的较高水平，略低于美国，高于印度，体现出中国资本账户开放的持续扩大。

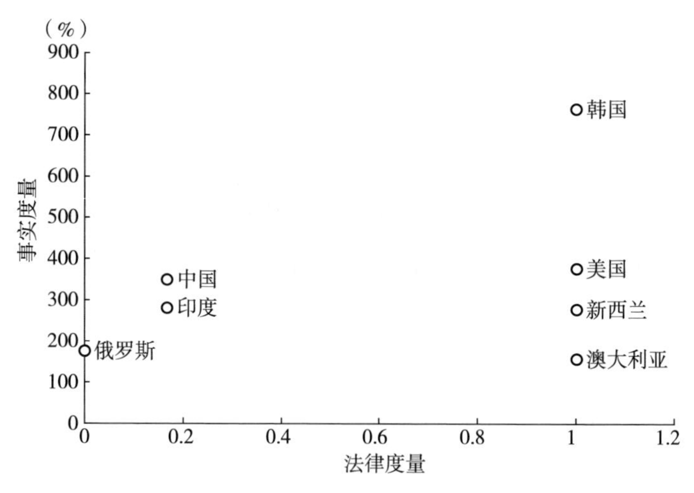

图 4-5　2020 年部分国家资本账户开放程度的对比

第四节　两个市场联通程度的价格度量

本节研究了中国“一种货币，两个市场”结构下，对资本账户开放程度第二个维度的测度，即在岸资本账户通过与离岸市场连接，然后间接与世界市场连接的程度。测度资本账户的开放程度，可以是对于金融开放程度的衡量，也可以测度与资本成本或平价条件有关的概念。根据 Ma 和 McCauley（2008），本节应用了基于价格和流量的度量方法，并重点讨论了价格分析，因为它提供了基于外部观测的最有力的证据。

一、人民币离岸和在岸的短期利差分析

根据 Otani 和 Tiwari（1981）、Frankel（1992）对于资本管制的讨论，及 Frankel（2004）、Prasad 等（2005）在资本管制的背景下对资本自由化顺序的研究，以及 Kawai 和 Takagi（2001）对于资本控制和金融风险传染的学术文献，本节使用在岸人民币利率、离岸美元利率和不可交割远期汇率的组合，来测试中国在岸和离岸金融市场之间的市场联通程度及演进趋势。

理论上，当市场不存在资本管制，市场和市场之间会完全联通，抛补的套利公式将本币的远期汇率、即期汇率及本币与美元之间的利差联系起来，并通过套利活动使这三个变量实现均衡，这三者之间的关系如式（4–1）：

$$F = S(1+r)/(1+r^{\$}) \qquad (4\text{–}1)$$

其中 F 是本币的远期汇率，S 是本币的即期汇率，r 是本币的利率，$r^{\$}$ 是美元的利率，当不存在资本管制时，跨境借贷行为将使得式（4–1）成立。但是，当存在资本管制时，外国机构和个人可能无法满足在岸金融机构的借贷条件，套利活动无法自由实现，从而导致离岸远期汇价升水。本节使用人民币离岸无本金交割远期作为人民币远期汇率

的代理指标，并将式（4–1）转换成式（4–2）的形式：

$$NDF = S(1+i)/(1+r^{\$}) \qquad (4\text{–}2)$$

其中 i 是人民币离岸无本金交割远期 *NDF* 的隐含收益率。根据定义，i 不受零下界的约束，并且可以为负数。如果在岸货币市场和离岸 *NDF* 市场之间的套利受到资本管制约束，*NDF* 隐含的离岸收益率 i 可能与在岸货币市场现行的利率有很大差异。一个巨大且持续的离岸和在岸货币市场的利差（$i-r$），表明中国存在实质的跨境资本管制。利差的存在也反映出市场的状况，负利差表明在资本管制的情况下在岸人民币面临升值压力，反之亦然。

表 4–2 报告了人民币离岸 *NDF* 隐含收益率，与上海银行间同业拆放利率 SHIBOR 的差值（$i-r$）。报告期分为 3 个，报告期 1 为 2010 年 1 月 1 日至 2020 年 12 月 31 日；然后以人民币 2015 年 8 月 11 日汇率改革为时间断点，将全样本分为前后两个报告期，报告期 2 为 2010 年 1 月 1 日至 2015 年 8 月 10 日；报告期 3 为 2015 年 8 月 11 日至 2020 年 12 月 31 日。人民币离岸 *NDF* 隐含收益率由式（4–2）计算得出。根据 3 个月、6 个月、12 个月的产品期限计算出来的（$i-r$）的差值，反映出 2015 年 8 月后的平均数小于其汇改前，并大于全样本区间的特征，这意味着 2015 年

“8·11”汇改后由人民币*NDF*隐含收益率与SHIBOR差值反映出的两个市场的联通程度有所增强。举例而言，产品期限为12 M的利率差值（$i-r$）均值的平均数，其在2015年汇改后的均值绝对值为0.124 1%，小于全样本均值绝对值的1.518 9%，也小于2015年汇改前均值绝对值的2.858 1%，这说明短期利差视角的人民币离岸和在岸市场的联通程度增强，且在样本区间内，在岸人民币面临升值压力。

表4-2　*NDF*隐含收益率与SHIBOR差值的描述性统计（单位：%）

期限	报告期	均值	中位数	最小值	最大值	标准差
3个月	1	−2.278 6	−2.163 1	−6.511 5	1.858 9	1.754 2
	2	−3.183 2	−3.505 2	−6.511 5	1.206 8	1.666 7
	3	−1.168 7	−1.113 2	−4.817 5	1.858 9	1.099 1
6个月	1	−1.965 5	−1.750 3	−6.349 8	2.623 1	1.766 6
	2	−2.971 5	−3.252 1	−6.349 8	2.316 3	1.597 6
	3	−0.731 3	−0.600 7	−4.729 1	2.623 1	1.026 6
12个月	1	−1.518 9	−0.903 2	−7.637 2	4.379 5	2.192 9
	2	−2.858 1	−3.063 9	−7.637 2	3.714 6	1.875 5
	3	0.124 1	0.124 8	−4.745 6	4.379 5	1.222 0

图4-6绘制了产品期限为12个月的*NDF*隐含收益率，与上海银行间同业拆放利率SHIBOR的差值。从图中可以初步观察到，2010—2014年，该差值基本为负数，意

味着上海 SHIBOR 的值大于 *NDF* 隐含收益率，体现为在岸较离岸市场的价格更高。而 2015—2021 年，该差值表现为明显的双向浮动，既有正值，也有负值。进一步观察发现，2015—2017 年该差值的绝对值变大，说明人民币离岸和在岸市场的“距离变大”，意味着市场联通程度变弱。从 2019 年开始，该差值的绝对值震荡收窄，直观体现出两个市场的分割程度有所减弱。

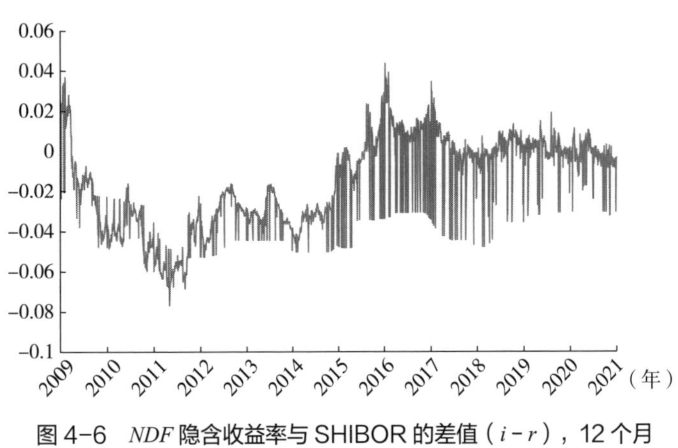

图 4-6　*NDF* 隐含收益率与 SHIBOR 的差值（$i-r$），12 个月

二、人民币离岸和在岸远期汇差分析

资本流动倾向于使得一种货币离岸和在岸的远期汇率相等。过往文献中使用离岸远期汇率偏离在岸远期汇率的程

度，来测度资本管制背景下的市场联通程度。我们将这个离岸汇率偏离在岸汇率的程度，定义为远期汇率溢价，用式（4–3）表示。如果远期汇率溢价是正数，表示人民币在香港等离岸市场更贵。Liu 和 Otani（2005）指出，这个指标的优势在于其使用直接观察到的价格。但该指标的局限性也很突出，因为人民币在岸远期产品要求交易者建立在真实贸易的基础上，即需要有贸易文件的支持才可以交易；而离岸人民币远期则是完全的自由交易。此外，由于人民币离岸和在岸市场存在货币套息交易（Currency Carry Trade），使得人民币离岸远期和在岸远期成为人民币套息交易的一种工具，促使其价格进一步偏离真实的市场供需关系。尽管如此，由于该变量建立在经济学基础理论之上，大部分经典文献仍使用该方法对市场开放程度进行基准测量。

人民币离岸和在岸远期汇率溢价：

$$Forward\_Currency\_Gap_t = (NDF_t - F_t) / S_t \quad (4\text{–}3)$$

其中 NDF_t 是离岸人民币无本金交割远期汇率，F_t 是在岸人民币远期汇率，S_t 是在岸人民币即期汇率，所有的价格均表示为每 1 美元对应的价格。当外汇远期溢价是正数时，离岸货币更“便宜”，意味着贬值更多或升值更少，这可能导致资本账户开放时更多的资金流出。

表 4–3 报告了人民币离岸和在岸远期汇率溢价的描述性统计。报告期分为 3 个，划分方法同表 4–2。人民币离岸和在岸远期汇率溢价由式（4–3）得到，并根据产品期限为 3 个月、6 个月和 12 个月的数据分别计算。表 4–3 反映出产品期限为 3 个月、6 个月和 12 个月的远期汇率价差的均值，其在“8・11”汇改后显著收窄，该数值的绝对值小于全样本均值的绝对值，也小于汇改前样本均值的绝对值，直观上体现出人民币离岸和在岸市场的分割程度在“8・11”汇改后有所减小，市场联通程度加强。例如产品期限为 12 个月的远期汇率差值，其在“8・11”汇改后的均值绝对值为 0.011 1，汇改前的均值绝对值为 0.016 7，绝对值显著收窄，且数值符号由正转负，体现出两个市场震荡收敛的特征。

表 4–3　人民币离岸和在岸远期汇率差值的描述性统计

期限	报告期	均值	中位数	最小值	最大值	标准差
3 个月	1	0.039 7	0.015 0	–1.150 9	2.120 0	0.188 3
	2	0.014 0	0.009 8	–1.150 9	0.789 8	0.094 4
	3	0.072 0	0.029 9	–1.007 7	2.120 0	0.258 8
6 个月	1	0.011 7	0.009 4	–1.197 9	1.463 2	0.162 0
	2	0.019 7	0.012 7	–1.197 9	0.853 0	0.117 5
	3	0.001 6	0.004 5	–1.156 0	1.463 2	0.204 3

续表

期限	报告期	均值	中位数	最小值	最大值	标准差
12 个月	1	0.004 4	0.007 3	−1.600 9	1.467 7	0.189 1
	2	0.016 7	0.008 2	−0.970 8	0.831 8	0.143 5
	3	−0.011 1	0.000 0	−1.600 9	1.467 7	0.233 3

三、人民币离岸和在岸即期汇差分析

自 2010 年开启离岸人民币结算以来，人民币形成了“双重”汇率的特有现象，即人民币同时存在离岸汇率和在岸汇率，且两个汇率长期存在汇差，这体现出人民币离岸和在岸市场的分割。但随着人民币国际化的持续推进，离岸和在岸市场的联通程度加强，人民币即期汇差呈现收窄的趋势。本节构建了两个即期汇率变量来测度两个市场的联通程度，一是人民币离岸和在岸跨市场溢价 X_t（百分比变动），由式（4–4）计算得到；二是人民币离岸和在岸即期汇差（水平变动），其计算方法是用相同日期的即期离岸减去在岸汇率得到，即 USDCNH – USDCNY。

人民币离岸和在岸的跨市场溢价，提供了一个有用的基于价格的整合度量。理论上一种货币对之间只有一个汇价。只要资本可以自由流动，即使存在不同市场间短暂的定价偏离，套利活动也会使得价格重新走向均衡，即理论上一种货币不存在长期的定价偏离和套利空间。但人民币表现出很特殊的现象。

$$X_t = (CNH_t - CNY_t) / CNY_t \tag{4-4}$$

表 4–4 报告了人民币即期汇率差值（水平变动）的描述性统计。随着人民币国际化和离岸市场建设的持续推进，离岸和在岸市场的“互联互通”程度逐渐加强，人民币离岸和在岸的即期汇差呈现收窄的趋势。与此同时，2015 年“8・11”汇改使得在岸人民币弹性增强，更好地反映市场的供求关系，在岸和离岸即期汇率的联动性增强。

表 4–4 人民币即期汇率差值（水平变动）的描述性统计

报告期	收敛均值	中位数	最小值	最大值	标准差
2011—2021 年	0.005 8	–0.001 0	–0.092 8	0.138 9	0.008 7
2011 年—“8・11”汇改	0.006 2	–0.002 1	–0.052 0	0.123 1	0.008 9
“8・11”汇改—2021 年	0.005 4	–0.000 5	–0.092 8	0.138 9	0.004 5

注：衡量离岸和在岸汇率收敛情况时，数值分析使用汇差绝对值的平均数，因为汇差符号仅影响离岸和在岸汇率的高低，不影响二者之间的距离。
资料来源：CEIC 数据库。

表 4–5 报告了人民币离岸和在岸即期汇率差值在百分比变动（Panel A）和水平变动（Panel B）上的描述性统计。由

表 4–5 报告的结果可以看到，自人民币 2010 年开启离岸结算以来，离岸和在岸即期汇率的跨市场溢价在震荡中收窄，但未收敛至零。2011 年两个市场的即期汇率跨市场溢价均值为 0.046 6%，2020 年该指标变为 –0.002 1%，绝对值显著减小，且符号由正转负，体现出人民币离岸和在岸市场货币供需关系的转变。正的跨市场溢价表明离岸即期价格大于在岸即期价格，表明离岸人民币升水；负的跨市场溢价表明在岸即期价格大于离岸即期价格，反映出在岸人民币的需求量更大，在岸人民币有升值压力。由于人民币两个市场的即期汇率跨市场溢价最直观地体现了双重汇率下离岸和在岸市场的分割程度，因此该指标成为测度两个市场联通程度及演进趋势的较优质的变量。

表 4–5　人民币离岸和在岸即期汇率差值均值（年度）的描述性统计

时间	均值	中位数	最小值	最大值	标准差
Panel A：人民币离岸 / 在岸跨市场溢价（百分比变动）					
2011 年	0.046 6	–0.038 6	–0.628 2	1.926 8	0.417 3
2012 年	–0.019 1	0	–0.820 3	0.781 6	0.173 3
2013 年	–0.092 9	–0.083 3	–0.633 0	0.262 5	0.141 3
2014 年	–0.019 3	0.006 6	–0.592 1	0.646 6	0.195 6
2015 年	0.317 5	–0.033 0	–0.628 2	1.926 8	0.415 1
2016 年	0.175 6	0.139 0	–0.930 1	2.118 2	0.324 9

续表

时间	均值	中位数	最小值	最大值	标准差
Panel A：人民币离岸 / 在岸跨市场溢价（百分比变动）					
2017 年	−0.119 0	−0.050 6	−1.348 5	0.504 5	0.289 5
2018 年	0.003 2	0.001 6	−1.064 1	0.961 7	0.272 3
2019 年	0.085 3	0.059 6	−1.245 5	0.902 6	0.241 9
2020 年	−0.002 1	−0.015 2	−1.342 0	1.177 0	0.320 4
2021 年	−0.096 0	−0.071 8	−1.152 1	1.043 6	0.606 4
Panel B：人民币离岸 / 在岸即期汇差（水平变动）					
2011 年	0.002 8	−0.002 5	−0.041 7	0.123 1	0.026 8
2012 年	−0.001 2	0.000 0	−0.052 0	0.049 2	0.010 9
2013 年	−0.005 7	−0.005 1	−0.039 4	0.016 1	0.008 7
2014 年	−0.001 2	0.000 4	−0.035 9	0.039 7	0.011 9
2015 年	0.020 2	−0.002 1	−0.041 7	0.123 1	0.026 6
2016 年	0.011 7	0.009 3	−0.061 1	0.138 9	0.021 4
2017 年	−0.008 2	−0.003 4	−0.092 8	0.032 6	0.019 8
2018 年	0.000 3	0.000 1	−0.073 2	0.060 2	0.018 0
2019 年	0.005 8	0.004 1	−0.087 6	0.063 5	0.016 8
2020 年	0.000 1	−0.001 0	−0.091 4	0.083 0	0.022 1
2021 年	−0.006 2	−0.004 7	−0.074 1	0.067 9	0.039 2

图 4–7 绘制了人民币汇率离岸和在岸跨市场溢价的年度走势，基础数据采集自表 4–5 中的 Panel A 部分。黑色线条代表跨市场溢价的均值走势，上和下的点线分别代表加和减一个标准差的均值数值。

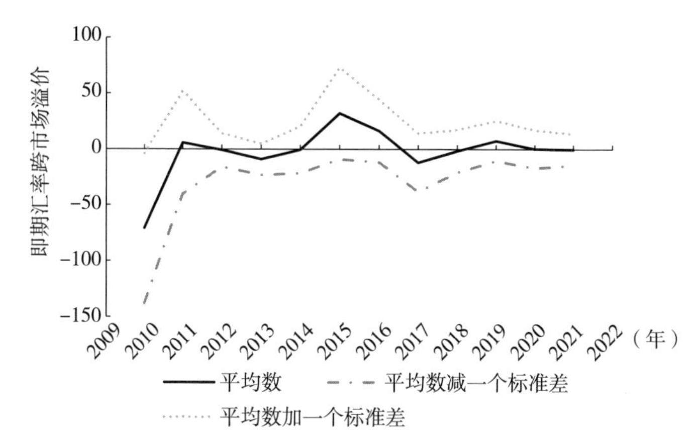

图 4-7　人民币离岸和在岸跨市场溢价趋势

注：变量的计算公式为式（4–4），制图时将数值乘以 10 000。

第五节　人民币离岸和在岸市场的非线性收敛特征

本节运用“一价定律”的方法研究人民币离岸和在岸市场的联通程度及市场收敛演进的特征。“一价定律”要求相同的商品或资产在国界之间定价相等，只有满足这个条件，两个市场才是一体化的。如果两个市场完全联通，两个市场会在“一价定律”机制的作用下，通过套利活动而趋向于价格相等。因此在一个完全一体化的市场中，跨市场溢价应该约等于零。本节使用式（4–4）定义的人民币离岸和在岸即期汇率跨市场溢价（X_t）为关键变量，测度两个市场的联通程度和收敛特征。本节的研究假说提出如下。

研究假说：样本期内人民币离岸和在岸跨市场溢价收敛速度加快，但并未收敛至接近零；同时，跨市场溢价呈现出非线性收敛的特征，即跨市场溢价存在不可套利的区间。

一、研究方法

本节使用“一价定律”的思想，首先，使用自回归模型（Autoregressive Model，简称 AR 模型）来估计跨市场溢价的收敛速度。更快的收敛速度反映了 CNH 和 CNY 更快收敛到循环中，从而增强了市场联通的程度。其次，本节使用非线性阈值自回归模型（Non-linear Threshold Autoregressive Model，简称 TAR 模型）来测度两个市场收敛的特征。阈值模型会区分出不可套利区间和可套利区间，以及区间外的收敛速度，本章将带宽和收敛速度都解释为积分的度量。

（一）自回归模型

运用“一价定律”衡量的市场联通程度可以用两种模型来测度。第一种是自回归模型（AR 模型）。更高的收敛速度反映了更快的循环收敛，从而增强了金融一体化程度。我们使用增广的 Dickey–Fuller 模型估计冲击的持续性，该模型具有一个自回归分量和其他滞后差异。也就是说，本节估计以下模型：

$$\Delta x_t = \beta x_{t-1} + \sum_{j=1}^{k} \phi_j \Delta x_{t-j} + \varepsilon_t \tag{4-5}$$

$$\sigma_t^2 = \alpha_0 + \sum_{j=1}^{p} \alpha_j \varepsilon_{t-j}^2 + \sum_{j=1}^{q} \lambda_j \sigma_{t-j}^2 \tag{4-6}$$

回归系数 β 是人民币离岸和在岸跨市场溢价收敛到其平均值的速度的度量。σ_t^2 是时间序列的方差，该模型包括了 GARCH 效应，解释了数据中普遍存在的异方差性。通过模型回归得到 β 后，通过计算 $\ln(0.5)/\ln(1+\beta)$ 得到 AR 模型的“半衰期”。这个公式假设衰减率是单调的，这个假设有一定的局限性，因为这个假设在高阶 AR 模型中不一定满足，因此这样计算的半衰期是一个近似值。尽管如此，$\ln(0.5)/\ln(1+\beta)$ 仍可以被认为是一个有用的度量，因为它是 β 的一个单调变换，这个指标对人民币离岸和在岸跨市场溢价的收敛提供了一个有用的表征。

（二）非线性阈值自回归模型

我们应用的第二种模型是非线性阈值自回归模型（TAR 模型）。人民币离岸和在岸之间的跨境资本管制意味着在 TAR 模型回归中存在多个区间，可分为套利区间和无套利区间。理论上来说，当两个市场中任何一个冲击，导致两个价格之间的差异超过交易成本（即溢价在无套利区间之外）时，它将触发有利可图的套利交易，这将对溢价造成巨大压力，迫使其回到区间内。但由于人民币跨境资本管制的存在，现实中即使存在有利可图的套利交易，也不一定存在可用于套利的工具和渠道，这种套利渠道的有限性使得对溢价造成的压力，无法回到无套利区间内。换言之，将存在无套利区间，且持续性很高，而套利区间则存在价格趋同的压力。TAR 模型假设，AR 模型过程中的离散变化一旦超过某个阈值时，该模型将提供一种自然选择，以描述我们预期外汇市场中普遍存在的政策变化。由于与资本管制相关的高交易成本和较宽的无套利区间，与较低的市场联通程度相关，无套利区间的估计宽度提供了市场联通程度的衡量标准。

TAR 模型首先由 Tong（1978）提出，并由 Tong 和 Lim

（1980）以及 Tong（1983）进一步发展。其重要前提是通过分段线性自回归模型，描述数据的生成过程。TAR 模型的工作原理是根据观测值与平均值的距离来估计区间切换参数。正如我们所预期的，一旦超出无套利区间，数值会回归到“TAR 带”（不是均值）。本节估计了 Obstfeld 和 Taylor（1997）首次使用的 BAND–TAR 模型，并对其模型的两处进行了修正。首先，我们使用增强的 Dickey–Fuller 检验的 BAND–TAR 自适应模型来检验数列中序列的自相关性。其次，对残差进行 GARCH 效应校正，以解释数据中普遍存在的异方差性。

我们有：

$$\Delta X_t = (I_{\text{in}})\beta_{\text{in}} X_{t-1} + (I_{\text{out}})\beta_{\text{out}}\Phi(X_{t-1}, C) + \sum_{j=1}^{k}\varphi_j \Delta X_{t-j} + \varepsilon_t$$

$$\sigma_t^2 = \alpha_0 + \sum_{j=1}^{p}\alpha_j \varepsilon_{t-j}^2 + \sum_{j=1}^{q}\lambda_j \sigma_{t-j}^2$$

$$\Phi(X_{t-1}, C_{\text{up}}) = X_{t-1} - C_{\text{up}} \text{ if } X_{t-1} > C_{\text{up}}$$

$$\Phi(X_{t-1}, C_{\text{low}}) = X_{t-1} + C_{\text{low}} \text{ if } X_{t-1} < C_{\text{low}}$$

$$C_{\text{up}} > 0 \text{ and } C_{\text{low}} < 0$$

$$I_{\text{out}} = 1 \text{ if } X_{t-1} > C_{\text{up}} \text{ or } X_{t-1} < C_{\text{low}}\text{；否则为 0}$$

$$I_{\text{in}} = 1 \text{ if } C_{\text{low}} < X_{t-1} < C_{\text{up}}\text{；否则为 0} \quad （4–7）$$

如果跨市场溢价的演变过程中存在非线性，那么使用

AR 模型估计时，收敛速度应该比从 TAR 模型计算得到的收敛速度慢。此外，TAR 模型回归出的带宽越宽，AR 模型估计的非收敛性越高。此外，AR 模型估计的半衰期与从带外 TAR 模型获得的半衰期之间的差异本身，与 AR 模型计算得到的半衰期成正比。这些结果为非线性的存在如何影响 AR 模型估计的结果提供了进一步的证据。

TAR 模型表示为 TAR(k , 2, d)，其中 k 是自回归长度，2 是阈值数，d 是任意延迟参数（也称为“阈值滞后”）。我们将 d 设为 1，β_{in} 和 β_{out} 分别反映了无套利区间和套利区间下的回归系数。C_{up} 是上阈值，C_{low} 是下阈值。我们假设两个区域的常数都为零，其中 k 、p 和 q 的设置方式使残差在滞后 10 之前不包含任何序列相关性或异方差（p 是 ARCH 项的数量，q 是 GARCH 项的数量）。

该模型按照 Obstfeld 和 Taylor（1997）中描述的程序进行估计，该估计通过在阈值网格上进行测试，使对数似然比 $LLR = 2(La - Ln)$ 最大化。也就是说，对于每个给定阈值，TAR 模型的最大似然估计相当于分区样本的 OLS 估计，即 X_{t-1} 的样本集合要么在阈值内，要么在阈值外。

上述 TAR 模型的似然函数表示为：

$$La = -\sum_t \frac{1}{2}\left[\ln(\sigma^2) + \varepsilon_t^2\right] / \sigma^2 \qquad (4\text{–}8)$$

最后，有必要提及一下 TAR 模型的局限性。Johansson（2001）研究得出 TAR 模型被错误拒绝的概率很高。Hansen（1997）及 Imbs 等（2003）使用的基于 Wald 统计的方法，对本节此处的估计并没有帮助，因为本节数据中的异方差性很强（这在高频金融数据中很常见）。因此，本节最优的方法是使用上面描述的测试，同时谨慎地拒绝 TAR 模型得出的回归结果。尽管如此，由于本节同时使用了 AR 模型和 TAR 模型进行回归比较，我们可以较容易地证明本节得出的结论并不依赖于模型的选择和应用（not model-dependent）。

二、实证检验结果

（一）AR 模型回归结果

为了检验本节的研究假说，以下首先使用 AR 模型进行实证分析。表 4–6 报告了基于 AR 模型的回归结果和半衰期计算。全样本区间为 2010 年 8 月 23 日至 2020 年 12 月 31 日，然后以 2015 年 8 月 11 日人民币汇率改革为时间断点，将全样本区间分为前后两个子区间。全样本周期的半衰期为 12.17 天，人民币汇改后为 5.27 天，而人民币汇改前为

16.23 天。上述半衰期数值首先说明了人民币汇率市场的收敛速度总体较慢。我们可以做一个粗略的横向比较，根据 Yeyati 等（2009）对跨市场交易的同一公司股票的股票溢价收敛速度的测度，使用 AR 模型估计的全球跨市场股票溢价的平均半衰期为 1.54 天，对比可见人民币两个市场溢价收敛的速度显然要慢得多，这体现出中国较严格的资本管控和有限的套利渠道。其次，以 2015 年 8 月 11 日人民币汇率改革为时间断点，回归结果显示出汇改后收敛速度的显著加快，汇改后的半衰期仅为汇改前的约 1/3。“8・11”汇改使得在岸人民币汇率的浮动范围增加，人民币定价机制更趋市场化。与此同时，2015 年后中国推出了一系列放松资本市场管制的政策，如 2014 年底推出的股票市场“互联互通”（2014 年的“沪港通”和 2016 年的“深港通”），2017 年推出的债券“互联互通”等，这实质上推动了中国资本市场的开放，加强了人民币离岸和在岸市场的联通程度。

表 4-6　AR 模型回归结果

报告期	AR 模型	
	β（%）	半衰期（天）
2010 年 8 月 23 日至 2020 年 12 月 31 日	–0.055 4	12.17
2010 年 8 月 23 日至 2015 年 8 月 10 日	–0.041 8	16.23
2015 年 8 月 11 日至 2020 年 12 月 31 日	–0.123 3	5.27

（二）TAR 模型回归结果

如果跨市场溢价的演变是非线性的，则通过 AR 模型估计并计算出的收敛速度，应比从 TAR 模型得到的收敛速度更快。此外，带宽越宽，由线性模型估计的持续性越高。AR 模型估计的半衰期与从带外 TAR 模型获得的半衰期之间的差异，本身与线性半衰期成比例。这些结果进一步说明了非线性的存在如何影响线性估计的结果，这个结果与 Imbs 等（2003）对于商品市场的研究结果一致。

表 4–7 报告了 TAR 模型的回归结果，样本区间的选择同表 4–6，TAR（k，2，d）中参数的取值为 $k=3$，$d=1$。滞后期 K 的选择以回归的残差平方和最小为选择标准。全样本回归结果显示三个区间，C_{up} 是上阈值，C_{low} 是下阈值，β_{low} 反映了可套利区间取值较小的回归系数，β_{up} 反映了可套利区间取值较大的回归系数，并基于可套利区间的回归系数计算半衰期。TAR 模型的半衰期反映了可套利区间的半衰期，并针对异方差和序列相关性进行了校正。可套利区间不对称，动力学过程不相同。全样本回归显示，可套利区间的半衰期分别为 β_{low} 对应的 7.6 天和 β_{up} 对应的 5.96 天，该数值均小于 2015 年 8 月 11 日以前（分别为

14.6 天和 6.78 天）。2015 年 8 月 11 日后，半衰期显著减小，根据可套利区间 β_{up} 计算得到的半衰期为 5.29 天，意味着市场分割程度减弱，同时可套利区间的带宽变大，体现出跨市场交易壁垒的削弱。

表 4-7　TAR 模型回归结果与半衰期

Panel A: 2010 年 8 月 23 日至 2021 年 12 月 31 日							
项目	C_{low}	C_{up}	β_{low}	β_{up}	SSR	AIC	SC
参数	−0.002 1	0.000 2	−0.087 1	−0.109 8	0.010 1	−9.651 0	−9.624 7
半衰期（天）	—	—	7.604 9	5.961 5	—	—	—
Panel B: 2010 年 8 月 23 日至 2015 年 8 月 10 日							
项目	C_{low}	C_{up}	β_{low}	β_{up}	SSR	AIC	SC
参数	−0.000 2	0.000 3	−0.046 4	−0.097 2	0.001 9	−10.554 2	−10.506 2
半衰期（天）	—	—	14.600 2	6.779 6	—	—	—
Panel C: 2015 年 8 月 11 日至 2021 年 12 月 31 日							
项目	C_{low}	C_{up}	β_{low}	β_{up}	SSR		
参数	−0.001 0	−0.122 9	0.007 9	−9.246 0	−9.216 1		
半衰期（天）	—	—	—	5.286 9	—		

注：TAR（k, 2, d）中参数的取值为 k=3, d=1，C_{up} 是上阈值，C_{low} 是下阈值。半衰期的计算方法为 ln（0.5）/ln（1+β）。TAR 模型的半衰期反映了可套利区间的半衰期，并针对异方差和序列相关性进行了校正。

此外，TAR 回归显示出无套利区间较宽。这表明离岸人民币并非在岸人民币的完美替代品，投资者面临较大的基差风险。根据 Craig 等（2013）IMF 工作论文的描述，该基差风险定义为使用 CNH 代替 CNY 可能会因为基差波动而遭受重大损失的风险。

图 4–8 从直观上体现了资本控制对人民币离岸和在岸跨市场溢价的影响。灰色曲线是离岸和在岸跨市场溢价，根据式（4–4）计算得到。图中显示出较明显的三个区间，中间的区间体现出跨市场溢价的波动较为平缓，而左右两个区间体现出更为剧烈的波动和对零刻度的偏离。同时，图 4–8 还反映出 2012 年至 2015 年“8・11”汇改前，两个市场间资本控制的适度放松，而在此之前和之后都表现出了更严格的资本控制。

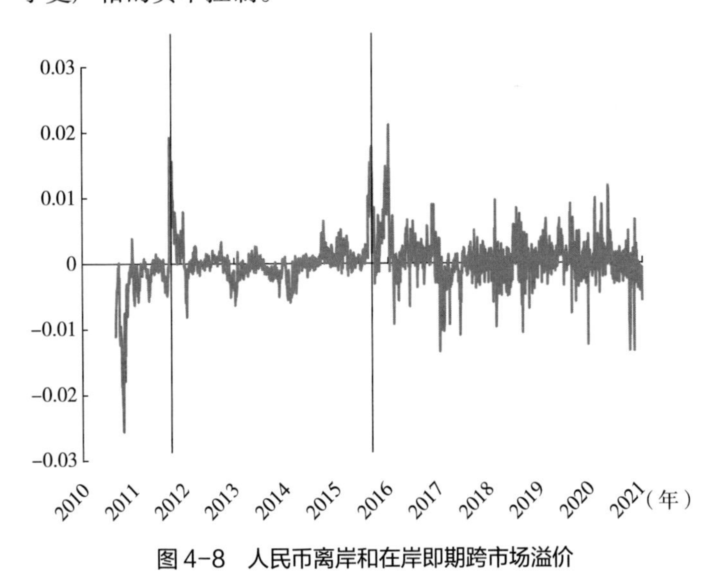

图 4–8　人民币离岸和在岸即期跨市场溢价

三、人民币套息因素和即期汇率跨市场溢价的收敛

当市场不存在资本管制时，抛补利率平价（Covered Interest Parity，CIP）[①] 将人民币远期汇率、即期汇率及人民币与美元之间的利差联系起来，并通过抛补套利（covered interest arbitrage）[②] 使得这三个变量实现均衡，因此市场的联通程度和套利活动是直接相关的。由于中国明令禁止人民币离岸和在岸之间的套利交易，因此人民币离岸和在岸之间的价差并不能通过套利活动而收敛至零。人民币离岸和在岸市场存在着持续且较大的利差和汇差，使得投机者有动机绕过监管进行跨境套利。本书第六章详细讨论了人民币存在的一种特有且“隐蔽”的套息交易现象。由于套息交易的活跃度和市场分割的程度密切相关，此处，我们用式（4–9）定义的轧平的利率差异 CID_t 为人民币套息收益的关键变量，并依据该变量的数值特征将全样本划分为

① 与无抛补利率平价相比，抛补利率平价并未对投资者的风险偏好做出假定，即套利者在套利的时候，可以在期汇市场上签订与套利方向相反的远期外汇合同（掉期交易），确定在到期日交割时所使用的汇率水平。

② 抛补套利是指投资者在即期市场买入准备投资的外币，同时卖出外汇远期以避免外汇风险。到期时，投资者得到与到期时外币等值的本币，而没有汇率风险。因为高息货币远期通常为贴水，所以投资的净回报约等于利差减去远期贴水值。

三个子样本。套息收益变量 CID_t 的构造参考了 Liu、Sheng 和 Wang（2021）的方法，用来表征人民币跨境套息交易所产生的收益，计算公式如下：

$$CID_t = \frac{r_{CN} - r_{US}}{1 + r_{US}} - \frac{F_{t,offshore} - S_{t,offshore}}{S_{t,offshore}} \qquad (4\text{–}9)$$

其中 r_{CN} 表示人民币在岸存款利率，用上海银行间同业拆借利率 SHIBOR 表征；r_{US} 表示美元贷款利率，用伦敦同业拆借利率 LIBOR 表征。离岸人民币远期用无本金交割的 *NDF* 表征；离岸人民币即期用 USDCNH。根据定义，如果 CID_t 为正数，表示买入人民币在岸资产是有利可图的，这会导致资本从离岸流入在岸。

样本子区间的划分上，参考 CID_t 的数值特征，将样本区间划分为高套息收益区间和低套息收益区间，高 CID_t 区间的均值大于 3%，低 CID_t 区间的均值小于 1%。报告期划分上，高 CID_t 区间对应2010年8月23日至2014年4月30日，低 CID_t 区间对应 2018 年 2 月 1 日至 2020 年 12 月 31 日。[①]

表 4–8 报告了变量的描述性统计。套息收益 CID_t 的计算依照式（4–9）得到，即期汇差的计算用 USDCNH 减去

① 此处对样本区间的划分并未考虑“8・11”汇改这一政策事件的影响，仅从套息收益大小的角度考虑。

USDCNY 得到，远期汇差的计算用 3 个月离岸人民币无本金交割远期（*NDF*）减去在岸远期（*DF*）得到。报告期分为 3 个，报告期 1 为 2010 年 8 月 23 日至 2020 年 12 月 31 日，报告期 2 为 2010 年 8 月 23 日至 2014 年 4 月 30 日，报告期 3 为 2018 年 2 月 1 日至 2020 年 12 月 31 日。

表 4–8 显示出高 CID_t 区间（报告期 2）的平均数和中位数维持在 3% 以上（平均数是 3.360 7%，中位数是 3.360 0%），最大值接近 5%；低 CID_t 区间（报告期 3）的平均数和中位数均降至 1% 以下（平均数是 0.636 2%，中位数是 0.380 0%）。数值特征反映出高 CID_t 区间内，套息活动较为频繁，套息贸易的规模较大；而在 CID_t 低收益区间内，套息活动显著减少，对应套息贸易的规模较小。此外，表 4–8 也报告了离岸和在岸人民币即期汇差及远期汇差的统计数值。

表 4–8　套息收益 CID_t、即期和远期汇差的描述性统计

变量	报告期	平均数	中位数	最小值	最大值
CID_t（%）	1	2.064 4	2.016 4	0.037	4.936 2
	2	3.360 7	3.360 0	2.263 7	4.936 2
	3	0.636 2	0.380 0	0.037	2.351 2
$CNH-CNY$	1	0.018 2	0.031 6	−0.623 7	0.526 2
	2	−0.186 2	−0.186 8	−0.451 3	0.091 5
	3	0.073 6	0.223 3	−0.623 7	0.526 2

续表

变量	报告期	平均数	中位数	最小值	最大值
$NDF-DF$	1	0.005 3	0.008 7	−0.098 7	0.157 1
	2	0.003 7	0.007 1	−0.087 4	0.050 3
	3	0.011 6	0.006 9	−0.012 1	0.063 2

表 4–9 报告了子样本的 TAR 模型回归结果。TAR（k，2，d）中参数的取值为 $k=2$，$d=1$。回归结果显示出两个区间，C 是阈值，β_{up} 反映了可套利区间的回归系数，半衰期的计算方法为 $\ln(0.5)/\ln(1+\beta)$。高 CID_t 区间（子样本 2）的回归结果见表 4–9 中的 Panel A，使用回归系数 β_{up} 计算出的可套利区间的半衰期为 16.39 天。低 CID_t 区间（子样本 3）的回归结果见表 4–9 中的 Panel B，回归结果得到可套利区间的半衰期为 1.74 天。理论上套利活动应使得市场分割减小，不同市场在“一价定律”的作用下趋向于一体。可观的套息收益意味着规模较大的套息活动，理论上对应市场收敛速度的加快，反之则对应收敛速度的减慢。由数值统计体现的结果来看，自 2018 年 8 月后，人民币套息收益已经减小至 1% 以下，均值为 0.63%，两个市场的收敛速度为 1.74 天，显著低于子样本 2 的 16.39 天，也显著低于全样本周期的 5.96 天（见表 4–7 Panel A），表明了人民币离岸和在岸市场分割程度的减小和收敛速度的加快。

表 4-9　套息交易和人民币离岸在岸即期汇差的收敛速度

Panel A: 子样本 2（2010 年 8 月 23 日至 2014 年 4 月 30 日）					
项目	C	β_{up}	SSR	AIC	SC
参数	0.000 3	−0.041 4	0.001 6	−10.429 0	−10.398 5
半衰期（天）	—	16.390 8	—	—	—
Panel B: 子样本 3（2018 年 8 月 23 日至 2020 年 12 月 31 日）					
项目	C	β_{up}	SSR	AIC	SC
参数	−0.001 6	−0.328 4	0.004 4	−9.200 9	−9.164 3
半衰期（天）	—	1.741 1	—	—	—

同时，我们观察到高 CID_t 区间（子样本 2）的 TAR 半衰期为 16.39 天，远高于全样本区间的 5.96 天，也高于 2015 年汇改前的 6.77 天（见表 4-7 Panel B）。这隐含了政府对跨境资本流动的管控对跨市场溢价的影响。人民币套息活动会引起跨境资金的大进大出，扰动金融市场的稳定。监管机构为了管控和打击非正常跨境资金的流动，通常会出台资本账户的管制措施，使套息活动的成本变高，操作难度变大，跨市场溢价的收敛速度会因为监管的加强而变慢。这种影响因政策控制类型而异，而且是不对称的。只要这些管控措施有效地限制了跨境资金的流动能力，跨市场溢价将反映投资者在离岸和在岸市场交易人民币意愿的不同。

这也意味着，影响人民币离岸和在岸市场收敛的因素是比较异质和多元的，这也呈现出人民币综合体价格联动关系的复杂性。

第六节　实证结论与政策启示

本章使用实证分析方法测度了中国资本账户的开放程度，并综合考虑了两个测量维度。第一个维度是对国内（在岸）资本账户开放程度的测度，第二个维度是对人民币离岸与在岸之间的联通程度的测度。因为中国在“一种货币，两个市场”的结构下，离岸市场便成为在岸市场连接世界的一个重要“桥梁”。值得强调的是，当前对资本账户开放程度测度的理论和方法存在较大的局限性，学术界的争议比较多，对于人民币综合体这种复杂结构的适用性就更加有限。本章采用经典文献中较为标准的测度方法，同时对方法上的局限性做了讨论，但研究结果对真实世界的拟合程度仍有一定的提升空间，这也是本书作者后续研究的重点之一。

从研究结果来看，首先，对于第一个维度下的中国在岸资本账户开放程度的度量，法律测度反映出中国资本账户较封闭，存在广泛且严格的资本管制；事实测度体现出中国资本账户开放进程的高水平推进，事实层面的开放程度较高，且这个开放程度在持续提升。这其中包含了人民币离岸市场作为“桥梁”的积极作用。

其次，在第二个维度的度量方面，本章聚焦于资本市场的价格和流量指标，分别从人民币离岸和在岸的短期利差、远期汇差和即期汇差三方面进行测度。研究发现样本期内两个市场在震荡中收敛，体现为两个市场在 2015 年“8・11”汇改前的联通程度较弱，在 2015 年汇改后的联通程度显著加强，同时波动性增强，这说明了“8・11”汇改对两个市场联通程度的增强作用。本章同时研究了人民币套息交易对两个市场联通程度和收敛速度方面的影响，这从另一个角度反映出两个市场收敛的趋势特征。两方面实证结果表现出高度的一致性，较好地体现出人民币综合体的总体演进特征。

最后，本章运用“一价定律”方法，测度了人民币离岸和在岸的非线性收敛特征，表现为三个方面：（1）中国存在较明显的离岸和在岸市场的分割，跨市场溢价无法收敛至接近零，且收敛速度较慢，但两个市场的分割程度正在逐渐减小，同时离岸和在岸市场的分割无法通过套利活动消除;（2）收敛速度越快，不可套利区间越窄，CNY 的流动性越强;（3）TAR 模型较好地捕捉了跨市场溢价的行为，符合交易成本及流动性限制导致无套利区间的假设。TAR 模型捕捉了 CNH 和 CNY 汇差的非线性收敛特征，价格测度体现出市场分割减小，对 CNY 的外汇管制及对跨境资本流动的监管削弱了人民币跨境套利的能力。外汇管制的存在直接反映在市场分割的程度上，表现为更宽的“TAR 带”和更持久的偏差。

第五章

资本账户对外开放的风险分担机制：基于市场联通的视角

第一节　本章引论

中国推动人民币国际化的一个核心问题是人民币能否完全可兑换，以及如何走向可兑换。中国自 1996 年放开了经常项目可兑换，人民币国际化的重点聚焦于实现资本项目可兑换。

中国在历史中形成了“一种货币，两个市场”的特殊结构，人民币在在岸和离岸市场以两种货币规则运作，同时形成了以人民币计价的在岸和离岸金融市场，这种特殊结构在全世界都是独一无二的。这种资源禀赋使得中国高水平资本账户开放多了一项政策组合，即通过推动人民币离岸市场的发展，渐进地推动中国在岸资本账户的高水平开放，我们称其为离岸模式的资本账户开放路径。离岸开放模式使得资本账户开放举措与国内经济发展之间形成风险冲击的“缓冲带”，最小化了中国改革的政策成本。

离岸开放模式以“互联互通”为主要工具，实现有条件地联通中国和世界市场，并有管理地促使这个联通程度逐渐增强，这在“三元悖论”框架下属于“非角点解”，政策上需要统筹在岸和离岸市场，需要动态持续的互相调适。本章选取了中国内地和香港地区股票市场的“互联互通”工具为研究对象。香港地区是目前最大的人民币离岸中心，同时股票“互联互通”工具下的“沪港通”和“深港通”是中国高水平开放资本账户背景下重要的改革措施之一，包含了较丰富的数据集。

从市场联通的角度，Chari 和 Henry（2004）基于资产收益率的变化与系统性风险敞口之间的定价关系，提出了风险分担理论，该理论揭示了风险分担对股票价格变化的影响机制。本研究将“互联互通”工具的运用，放入 Chari 和 Henry（2004）通过狭义资本资产定价模型（CAPM）推导得到的资本定价公式中，并进一步揭示了资本账户开放引发的内在机理，即不同程度的市场联通引发了不同效果的风险共担机制，这为研究资本账户开放的动态演进提供了一项“准自然实验”的方法。

与现有研究相比，本章在实证分析中，首先利用“互联互通”工具引发的“准实验性”变化，证明了风险分担机制发挥了股价重估的重要定价作用，股票市场对国家重大经济改革政策，表现出与理论预测一致的响应。其次，丰富了风险分担理论的实证研究内容，基于A股和港股与世界市场不同程度的联通状态，差异化阐释了风险分担机制的不同作用效果。

本章的结构安排如下：第一节和第二节是本章引论和文献回顾；第三节是政策背景和理论机制；第四节是实证设计；第五节为实证结果与分析。

第二节　文献回顾

一、股票市场对外开放及经济增长

股票市场自由化是政府决定取消对外国投资者的限制，允许他们进入本国股票市场的政策举措。大量研究表明，股票市场自由化会对经济产生积极的影响。例如股票市场自由化通过允许风险分担（Bekaert 和 Harvey，2000；Henry，2000；Chari 和 Henry，2004；Iwata 和 Wu，2009）、更好的信息环境（Bae 等，2006）、改善的公司治理（Ferreira 和 Matos，2008；Bae 和 Goyal，2010）来降低资本成本，提高生产力并促进经济增长（Bekaert 等，2003，2005，2011；Klein 和 Olivei，2008；Gupta 和 Yuan，2009；Larrain 和 Stumpner，2017；Pan 和 Mishra，2018；Moshirian 等，2021），同时推动市场效率的提高（Kim 和 Singal，2000；Cajueiro 等，2009；Bae 等，2012）。

发展中国家向外国投资者开放国内股票市场，与这个国家的股票指数上涨有关（Henry，2000a；Kim 和 Singal，2000）。影响股价表现的因素可能也会影响企业的经营业绩表现。Henry（2000）证明股票市场自由化与一个国家总体私人投资水平的提高有关。Schmukler 和 Vesperoni（2003）提出，股票市场自由化后企业的长期债务有所减少。Chari 和 Henry（2004a）发现，公司投资的增加与其未来现金流变化的预期相关。Bekaert 等（2005）估计，股票市场自由化会推动一个国家的经济增长率的提高。Gupta 和 Yuan（2004）发现股票市场自由化与经济增长之间存在正相关关系。

此外，一些文献研究表明，股票市场自由化会带来更好的信息环境，并提高公司治理水平。例如 Stulz（1999）表明全球投资者的参与向发展中国家输入了更高质量的信息披露标准和公司治理水平，有助于解决信息不对称和代理人问题。Bae 等（2006，2012）认为股票市场自由化引入了成熟的外国投资者，从而改善了信息环境。Wurgler（2000）认为股票市场自由化为企业提供了更好的信息环境，有助于资本配置得更加有效。股票市场自由化吸引了具有更强股东保护意识的全球投资者，这有效地约束了管理者的机会主义行为（Aggarwal 等，2011；Boone 和 White，2015；Ferreira 和 Matos，2008；Pukthuanthong 等，2017）。Bae 等（2006）认为更大的股票市场自由化，意味着更大的外资所有权和分析师覆盖面，从而促进公司特定信息更好地生产和披露。

关于中国股票市场自由化的研究，Lin（2017）表明“沪港通”中外部冲击的溢出是单向的，是从香港地区到上海。Huo 和 Ahmed（2017）利用高频数据和动态预测方法证明“沪港通”通过提高市场效率提高了内地资本市场的重要性。Lian 等（2019a，2019b）认为“沪港通”的实施会导致股价信息的增加，并影响外部融资。Jiang 等（2020）发现，股票市场自由化减少了避税行为。

二、股票市场对外开放与资产定价

股票市场对外开放是资本项目可兑换的重要组成部分。

Sharpe（1964）提出，股票预期收益率理应根据公司暴露于系统风险的程度而变化。然而实证似乎并不支持这个结论。Fama（1991）、Cochrane（1999） 和 Campbell（2000）研究发现系统风险几乎没有按照理论预测的那样按照横截面定价，而且许多按照横截面定价的公司特征与系统风险也并不相关。

Henry（2000a，2003）、Bekaert 和 Harvey（2000）、Kim 和 Singal（2000）使用总量数据研究了新兴市场国家资本账户自由化后，股票市场发生的价格重估，文献的实证结果表明，资本账户自由化政策大大降低了资本成本，但这些研究没有阐明影响的机制及来源。

资本成本是股票市场均衡所需的回报率。Chari 和 Henry（2004）研究发现，股票市场自由化降低了系统风险，因此在确定了股票市场自由化发生的日期之后，关键问题是如何从实证上度量资本成本是否下降。因此，如果股票市场自由化降低了资本成本，那么当自由化发生时，我们应该看到股票价格的一次性重估（Henry,2000a）。股票市场自由化以后，国内系统风险的相关来源成为世界市场，因此股票市场自由化代表了一种外生变化，使我们能够用实证方法检验理论上的预测。Chari 和 Henry（2004）进一步指出，股票预期回报率的下降将导致股价上涨，因此股票市场自由化提供了该理论的可测试的横截面应用，他们发现在股票市场自由化实施的月份，系统风险的降低约占股价重估的 2/5。

了解股票价格是否对风险分担的变化做出反应是很重要的，因为股票价格提供了真实投资机会的公共信号（Fischer 和 Merton，1984；Tobin 和 Brainard，1977；Summers，1985）。如果股票市场自由化降低了一家公司的风险，那么当其他条件相同的情况下，其股价理应会上涨。股价的上涨向管理者发出一个信号，表明他们可以通过投资实物资本来增加股东福利；反之，最优投资反应就不会那么明确（Blanchard、Rhee 和 Summers，1993；Morck、Shleifer 和 Vishny，1990）。因此，分析股票价格是否随着系统风险的变化而变化，也为理解当国家减少国际资本流动的障碍时，实物投资是否被有效重新分配提供了第一步。

第三节　政策背景与理论机制

一、政策背景

中国于 2014 年和 2016 年分别推出“沪港通”和“深

港通”，这是外生的政策事件。在“互联互通”工具下，香港地区及以外的投资者可以投资“沪股通”和“深股通”合格名单的A股股票，同时中国内地投资者可以交易“港股通”合格名单内的港股股票。

在启动“互联互通”工具之前，A股市场长期是一个较为封闭的市场，其与世界市场呈现“弱”联通状态。与此同时，香港地区是资本账户完全开放的市场，港股一直保持着与世界市场的“强”联通，但其与内地市场之间却存在较多的交易限制。“互联互通”工具联通了在岸和离岸股票市场，同时加强了A股和港股与世界的联通程度。

A股和港股之间启动双向的“互联互通”工具，是中国开放资本账户进程的关键里程碑，由此消除了A股纳入全球主要指数的诸多障碍。国际投资者持有A股股票的约70%经由香港地区交易。香港地区上市公司中超过一半来自内地，股票市值占比超过港股总市值的约80%。截至2021年10月末，外资持有A股流通市值为3.67万亿元，占比约4.97%，而2016年6月时这一占比仅为3.2%。A股和港股“互联互通”工具实质上推动了中国资本市场融入全球经济，同时提升了香港地区作为离岸人民币交易中心的地位。

表 5-1 “沪港通”和“深港通”的对比

项目	“沪港通”	“深港通”
启动日期	2014 年 11 月	2016 年 12 月
北向通（“沪股通”和“深股通”）	568 只股票。上证 180 指数和上证 380 指数的成份股；以及在上海证券交易所和香港联合交易所双重上市的公司（“A+H 公司”）的上市 A 股	881 只股票。深证成指成份股和深证综指成份股中市值不低于 60 亿元的股票；以及深交所上市的 A+H 公司的 A 股
南向通（“港股通”）	318 只股票。恒生指数（HSI）成份股；恒生综合中型股指数（HSMI）成份股；以及在香港联交所上市的 A+H 公司的 H 股	477 只股票。恒生指数成份股；恒生综合中型股指数成份股；最低市值为 50 亿港元的恒生综合中小型股指数（HSSI）；以及在香港联交所上市的 A+H 公司的 H 股
北向通总配额	2016 年 8 月 16 日以前是 3 000 亿元，之后取消了配额要求	—
南向通总配额	2016 年 8 月 16 日以前是 2 500 亿元，之后取消了配额要求	—
北向通（日）配额	2018 年 5 月以前是 130 亿元，之后是 520 亿元	130 亿元
南向通（日）配额	2018 年 5 月以前是 105 亿元，之后是 420 亿元	105 亿元

资料来源：上海证券交易所（SHSE），深圳证券交易所（SSE）和香港联合交易所（SEHK）。

二、理论机制

风险分担理论的典型应用场景是新兴市场国家开放资本账户的改革举措，当资本账户开放后，新兴经济体本国的系统性风险转变为世界的系统性风险，系统性风险将由本国投资者和外国投资者一起分担。股票预期收益率将随着其系统性风险敞口的降低而降低，随着其系统性风险敞口的增加而增加。股票预期收益率的变化将反映在股价上，股票预期收益率的降低会导致其股价的升高。由于股票价格是可观测的，因此又提供了检验一个国家资本账户开放背景下，风险分担理论的可观测条件。

本节的阐释基于 Stulz（1999）、Chari 和 Henry（2004）。首先，假设一个国家的股票市场与世界股票市场完全不联通，世界上所有的投资者都是风险厌恶的，他们只关心自己的投资回报和方差，因此 CAPM 成立。对于细分股票市场中的任何个股，我们有：

$$\mathrm{E}\left[\tilde{R}_{\mathrm{i}}\right]=r_f+\beta_{iM}\left(\mathrm{E}\left[\tilde{R}_M\right]-r_f\right) \qquad (5\text{–}1)$$

其中，$\mathrm{E}\left[\tilde{R}_i\right]$是股票 i 的期望收益率，r_f是国内市场无风险利率，β_{iM}是股票 i 在资本账户自由化之前与国内市场投资组合的 β 系数，$\mathrm{E}\left[\tilde{R}_M\right]$是国内市场的期望收益率。股票市场自由化之前，国内股票市场的总风险溢价 $\left(\mathrm{E}\left[\tilde{R}_M\right]-r_f\right)$ 可以写成 $\mathrm{E}\left[\tilde{R}_M\right]-r_f=\gamma(W)\sigma_{M}^2$，其中 $\gamma(W)$ 是相对风险厌恶系数，σ_{M}^2 是国内投资组合收益率的方差。假设所有投资者都具有恒定的相对风险厌恶系数，则

$\gamma(W)=\gamma$。因此，股票市场自由化之前个股 i 的风险溢价为 $\beta_{iM}\gamma(W)\sigma_{M}^{2}$。由此，我们可以得到：

$$\mathrm{E}\left[\tilde{R}_i\right]=r_f+\beta_{iM}\gamma\sigma_{M}^{2} \tag{5-2}$$

当一个国家实行股票账户自由化政策时，其国内市场和世界市场将产生联通。按照其和世界市场的联通程度，可以分为三种情况：一是完全的市场联通，二是强市场联通，三是弱市场联通。下面分别讨论这三种情况下风险分担机制的资产定价关系。

（一）完全的市场联通

在完全的市场联通情况下，一个股票市场封闭的国家向世界开放其国内股票市场，并允许国内居民在国外投资。假设国内生产活动的利润预期值和波动率，不受股票市场自由化的影响，当国内市场和世界联通后，国内的股票市场成为全球股票市场的一部分，同时外国投资者的多元化投资机会也随之增加。由于新兴市场国家实行股票市场开放政策后，国际投资者可以投资其国内股市，同时该国的国内投资者也可以投资国际股市，因此与国内经济相关的风险现在由外国投资者和国内投资者共同承担。此时，国内股票市场系统性风险的来源变为世界市场。因此，CAPM 适用于世界市场，任何风险资产的风险溢价与其世界 beta 值成正比。设 $\mathrm{E}\left[\tilde{R}_i^*\right]$ 是世界资本市场个股 i 所需的回报率，可得：

$$\mathrm{E}\left[\tilde{R}_i^*\right]=r_f^*+\beta_{iW}\left(\mathrm{E}\left[\tilde{R}_W\right]-r_f^*\right) \quad (5\text{–}3)$$

其中 β_{iW} 表示公司 i 在世界市场的 β，$\mathrm{E}\left[\tilde{R}_W\right]$ 表示世界股票市场投资组合的所需回报率，r_f^* 为世界无风险利率。在该假设下，世界市场投资组合的总风险溢价为 $\gamma\sigma_W^2$，其中 σ_W^2 是世界投资组合回报的方差。因此，当一国实行股票市场自由化后，个股 i 的期望收益率为：

$$\mathrm{E}\left[\tilde{R}_i^*\right]=r_f^*+\beta_{iW}\gamma\sigma_W^2. \quad (5\text{–}4)$$

用式（5–2）减去式（5–4），并使用局部和世界市场 β 的定义进行代数运算，得到：

$$\Delta\mathrm{E}\left[\tilde{R}_i\right]=\mathrm{E}\left[\tilde{R}_i\right]-\mathrm{E}\left[\tilde{R}_i^*\right]=\left(r_f-r_f^*\right)+\gamma DifCov \quad (5\text{–}5)$$

其中 $\Delta\mathrm{E}\left[\tilde{R}_i\right]$ 是受到股票自由化事件影响后的个股预期收益率的变化。风险分担变量用 $DifCov$ 表示，其定义为 $DifCov=\left[\mathrm{Cov}\left(\tilde{R}_i,\tilde{R}_{local}\right)-\mathrm{Cov}\left(\tilde{R}_i,\tilde{R}_{global}\right)\right]$。式（5–5）强调了股票市场自由化政策，对企业层面的股本成本影响的两个渠道。第一个渠道是影响无风险利率的变化，这对所有公司都是一样的；第二个渠道与企业的异质性相关，取决于个股 i 的股票收益率与当地市场的协方差，减去其与世界市场的协方差的大小。

（二）强市场联通

现实情况下很难实现完全的市场联通，因此我们来讨论一个非完全但强市场联通的情况。政府在完全市场联通的情况下，加入一个限制条件，此时市场转变为强联通，允许国内投资者投资世界市场，但外国投资者只能持有国内证券的一个子集。

当一个国家从完全与世界市场分割，演进到和世界市场的强联通，具有代表性的外国投资者就成为决定可投资证券定价的边际投资者。由于世界市场投资组合是国际投资者系统性风险的主要来源，因此在强市场联通的情况下，符合政策工具购买条件的样本[①]的定价，将与完全市场联通下的情况相同。在强联通模式下，符合政策工具购买条件的样本的股价重估仍然由式（5–5）决定。

在强市场联通的情况下，仍有一部分股票不被允许外国投资者交易，那么是什么因素决定了这些股票的价格重

① 指新兴市场国家实行资本账户自由化政策后，允许外国投资者投资的本国证券。文中其他地方意思相同。

估呢？Errunza 和 Losq（1985）讨论了这个问题，他们在研究中假定不受限制的国内投资者具有风险厌恶系数 γ_u，而受限制的外国投资者具有风险厌恶系数 γ。只要不受限制的国内投资者与受限制的外国投资者具有相同的风险厌恶系数，*DifCov* 将继续解释那些不被允许外国投资者交易的证券的价格重估，即当 $\gamma=\gamma_u$ 时，其价格重估仍由式（5–5）得出。但如果国内投资者和国际投资者的相对风险厌恶系数不一样，那些不被允许外国人交易的证券的价格重估将由式（5–6）得出：

$$\Delta \mathrm{E}\left[\tilde{R}_i\right]=\mathrm{E}\left[\tilde{R}_i\right]-\mathrm{E}\left[\tilde{R}_i^*\right]=\left(r_f-r_f^*\right)+ \gamma DifCov+\left(\gamma-\gamma_u\right)\mathrm{Cov}(\tilde{R}_i,\tilde{R}_N \mid \tilde{R}_I) \quad (5\text{–}6)$$

$\tilde{R}_N$ 和 $\tilde{R}_I$ 分别是外国投资者不能交易的证券组合和可以交易的证券组合的收益率。变量 $Cov(\tilde{R}_i,\tilde{R}_N \mid \tilde{R}_I)$ 是给定可交易证券收益率的条件下，公司 i 的收益率与那些不允许外国投资者交易的股票组合收益率的协方差。

式（5–6）右侧的最后一项是“超级风险溢价”，这是国内外投资者风险厌恶的不同造成的。直观地说，超级风险溢价补偿了国内投资者承担的其所持有的那些不允许外国投资者交易证券的相关风险。由于本章旨在讨论风险分担机制对股价重估的影响，而不诉诸风险厌恶的异质性，因此我们不详细讨论超级风险溢价的具体含义。

根据强联通市场的定义，中国香港的港股市场符合强联通市场的特征。港股向世界大部分地区开放，但中国内地投资者不被允许自由投资港股。中国推出的两个市场的“互联互通”工具，使得中国内地投资者和香港地区投资者[①]可以互相交易彼此的部分股票。以港股为实证研究对象，“互联互通”工具提供了一个检验风险分担机制在市场“强”联通状态下的实证分析条件。

（三）弱市场联通

当国内投资者不允许投资世界市场组合时，就会出现弱市场联通的情况。当一个国家的股票市场从与世界完全不联通，演进到与世界的弱联通，外国投资者可投资证券的股价重估关系仍然由式（5–5）给出，理由与强市场联通的情况相同。当股票市场自由化后，国际投资者是组合的边际投资者，其承担的系统风险来源于世界市场。

对于那些不符合政策工具购买条件的证券，此时我们

① 由于香港地区资本账户是完全开放的，因此香港地区投资者也可以进一步抽象为世界投资者。

得到一种新的决定其期望收益率的定价关系，这个关系不以国内投资者和国际投资者相对风险厌恶系数的数值为条件。Hietala（1989）表明，在弱市场联通的情况下，国内投资者的期望收益率表示为 $\Delta \mathrm{E}\left[\tilde{R}_i^*\right]=r_f^*+\gamma Cov(\tilde{R}_i,\tilde{R}_D)$，$\tilde{R}_D$ 是股票市场自由化后国内市场典型投资者所持有的投资组合。对于国内投资者而言，任何一只个股的重新定价将由式（5–7）给出：

$$\Delta \mathrm{E}\left[\tilde{R}_i\right]=\mathrm{E}\left[\tilde{R}_i\right]-\mathrm{E}\left[\tilde{R}_i^*\right]=\left(r_f-r_f^*\right)+\gamma DifCov1 \quad (5–7)$$

其中 $DifCov1$[①] $=\left[Cov\left(\tilde{R}_i,\tilde{R}_M\right)-Cov\left(\tilde{R}_i,\tilde{R}_D\right)\right]$。根据 Hietala（1989），股票市场自由化后国内投资者的投资组合，将严重倾向于国内不允许外国投资者交易的证券。如果国内投资者投资组合中的证券组合，与自由化后的外国投资者不可投资的证券组合相同，则式（5–7）也可以代表那些外国投资者不可投资的股票的重新定价关系。

中国在在岸和离岸两个资本市场并行的结构下，诸多内地公司选择在 A 股和港股双重上市。A 股市场是一个较封闭的市场，其对外国投资者设定了较多的投资限制，一般来说外国普通投资者投资 A 股，需要满足诸多的准入门

① 为了区分风险分担变量在强和弱市场联通状态下的不同含义，风险分担变量在强市场联通状态下用 *DifCov* 表示，在弱市场联通下用 *DifCov*1 表示。

槛，同时存在诸多的交易限制，因此A股和世界市场是弱联通的。中国推出A股和港股的“互联互通”工具后，A股允许香港投资者（世界投资者）投资A股股票，相当于对世界市场开放了一个本国的子集，“互联互通”工具联通了一部分A股和世界市场，提供了风险分担机制在“弱”联通市场情况下的实证检验场景。此外，根据风险分担理论，本章设定A股的典型投资者在股票市场启动自由化改革后，倾向于投资在香港地区上市的中国企业，实证检验中代理变量的选择也依据该原则。

第四节　实证设计

一、模型设定与研究假说

股票预期收益的水平应根据公司面临的系统性风险程度的不同而有所不同。预期收益率的变化也直接来自该理论的推导。因此，当系统性风险发生变化时，股票风险调整后的收益会再次相等。基于此，Chari和Henry（2004）通过使用新兴市场国家资本账户改革前后的局部（local）CAPM和全球（global）CAPM推导出横截面资产价格重估方程（cross-sectional repricing equation），并预测股票预期回报率的下降将导致其股价在短期内上涨。

横截面资产价格重估方程为风险分担理论的实证检验提供了方法基础。新兴市场国家的资本账户自由化改革，为风险分担理论的实证检验提供了自然实验的外部条件。当一个国家实行股票市场自由化改革，政策将允许外国投资者持有一部分本国股票，向外国投资者开放股票市场的举措使得封闭经济体中的本国投资者可以和世界投资者共同分担风险，这样的改革举措改善了本国投资者的一系列无法分散的系统性风险，因此股票价格会随着系统性风险的变化而同步变动。根据横截面资产价格重估方程的含义，我们将本章的实证模型表述如下。

横截面资产价格重估方程：

$$\Delta\ln\left(Price_i\right)=\alpha+\beta Connect_i+\gamma_1 DifCov_i+\gamma_2 DifCov_i\bullet Connect_i+X_i\eta+\varepsilon_{it} \quad (5\text{–}8)$$

因变量 $\Delta\ln\left(Price_i\right)$ 是股票的价格重估，本章参照 Chan 和 Kwok（2017）将因变量定义为股票纳入“互联互通”合格名单后 8 个月的月度平均收益率，$DifCov_i$ 为度量风险分担的变量，变量 $DifCov_i\bullet Connect_i$ 是实证检验要测试的变量，我们会在后面详细讲述我们所采用的多周期 DID

方法。根据 Henry（2000）对虚拟变量的构造方法，本章定义了一个衡量股票是否自由化的虚拟变量 $Connect$，因为股票是在不同时间点纳入"互联互通"合格名单的，因此如果上市公司从进入"互联互通"名单的当月及以后 $Connect$ 取值 1，构成实验组；否则取值 0，构成对照组。"互联互通"事件是一个政策外生事件，有助于克服以往股票市场自由化研究中的内生性问题。回归中使用了一系列控制变量，包括对数化的公司市值［$\ln(size)$］、换手率（$Turnover$）等。为了捕捉公司治理特征，回归中控制了最终所有权，构造了虚拟变量 SOE，该变量表示上市公司的最终控制人是否为国有，如果最终所有权属于国有则 SOE 取 1，否则取 0。所有回归中都加入了行业固定效应，变量的构造和详细解释见表 5-2。

根据本章第三节的理论定价机制，对于符合政策工具购买条件的公司（实验组），其预期收益率的变化在风险分担的机制中将受到两个渠道的影响，一是截距 ΔR_f 表示的无风险利率的影响，二是风险分担变量 $DifCov$ 度量的系统风险敞口的异质性影响。当股票市场自由化政策实行后，系统风险从国内市场投资组合转移到世界市场投资组合（通过 δ_M 和 δ_W 衡量），同时风险分担变量 $DifCov$ 的异质性体现为不同公司对系统风险的不同敞口（通过 beta 系数衡量），本章第四节分别对 A 股和港股的 *DifCov* 进行分解，并阐明影响因素的不同渠道。

中国股票市场自由化改革的“互联互通”工具启动以来，在风险分担机制的作用下，国内市场的系统风险将由国内投资者和国际投资者共同承担，国内市场的系统风险敞口会下降，因此会引起股票价格的重估。对于进入“互联互通”名单的股票，较高的 *DifCov* 代表系统风险较大幅度的降低，因而股票价格的变动幅度较大，$DifCov_i \cdot Connect_i$ 项表示实验组股票全球风险敞口对股价重估的影响，是 DID 变量，其前面的系数是 DID 系数。我们预测 DID 系数 γ_2 应该为正，且具有统计学意义。*DifCov* 前的系数表示对照组股票的全球风险敞口的影响。进一步对 DID 项 $DifCov_i \cdot Connect_i$ 前的系数和 *DifCov* 前的系数求和，其含义为风险分担机制的总体效果。在本章的实证环境下，由于 A 股是一个与世界弱联通的股票市场，而港股是与世界强联通的股票市场，分别针对 A 股和港股使用横截面价格重估方程进行 DID 事件研究，理论上 A 股和港股的 DID 系数 γ_2 都应该为正，且具有统计学意义。由此，我们提出本章的研究假说如下。

研究假说：风险分担机制在中国股票市场自由化改革中发挥了股价重估的作用，同时风险分担机制在资产价格重估中的作用因市场联通程度的不同而不同。

二、研究方法：多周期 DID

实证研究方法的选择上，由于 A 股和港股的双向“互联互通”工具，具有多时点、多周期的特点，本节的实证方法使用多周期 DID 的政策事件研究方法（Difference-in-Difference with Multiple Time Periods）。多周期 DID 与传统 DID 方法在前提假设和方法应用上有较大的区别。传统 DID 是研究外部政策干预下因果分析的流行方法之一。一般情况下，其规范的研究方法中通常设定两个时间段和两个分类组[①]：在第一个时间段中，没有实验组；在第二个时间段中，一部分样本成为实验组，另一些样本成为对照组。在没有外生冲击的情况下，实验组和对照组的平均结果随

① 在传统 DID 方法的基础上，一些学者做了扩展研究，侧重于常规 DID 方法的“两个阶段，两组设置”的扩展，例如 Heckman 等（1997，1998），Abadie（2005），Athey 和 Imbens（2006），Qin 和 Zhang（2008），Bonhomme 和 Sauder（2011），Chaisemartin 和 Haultfœuille（2017），Botosaru 和 Gutierrez（2018），Callaway 等（2018），以及 Anna 和 Zhao（2020）。

着时间的推移会遵循平行路径（这就是通常所说的“平行趋势假设”），通过比较实验组和对照组的平均结果变化，可以估计实验组的平均政策效果（ATT）。

在现实世界中，有些政策事件不是发生在某一个确定的时间点上，而是分不同的时间点，分多个阶段发生，这就要求对常规 DID 方法的两个阶段假设进行扩展。本章对多周期 DID 方法的应用参考了 Gallaway 和 Anna（2021）。股票“互联互通”工具中的实验组样本，通常是在不同的时间点逐次进入合格名单的，某些股票也会因为各种原因在中途退出（被从名单中剔除），甚至有些股票会反复多次进出。因此，考虑到本章所研究的外生事件的多周期特点，我们采用多周期 DID 方法。同时，为了排除那些多次“进出”名单的股票在回归中产生的噪声，作者手动剔除了发生一次（含）以上进入又退出名单的公司。

三、数据使用、变量构造及描述性统计

（一）变量构造及数据使用

在数据的使用方面，A 股和港股的样本期均为 2010 年

1月1日至2020年12月31日。我们分析的样本包括了A股市场的2 466只股票，以及港股市场的2 814只股票。A股市场中上海和深圳证券交易所共计1 304只股票进入“互联互通”（北向通）名单，构成A股实验组。A股中未进入“互联互通”名单的股票共1 162只，构成A股对照组。港股中共462只股票进入“互联互通”（南向通）名单，构成港股实验组，未进入名单的股票为2 352只，构成港股对照组。

A股和港股中的个股及市场指数的历史收益率、市值、换手率及公司所有权数据全部来自CSMAR数据库，为日频数据。A股和港股进入“互联互通”名单的数据来自上海证券交易所、深圳证券交易所和香港联合交易所在不同时间分批次公布的名单，作者手动剔除了那些中途退出，以及中途退出后又进入的股票。A股和港股交易数据的货币单位根据相同频率的汇率收盘价调整得到。

DifCov 的计算方法为个股和当地市场（local market）的协方差减去个股和世界市场（global market）的协方差，具体计算时使用个股初始纳入“互联互通”合格名单日期的前5年的月度时间序列计算得到，若该股票IPO时间晚于进入“互联互通”名单日期的前5年，则使用IPO日期。

$\tilde{R}_i$是个股i的历史收益率；$\tilde{R}_{local}$是当地市场的历史收益率；$\tilde{R}_{global}$表示世界市场收益率，个股i和当地市场的协方差表示为$\mathrm{Cov}\left(\tilde{R}_i,\tilde{R}_{local}\right)$，其和世界市场的协方差分别表示为$\mathrm{Cov}\left(\tilde{R}_i,\tilde{R}_{global}\right)$。根据本章第三节对不同市场联通程度下风险分担机制的理论定义，在代理变量的选择上，A股中选择上证综指和深证综指分别代表沪深的当地市场，选择恒生国企指数（HSCEI）代表世界市场。港股中选择恒生指数（HSI）代表当地市场，选择MSCI GLOBAL INDEX代表世界市场。表5-2报告了变量构造和数据使用。

表5-2　变量构造及数据使用

变量名称	变量符号	变量说明
Panel A 因变量		
股价重估	$\Delta\ln\left(Price_i\right)$	股票进入“互联互通”起后8个自然月度的平均收益率
Panel B 自变量		
风险分担	$DifCov$	个股和当地市场的协方差减去个股和世界市场的协方差，计算公式为：$DifCov = \mathrm{Cov}\left(\tilde{R}_i,\tilde{R}_{local}\right)-\mathrm{Cov}\left(\tilde{R}_i,\tilde{R}_{global}\right)$
DID项	$DifCov_i \cdot Connect_i$	DID项，其回归系数为DID系数
Panel C 控制变量		
对数市值	$\ln\left(size\right)$	个股的对数市值
换手率	$Turnover$	一年内交易股票的总价值除以公司市值的比率

续表

变量名称	变量符号	变量说明
虚拟变量	*Connect*	进入“互联互通”名单取 1，未进入取 0
	SOE	公司实际所有权是否为国有企业，是取 1，否取 0

（二）变量的描述性统计

表 5–3 报告了变量的描述性统计，其中最后一列报告了变量均值差的 t 检验，计算时用变量的实验组均值［组（1）］减去对照组均值［组（2）］。

对于 A 股而言，实验组股票月度收益率与本地市场和世界市场的协方差分别为 0.007 7 和 0.002 3，其与当地市场的协方差大约是与世界市场协方差的 3.34 倍。对于对照组股票，其与当地和世界市场的协方差分别是 0.005 1 和 0.001 8，前者是后者的 2.83 倍。实验组股票的平均 $DifCov_A$ 为 0.005 4，比对照组股票的平均 $DifCov_A$（0.003 3）大 36%。

对于港股而言，实验组股票预期收益率与本地市场和世界市场的协方差分别为 0.002 5 和 0.001 4。个股 i 和当地市场的协方差大约是其与世界市场协方差的 1.78 倍。对于对照组股票，其与当地和世界市场的协方差分别是 0.001 9 和

表 5-3　变量的描述性统计

变量	均值	最小值	最大值	标准差	均值	最小值	最大值	标准差	均值	最小值	最大值	标准差	均值差
Panel A: A 股	全样本 : N=46 050				实验组（1）: N=11 727				对照组（2）: N=34 323				（1）-（2）
$\Delta\ln(price_i)$	-0.002	-0.715	2.452	0.058	0.006	-0.44	2.452	0.066	-0.005	-0.715	0.836	0.055	0.011***
DifCov•Connect	0.001	-0.124	1.552	0.011	0.005	-0.124	1.552	0.02	—	—	—	—	—
DifCov	0.004	-0.167	1.552	0.011	0.005	-0.124	1.552	0.02	0.003	-0.167	0.465	0.006	0.002***
Turnover	0.444	0.000	2.986	0.252	0.409	0.003	2.962	0.244	0.456	0	2.986	0.254	-0.052***
ln (*size*)	22.232	20.493	26.547	0.609	22.615	20.791	26.547	0.738	22.102	20.493	26.262	0.494	0.513***
Panel B: 港股	全样本 : N=72 638				实验组 : N=3 068				对照组 : N=69 570				（1）-（2）
$\Delta\ln(price_i)$	0.001	-0.541	3.117	0.088	0.017	-0.186	0.692	0.059	0.001	-0.541	3.117	0.089	0.019***
DifCov•Connect	0.000	-0.044	0.024	0.000	0.001	-0.044	0.024	0.002	—	—	—	—	—
DifCov	0.001	-0.082	0.069	0.002	0.001	-0.044	0.024	0.002	0.001	-0.082	0.069	0.002	0.000***
Turnover	0.008	0.000	0.870	0.021	0.001	0.000	0.032	0.002	0.008	0.000	0.870	0.022	-0.007***
ln (*size*)	20.972	15.467	29.228	1.330	22.936	19.016	28.243	1.202	20.885	15.467	29.228	1.267	2.051***

注：***、**、* 分别表示 1%、5% 和 10% 水平上显著。

0.001 0，个股 i 和当地市场的协方差大约是其与世界市场协方差的 1.9 倍。实验组股票的平均 $DifCov_H$ 为 0.001 1，比对照组股票的平均 $DifCov_H$（0.000 9）大 22%。

A 股和港股 $DifCov$ 数据分解的特点表明，在共同的冲击下，二者的实验组股票都将经历比对照组股票更大的股票价格重估，数据特点初步证明了风险分担机制对于 A 股和港股市场都是有效的。

四、$DifCov$ 分解

本节分解了风险分担变量 $DifCov$ 的组成要素，我们可以从要素分解中直观看到系统性风险敞口变化的来源。影响风险分担变量 $DifCov$ 大小的因素是个股 i 和当地市场的平均协方差及其与世界市场的平均协方差。$DifCov$ 数值越大，表明风险分担的程度越高，意味着全球系统性风险敞口的显著减小。此外，影响个股与当地市场和世界市场的平均协方差的因素，是个股 i 与当地市场和世界市场的平均相关系数，以及当地市场和世界市场的标准差。表 5–4 显示，A 股实验组股票的平均 $DifCov_A$ 为 0.005 4，港股实验组股票的平均 $DifCov_H$ 为 0.001 1，A 股 $DifCov_A$ 为港股

$DifCov_H$ 的 4.91 倍，A 股在股票市场自由化改革的政策作用下体现出更高的风险分担效应，其全球系统风险敞口减小得更多，这意味着 A 股在风险分担机制下受到“互联互通”政策的益处更多。

表 5-4　*DifCov* 分解

变量	A 股		港股	
	均值，实验组	均值，对照组	均值，实验组	均值，对照组
No of Firms	1 304	1 162	462	2 352
DifCov	0.005 4	0.003 3	0.001 1	0.000 9
$\mathrm{Cov}\left(\tilde{R}_i, \tilde{R}_{local}\right)$	0.007 7	0.005 1	0.002 5	0.001 9
$\mathrm{Cov}\left(\tilde{R}_i, \tilde{R}_{global}\right)$	0.002 3	0.001 8	0.001 4	0.001 0
$\rho_{i,local}$	0.553 2	0.507 5	0.363 6	0.235 3
$\rho_{i,global}$	0.261 2	0.235 7	0.284	0.172 3
δ_i	0.182 6	0.159 1	0.155 4	0.240 7
δ_{local}	0.077 5	0.063 9	0.048 9	0.048 0
δ_{global}	0.054 4	0.050 7	0.035 6	0.035 1

进一步分解，对于 A 股而言，实验组股票与国内市场的平均协方差（0.007 7）大约为其与世界市场的平均协方差（0.002 3）的 3.35 倍，而对照组股票则为 2.83 倍。影响协方差的两个因素中，一是相关系数因素，实验组股票和本地市

场的平均相关系数（0.553 2）为其与世界市场的平均相关系数（0.261 2）的 2.12 倍，而对照组股票为 2.15 倍；二是标准差因素，实验组的本地市场标准差（0.077 5）为世界市场标准差（0.054 4）的 1.42 倍，而对照组股票为 1.26 倍。由此可以看出，A 股作为弱联通的股票市场，当引入“互联互通”工具后，实验组 $DifCov_A$ 增加，较高的 $DifCov_A$ 代表系统风险的较大幅度的降低。

对于港股而言，实验组股票与国内市场的平均协方差（0.002 5）大约为其与世界市场的平均协方差（0.001 4）的 1.79 倍，而对照组股票则为 1.9 倍。对于影响协方差的相关系数而言，实验组股票和本地市场的平均相关系数（0.363 6）为其与世界市场的平均相关系数（0.284 0）的 1.28 倍，而对照组股票为 1.37 倍。第二个标准差因素中，实验组的本地市场标准差（0.048 9）为世界市场标准差（0.035 6）的 1.374 倍，而对照组为 1.368 倍。相较于 A 股，港股市场作为强联通的股票市场，当引入“互联互通”工具后，其实验组的 $DifCov_H$ 变化不大，表明股票市场“互联互通”工具对实验组和对照组之间影响的差异较小，反映出港股自身与世界市场强联通的特征。

第五节　实证结果与分析

一、基准回归

在假定企业的预期未来现金流不受股票市场自由化政策影响的情况下，企业 i 的股票价格对股票市场开放政策的意外反应，将反映出股票 i 要求回报率（required rate of return）的变化。如果开放政策降低了要求的回报率，股价就会上涨；反之，如果股票市场开放政策提高了要求的收益率，股价就会下跌。因此，可以利用股市对开放政策的意外反应，来检验风险分担理论的有效性。根据式（5–8），股价重估将产生斜率效应，即价格重估应是 $DifCov_i \cdot Connect_i$ 交乘项的递增函数。

表 5–5 报告了风险分担机制在 A 股和港股的基准回归结果，其中第（Ⅰ）和第（Ⅲ）列不包括控制变量，第（Ⅱ）和第（Ⅳ）列是包括控制变量的回归结果。对于 A 股而言，交乘项 $DifCov_i \cdot Connect_i$ 的系数，即 DID 系数 γ_2 为 0.414 8，在 1% 水平上显著。因此，实证的初步证据支持

风险分担机制对实验组股票的价格变动有显著正向的影响。第（Ⅱ）列加入了控制变量，包括公司对数化的市值、股票的换手率、公司所有权是否为国有（*SOE*），以及行业固定效应。由于实验组和对照组在许多特征上不同，通过控制这些变量，我们可以减少关键参数 γ_2 的可能估计偏差。但是，控制变量的系数不能直接解释为政策效应，它们仅表明样本期内，所有股票价格的总体变化可能与某些特征有关。DID 系数 γ_2 为 0.309 7，在 5% 水平上显著，表明加入控制变量后风险分担机制对股票价格的变动仍产生显著的正向影响。实证结果支持研究假说，证明了风险分担机制对 A 股的有效性。

表 5-5 风险分担机制在 A 股和港股的基准回归结果

变量	A 股		港股	
	（Ⅰ）	（Ⅱ）	（Ⅲ）	（Ⅳ）
Intercept	−0.004***	0.334***	0.001	0.069***
	（−5.81）	（16.33）	（1.64）	（5.93）
Connect	0.010***	0.017***	0.013***	0.021***
	（8.85）	（13.74）	（5.77）	（8.74）
DifCov	−0.493***	−0.364***	−0.679	−0.800*
	（−4.12）	（−3.61）	（−1.51）	（−1.9）
DifCov•Connect	0.415***	0.310**	3.223***	3.262***
	（2.92）	（2.52）	（2.97）	（3.07）

续表

变量	A 股		港股	
	（Ⅰ）	（Ⅱ）	（Ⅲ）	（Ⅳ）
ln（*size*）	—	−0.015***	—	−0.003***
	—	（−16.07）	—	（−6.17）
Turnover	—	−0.025***	—	0.139*
	—	（−14.00）	—	（1.89）
SOE	—	0.002**	—	—
	—	（2.21）	—	—
行业固定效应	Yes	Yes	Yes	Yes
Adj.R^2	0.009	0.038	0.002	0.006
样本量	44 752	44 752	70 142	68 730

注：括号中是参数估计的 *t* 值，***、** 和 * 分别表示 1%、5% 和 10% 水平上显著。

在样本期内，A 股收益率由风险分担机制决定了多少？对于符合政策工具购买条件的公司（实验组），在样本期内的平均 $DifCov_A$ 为 0.005 4，股票预期收益率的平均数为 0.005 8，表 5–5 第（Ⅱ）列的 DID 系数为 0.309 7，因此风险分担效应贡献了 0.005 4 × 0.309 7 = 0.001 6 或 0.16% 的股票价格重估。进一步说明，风险分担效应解释了样本期内实验组股票价格重估的 0.001 6/0.005 8 = 28.83%。

对于港股而言，在与世界市场的强联通模式下，政府在完全市场联通的情况下加入了一个限制条件，允许国内投资者投资世界市场，但外国投资者只能持有国内证券的一个子集。第（Ⅲ）列显示交乘项 $DifCov_{(H)i} \cdot Connect_i$ 的系数，即 DID 系数 γ_2 为 3.223 3，在 1% 水平上显著，实证结果初步支持风险分担机制在港股市场的有效性。第（Ⅳ）列是加入了控制变量的回归结果，回归结果显示 DID 系数 γ_2 为 3.262 2，在 1% 水平上显著，证明加入了控制变量后，风险分担机制对实验组股票价格的变动仍产生显著的正向影响，研究假说得到支持。对于港股而言，对于进入“互联互通”名单的股票（实验组），在样本期内的平均 *DifCov* 为 0.001 1，股票预期收益率的平均数为 0.017 2，第（Ⅳ）列的 DID 系数为 3.262 2，因此风险分担效应解释了实验组股票 $0.001\ 1 \times 3.262\ 2 = 0.003\ 6$ 或 0.36% 的股票价格重估。进一步说明，风险分担效应贡献了样本期内实验组股票价格重估的 $0.003\ 6/0.017\ 2 = 20.93\%$。A 股的这一数值是 28.83%。

港股和 A 股的实证检验结果均支持了研究假说，表明了风险分担机制在中国资本账户开放政策中的有效性，同时证实了不同联通程度的市场产生了差异化的风险分担效果，A 股体现出更高的风险分担程度。

二、敏感性分析：替换因变量的应用时间窗口

以下对风险分担机制在 A 股和港股中的有效性进行敏感性分析。因变量 $\Delta\ln\left(Price_i\right)$ 的应用时间窗口分别调整为 [0,+1] 和 [0,+4]，即实验组样本进入“互联互通”合格名单后 2 个月和后 5 个月。表 5–6 报告了敏感性分析的回归结果。

对于 A 股 [0,+1] 窗口的敏感性分析，第（Ⅰ）列显示交乘项 $DifCov_{(A)i}\bullet Connect_i$ 的系数，即 DID 系数 γ_2 为 1.645 0，在 1% 水平上显著。第（Ⅱ）列是加入了控制变量的回归结果，DID 系数 γ_2 为 1.452 6，在 1% 水平上显著。实证结果说明在 [0,+1] 的时间窗口中，风险分担机制对 A 股价格的重估仍产生显著的正向影响。第（Ⅲ）和第（Ⅳ）列是应用 [0,+4] 窗口的敏感性分析结果。第（Ⅲ）列显示交乘项 $DifCov_{(A)i}\bullet Connect_i$ 的系数 γ_2 为 0.474 1，在 1% 水平上显著。第（Ⅳ）列是加入了控制变量的回归结果，交乘项 $DifCov_{(A)i}\bullet Connect_i$ 的系数 γ_2 为 0.347 8，在 1% 水平上显著。

对于港股 [0,+1] 窗口的敏感性分析，第（Ⅴ）列显示交乘项 $DifCov_{(H)i}\bullet Connect_i$ 的系数 γ_2 为 3.151 7，在 1% 水平上显著。第（Ⅵ）列是加入了控制变量的回归结果，DID 系数 γ_2 为 3.080 1，在 1% 水平上显著。实证结果说明在 [0,+1]

表 5-6　敏感性分析：替换因变量的应用时间窗口

变量	A 股				港股			
	[0, +1]		[0, +4]		[0, +1]		[0, +4]	
	（Ⅰ）	（Ⅱ）	（Ⅲ）	（Ⅳ）	（Ⅴ）	（Ⅵ）	（Ⅶ）	（Ⅷ）
Intercept	-0.001	0.295***	-0.005***	0.352***	0.005***	0.095***	0.006***	0.094***
	（-0.81）	（10.57）	（-8.44）	（16.45）	（7.13）	（9.85）	（9.32）	（9.98）
Connect	-0.019***	-0.015***	0.010***	0.016***	0.008***	0.017***	0.013***	0.021***
	（-8.90）	（-6.97）	（8.43）	（12.79）	（3.17）	（6.43）	（5.55）	（8.77）
DifCov	-2.102***	-1.878***	-0.605***	-0.456***	-1.828***	-1.787***	-1.978***	-1.899***
	（-6.81）	（-6.93）	（-5.57）	（-4.97）	（-3.30）	（-3.09）	（-4.22）	（-3.94）
$DifCov_i \cdot Connect_i$	1.645***	1.453***	0.474**	0.348***	3.152***	3.080***	2.713**	2.553**
	（4.43）	（4.40）	（3.48）	（2.97）	（2.72）	（2.64）	（2.33）	（2.18）
ln (*size*)	—	-0.012***	—	-0.016***	—	-0.004***	—	-0.004***
	—	（-9.73）	—	（-16.14）	—	（-9.53）	—	（-9.52）
Turnover	—	-0.063***	—	-0.033***	—	-0.029	—	（0.047）
	—	（-22.10）	—	（-16.82）	—	（-0.85）	—	（-1.55）
SOE	—	0.003**	—	0.001	—	—	—	—
	—	（2.19）	—	（1.58）	—	—	—	—
行业固定效应	Yes	Yes	Yes	Yes	Yes	Yes	Yes	Yes
Adj. R^2	0.008	0.020	0.005	0.025	0.003	0.003	0.002	0.006
样本量	44 312	44 312	44 614	44 614	68 735	68 735	70 114	68 728

注：括号中是参数估计的 t 值，***、** 和 * 分别表示 1%、5% 和 10% 水平上显著。

的时间窗口中，风险分担机制对港股实验组股票价格的重估产生显著的正向影响。第（Ⅶ）列和第（Ⅷ）列是应用 [0,+4] 窗口的敏感性分析结果。第（Ⅶ）列显示 DID 项 $DifCov_{(H)i} \cdot Connect_i$ 的系数 γ_2 为 2.713 4，在 5% 水平上显著。第（Ⅷ）列是加入了控制变量的回归结果，交乘项 $DifCov_{(H)i} \cdot Connect_i$ 的系数 γ_2 为 2.553 4，在 5% 水平上显著。

敏感性分析的实证结果显示出与基准回归一致的结果，即在调整了因变量应用的时间窗口后，实证结论并不受影响，风险分担机制对 A 股和港股的价格重估表现出显著正向的影响。

第六节　实证结论与政策启示

本章考察了中国高水平开放资本账户改革中，风险分担机制在在岸和离岸股票市场的动态联通中发挥的资产定价的作用。利用“互联互通”工具引发的“准实验性”变化，本章发现风险分担机制成为那些符合政策工具购买条件的公司（实验组）价格重估的重要定价机制，这一机制无论是对于与世界弱联通的 A 股，还是与世界强联通的港股而言都有效。股价的调整发生在一段时间内，反映了投资者对市场自由化政策影响的预期。从研究结果来看，中国两个股票市场在风险分担机制的作用下，其股票价格重估与其世界系统性风险敞口成正比，这说明当资本账户开放政策实施后，国内系统性风险有所降低，系统性风险的相关来源转移到世界市场。与资本账户自由化降低系统风险敞口的理论预测一致，本章发现在资本账户开放政策的积极影响下，风险分担程度的增加意味着全球系统性风险敞口的显著减小，因此“互联互通”工具使得 A 股产生了更大的风险分担效果，风险分担机制对 A 股价格重估的贡献力度更大。

严格来说，股价重估衡量的是国内股东实际财富的变化，而不是效用收益本身。但股价重估有一个重要的优势，因为它提供了一个直接的实证检验，证明国际风险分担是产生收益的。本章的证据表明，中国两个市场股票价格的变化，确实传递了资本账户自由化改革时期企业特定风险分担变化的信息。虽然企业风险分担的变化对资产价格很重要，但未来研究的一个重要问题是，企业风险分担变化是否对实物投资也很重要？在开放程度较高的资本市场中，生产型风险的最佳平滑度需要根据系统风险的变化重新分配实物资本。在自由化改革之后，我们应该观察到系统性风险下降的公司投资相对较多，而系统性风险上升的公司投资则相对较少。在所有其他条件相同的情况下，自由化改革后高 DifCov 公司的资本存量增长应比低 DifCov 公司更快。

本章的研究结果表明，中国高水平资本账户开放的政策对两个市场中一部分公司的全球化程度产生了影响。这一影响制造了大量特定于公司的信息，这些信息会对股价产生不同的影响，尤其是流动性和全球风险敞口。将这一影响与中国在岸和离岸股票市场的详细数据相结合，我们可以评估这些变化如何促进（或阻碍）将公司特定信息纳入股价。本章的分析提供了与新兴经济体股票市场的效率及市场在不同联通状态下的股价信息含量相关的进一步证据。

上海证券交易所和深圳证券交易所构成了新兴市场国家中规模最大的证券市场。它经历了无数次剧烈波动的交易期，国内投资者感受到了其一揽子股票投资组合所受到的系统性冲击的全部影响。对于国际投资者而言，中国的平均回报率较高，与世界其他股市的相关性较低（Carpenter 等，2016）。从风险分担的角度来看，高水平资本账户开放的一系列改革措施正朝着健康的方向发展。实证检验的结果反映出中国两个股票市场的有效性，因为系统性风险的降低而成为那些符合政策工具购买条件公司的定价因素。从长远来看，未来更多的资本账户改革措施会通过风险分担机制，推动形成更加多样化的市场组合和投资者池子，并促进市场的更加稳定和繁荣，这也正是中国进行资本账户开放的核心目标之一。

第六章

“非角点解”区间的人民币套息交易

第一节　本章引论

一个国家的资本账户和经常账户之间存在一个隐含关系，发展中国家尤为明显。发展中国家的金融抑制往往为资本流出提供动力，而管制资本流出又会带来高昂的监管成本。此时，对资本账户的管制会带来国内和世界利差的扩大，资本账户开始变得“多孔”（Goodfriend 和 Prasad，2007）。

同时，在汇率尚未实现清洁浮动的情况下开放资本账户，会带来更大的外部风险，因为汇率起不到“减震器”的作用，如果预期或基本面发生变化，资本流动可能加剧，给央行货币政策独立性及外汇管理带来巨大挑战。Aizenman（2008）提出发展中国家以税收征收和执法成本高为特点，选择利用金融抑制作为对储蓄的隐形税收，由此产生的金融抑制为资本流出提供了动力。逃避资本管制的常见行为是，过度发票进口和发票不足出口，这类虚假贸易（fake trade）的规模与经济开放程度成正比。

中国自 2010 年开启离岸人民币的跨境使用，旨在服务人民币国际化的目标。为了推动人民币国际化战略更有效率地达成，而不必等待在岸金融市场改革迎头赶上，人民币离岸平台的建立和深化成为推动人民币国际化成功的关键步骤。由于人民币在岸市场主要受中国国内政策主导，而人民币离岸市场主要采用国际交易规则，受美联储政策影响较大，由此产生了人民币在岸和离岸市场的分割，表现为持续存在利差和汇差，进一步产生了中国离岸和在岸市场之间的货币套息交易。

在人民币国际化离岸开放模式下，当两个市场尚未完全收敛时，离岸和在岸之间的资本控制必然会导致资本账户“多孔”问题的出现，这也可以被看作“三元悖论”框架下“非角点解”区间必然存在的现实问题。人民币经过 10 多年的国际化发展后，两个市场的联通程度越来越高，人民币跨市场溢价可套利区间的收敛速度显著加快，但由于两个市场的分割并未消除，同时也未收敛至接近零，这为人民币套息交易提供了动机。

人民币套息交易的表现形式是极为独特的，其特殊性在于套息交易的发生隐藏在经常账户项下的货物贸易中，并以贸易资金流为掩体来实现金融市场的套息收益。本章的实证研究从人民币离岸和在岸套息交易的现象出发，解释并论证了通过跨境贸易来实现套息交易的逻辑和方法，此时跨境贸易成为一种“掩体”。在样本选择上，本章通过使用贸易、利率和汇率的时间序列数据，以及中国内地和香港地区之间的产品级贸易数据来检验我们的假设。本章识别并实证了由套息交易驱动的虚假贸易的存在，并利用中国内地海关和香港海关报告的产品级数据差异，测算了虚假贸易的规模，及其与套息收益及汇差之间的计量关系。

根据有关“缺损贸易”（missing trade）的学术文献，贸易数据的缺口或差异，可以通过中国内地报告的香港进口（或出口），与香港海关报告的中国内地出口（或进口）之间的差异来衡量（Feenstra 等，1999；Fisman 和 Wei，2004）。本章发现中国内地出口方向上的贸易数据缺口与人民币离岸和在岸之间的远期汇差呈正相关关系，与货币套息收益呈正相关关系。本章的研究结果在总量数据及产品级数据的维度上都是显著的。本章的实证结果对各种扩展和敏感性分析具有稳健性。

由于人民币国际化及相应的资本账户开放进程采用了“三元悖论”框架下的“非角点解”，这种模式在全世界都是非常独特的（相关讨论参见第三章），本章所讨论的人民币套息交易问题具有一定的特殊性，在学术上也具有较大的创新性。

第一，由于中国政府明令禁止跨境套息交易，因此人民币套息交易的实现具有一定的隐蔽性，贸易流和套息资金流初看上去似乎并无直接关联。本章剖析了如何利用在岸和离岸的贸易融资工具及汇率衍生品实现套息交易，这部分内容具有较高的政策参考价值。

第二，本章识别并实证了虚假贸易的存在。由于人民币当前是在岸和离岸的“双重”汇率体系，为了匹配资金流由低价格资金流向高价格资金（人民币多头和美元空头），一个典型的人民币套息交易需要由两个子阶段组成，表现为第一阶段内地贸易商申报进口（对应香港贸易商出口），第二阶段为内地贸易商申报出口（对应香港贸易商进口），反之则不一定成立。因此虚假贸易表现为中国内地海关报告的出口与香港海关报告的进口数据之间的缺口。本章的研究参考了 Liu 等（2022），但研究设定的因变量和自变量有较大不同。Liu 等（2022）识别的贸易类型（即因变量）为复进口（reimport），这是中国较为特殊的一种贸易类型。由于国货复进口中包含内容复杂的要素，其中最主要的是税收因素，因此复进口的变化可能不仅仅受到人民币套息交易的驱动。鉴于此，本章将因变量调整为中国内地和香港地区出口方向的虚假贸易，这使得本章在实证研究的问题识别方面对该研究领域做了一定的扩展。此外，本章将套息收益进一步细分为利差和汇差，并根据现实的交易场景，将汇差因素进一步分离为即期和远期汇差，并实证发现了远期汇差和人民币套息收益之间的计量关系。

第三，和大多数文献不同，本章是从资本账户开放的收益和成本权衡角度来探析人民币套息交易问题。由市场分割导致的人民币套息交易，从实践角度上可以看作改革资本账户的一项阶段性政策成本。这个成本会随着两个市场联通程度的加强而减小。“8·11”汇率改革后的实证证据表明，两个市场的联通程度显著加强，套息收益缩小至不到1%，政策成本得到了有效控制，改革伴随的弊端问题得到了改善。

本章内容组织如下：第一节是本章引论；第二节回顾了相关文献，并阐述了人民币套息交易的机制，同时提供了一些基础事实的描述；第三节描述了数据使用、变量构建和实证方法；第四节报告了实证结果；第五节是本章总结。

第二节　文献回顾

货币市场的套息交易，是指投资者以存款形式持有高利率货币（所谓的“投资货币”），并向低利率货币（称为“融资货币”）进行短期贷款融资，作为购买高利率货币存款资金来源的交易行为。货币套息交易也可以使用货币远期合约来实现。根据无抛补的利率平价理论（UIP），当投资者是风险中性且行为理性时，利率收益的盈利会导致汇率上的贬值，且二者的百分比一样。如果 UIP 成立，则货币套息交易的预期超额收益应该为零。但现实中 UIP 似乎并不成立。在风险中性的世界中，远期汇率应该是未来即期汇率的无偏预测指标，但这一假设在实证检验中一直未得到支持（例如 Rogo，1981；Hansen 和 Hodrick，1981；Cumby 和 Obstfeld，1980；Fama，1984）。越来越多的文献表明，货币套息交易具有统计上和经济上显著的正超额收益（Neely 和 Weller，2013）。

近期的研究和过去的文献结论类似，很多学者指出高利率国家货币的汇率相对于低利率国家而言通常会升值，这样的事实构成了远期汇率偏差之谜。这一“谜团”隐含了一个交易策略，即投资者可以通过做空低利率货币，并在高收益货币中持有多头仓位来进行套息交易。这一观点证实了套息交易的可行性，而且已经成为资产管理行业的一种流行投资策略。

早期文献有一些共同点，它们的主要实证结果建立在1973年布雷顿森林体系解体后，许多国家的货币开始实行浮动汇率的研究样本上。这些早期的文献研究发现，当样本期较短且货币种类有限时，UIP并不成立。研究人员在接下来的一段时间内不断更新样本数量和延长样本期限，有几篇论文甚至试图从遥远的历史中寻找套息交易的证据，例如Lustig和Verdelhan（2007）使用的样本从1953年开始。此外，Lothian和Wu（2011）对两种货币对（美元/英镑和法国法郎/英镑）使用了涵盖两个世纪（1800—1999年）的样本，并认为从长期来看几乎没有证据支持UIP是成立的。其他研究人员也做了类似的研究，如Byers和Peel（1991）、MacDonald和Taylor（1990,1991），他们使用Einzig（1937）记录的1个月和3个月远期价格，以周频率分析了1920—1926年英镑脱离金本位期间的货币远期市场。Accominotti和Chambers（2013）利用1920—1927年以及1932—1939

年 8 种货币远期的月度数据测算了套息交易的盈利能力，并认为在样本期内套息交易是盈利的。Dimson 等（2012）使用了 1900—2011 年 19 种货币的样本，计算出 1900—1950 年套息交易是负超额收益，数值大约为 –0.4%。

尽管上述文献对历史上的套息交易做了研究，但布雷顿森林体系崩溃之前的实证其实很少。诚然，今天的货币市场与 20 世纪初的货币市场在功能和属性上有所不同，但这种差异也许不应该被过分夸大。Einzig（1937）记录了 19 世纪末和 20 世纪初几种活跃的货币远期市场，这些活跃的货币市场与金融全球化盛行时期的特征相一致，同时套息交易在这些时期很活跃。但历史上也出现过几个时期的资本控制，对资本流动的限制使套息交易很难进行，现在的情况也是这样，只要出现资本控制，套息交易的执行就会变得很困难。例如当存在货币兑换限制时，交易不可交割远期合约会面临境外利率与国内利率的不同。Doukas 和 Zhang（2013）的研究结果表明，对于那些必须与不可交割远期合约进行交易的货币，套息交易的回报更大。这也体现出关于货币套息交易研究的一个局限性，即很多文献的研究都省略掉了长样本中存在的资本管制情况。

中国在法律层面上是一个资本管制程度较高的国家，这与中国经济改革发展的路径和历史紧密相关。中国自 1996 年开始逐步放松了对经常账户交易的限制，以促进商品和服务贸易，但对资本账户保持着严格的控制（Wei，2022）。虽然外国直接投资和经常账户交易在中国已基本自由化，但金融组合投资、货币市场和金融衍生品交易仍受到严格控制（Prasad 和 Wei，2007）。这些资本管制措施旨在使中国免受国际金融动荡和外部风险的冲击。控制资本流入原则上可以防止中国金融市场和经济因外资流入过多而过热，控制资本流出可以防止资本大幅外流。Prasad 和 Wei（2007）提供了 1980—2005 年中国资本管制演变的详细讨论。Ma 和 McCauley（2008）发现中国的资本管制具有实质上的约束力，但他们也表明中国的资本管制并非无懈可击。

中国国家外汇管理局对资本账户的交易行为有较严格的管控，但企业仍然可以找到绕过监管的方法（Zhang 和 Balding，2015）。Wei 和 Zhang（2007）测度了因监控非法资本流动相关的虚假贸易而产生的国际贸易管制的成本。Aizenman（2008）表明较低的贸易成本会诱发虚假贸易，从而导致非法资金的流动。按照 Fisman 和 Wei（2004）提出的检测关税漏报的方法，Ferrantino 等（2012）提供了间接证据，表明逃避中国境内资本管制的行为，是中国边境出口少报或美国边境出口多报的驱动因素。Ye 等（2020）利用 2008—2014 年中国月度出口和进口数据（HS–4 位数）表明，与低成本产品相比，高成本产品（价值重量比更高）的贸易对货币套息交易的影响更显著。Wang 等（2021）研究了中国企业如何操纵贸易数据以逃避资本管制，他们的模型预测了双边贸易报告缺口与汇率差之间的相关性。

第三节　研究背景与研究假说

一、研究背景：人民币套息交易发生的机制

在货币套息交易中，投机者通过借入利率较低的货币，然后买入且持有利率较高的货币而获得收益。例如 2018 年以来日元和美元的套息交易，由于日本自 2013 年以来实行大规模的货币宽松政策，并于 2016 年引入负利率政策，日元和主要货币之间的利差逐渐拉大，产生了套息交易的获利空间。世界上大约 40% 的国家对跨境金融交易有限制。一些国家的官方明确禁止利用境内和境外利率差异进行跨境金融交易，中国也在这个行列。然而，由于一些套息交易的收益可观，这使得一些机构和个人试图寻找绕过监管限制的交易机会。

人民币在历史中形成了“一种货币，两个市场”的结构。货币市场方面，由于中国银行体系的金融抑制性，而香港在联系汇率制度下与美联储货币政策的同步性较大，人民币离岸和在岸市场呈现较大的利差。本节在数据的描述性统计中，使用3个月上海同业拆借利率（SHIBOR）和3个月伦敦同业拆借利率（LIBOR）的差距来表征套息交易的利差部分，样本期内最大利差达到4.93%，利差均值为2.05%。如果用中国内地银行理财产品计算存款收益，这个利差可能更大，因此套息机构具有较强的绕过监管进行人民币套息交易的动机。

从套息交易的发生地来看，中国离岸和在岸套息交易主要发生在内地和香港地区之间，尤其是深圳和香港地区之间更甚。有两个因素使得香港成为人民套息交易的“天然牧场”。第一，香港以极高的国际贸易效率和齐全的工具箱，成为中国转口贸易份额最大的地区。内地和香港地区在经济和地理上互相联系，贸易来往密集。第二，中国内地和香港地区于2003年签署了《内地与香港关于建立更紧密经贸关系的安排》（CEPA），取消了大部分原产于两地的商品的关税。与中国内地其他贸易伙伴相比，这些因素降低了香港地区与内地之间通过贸易方式规避资本管制的成本和风险。由于以上因素，中国内地和香港地区之间形成了规模较大的以货物贸易为载体的人民币套息交易。

图 6–1 绘制了 2011—2020 年人民币离岸和在岸市场短期利率和汇率的走势，在岸短期利率使用 3 个月 SHIBOR，离岸短期利率使用 3 个月 LIBOR ；CNH SPOT 和 CNY SPOT 分别为人民币离岸和在岸与美元之间的即期汇率，NDF 和 DF 分别为人民币离岸和在岸与美元之间的远期汇率。从图 6–1 可以观察到，离岸和在岸的短期利差（SHIBOR 和 LIBOR 之间的距离），以及远期汇差（NDF 和 DF 之间的距离）自 2011 年开始逐渐缩小，至 2019 年前后差距最小，表明总体上两个市场逐渐收敛的特征。

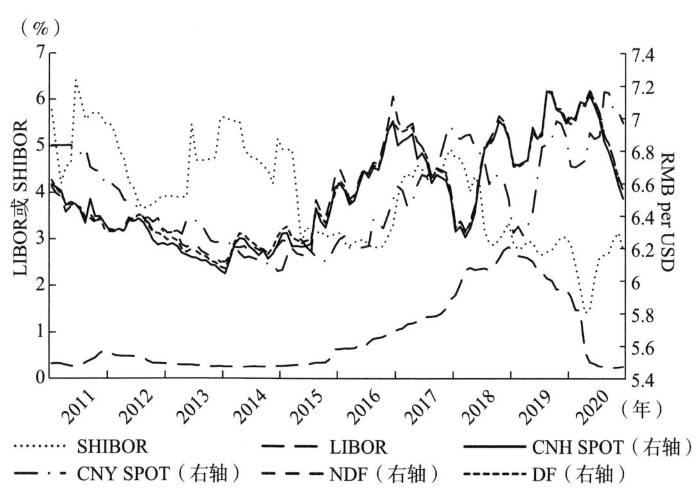

图 6–1　人民币离岸和在岸短期利率、即期汇率和远期汇率走势

二、中国国产货物“复进口”及税收问题的讨论

与人民币套息交易相关的一类贸易是中国国货的“复进口”，是指重新进口已经进入中国内地贸易自由港或物流保税区的中国产品，通俗地讲就是重新进口已经出口的中国产品，复进口主要的发生地是香港地区。Wei 等（2022）在文献中使用了因变量“复进口”，该贸易受到中国税务政策、人民币套息交易、物流费用等因素的复杂影响，占内地和香港地区间贸易总额的极高份额，例如 2018 年复进口贸易规模高达 733.6 亿美元，使得中国成为自己的第七大进口国，这样大规模的复进口在国际上十分罕见。

中国庞大的复进口贸易数据的存在具有一定的历史原因。中国国货复进口规模在 1980 年仅有 0.24 亿美元，主要原因是海外退货。自 1981 年以后，中国为了鼓励出口贸易，调整了对外贸易的税收政策，外贸企业出口的货物如果是原材料、初级制成品、半制成品和零部件，则可以向政府申请拿到出口退税。生产企业再通过加工贸易的方式办理进口，又可以享受到政策上对于关税和增值税的优惠。因此，企业通过复进口形式的“一出一进”，既可以得到出口退税又可以得到增值税减免，成为外贸企业利润的重

要来源。

此外，中国出现复进口现象也是因为加工贸易政策不尽合理。零部件、原材料、初级制成品及半制成品的国内生产企业，通过出口方式可直接获得政策上的出口退税；而购买国内零部件、原材料、初级制成品及半制成品的国内生产加工企业，其成本中已经包含了这些税额，只能在其办理外贸出口的那部分加工制成品中，向国家申请退税而得到补偿。但考虑到国家对加工贸易的进口一直实行减免税收政策，因此从海外进口零部件、原材料、初级制成品及半制成品就可以得到减免税收的优惠。这样一来，国内的零部件、原材料、初级制成品及半制成品通过外贸出口方式，使出口企业获得了政策退税的好处；再利用加工贸易项下的进口方式，使进口企业获得了政策税收减免的好处。

本章的研究假说预测人民币套息收益受到高价值货物的驱动影响更大，也是基于对复进口相关税务问题的考虑。按照中国海关 HS-8 目录的 T14 和 T18[①] 贸易分类，高价值货物包括了较多品类的原材料、零部件、初级形态制成品

---

① T14分类为天然或养殖珍珠、宝石或半宝石、贵金属、包贵金属及其制品；仿首饰；硬币。T18 分类为光学、照相、电影、计量、检验、医疗或外科用仪器设备；钟表；乐器；上述物品的零件。

及半制成品，例如贵金属及其制品等。中国内地进口商在复进口模式中可以享受税收减免优惠，同时内地出口商又可以得到出口退税。此外，高价值货物通常具有单位体积价值较高的特点，减少了运输物流成本。这些因素共同促使高价值货物在中国国货复进口模式下成为套息交易“掩体”的主要形式。

通过以上分析，我们可以看到复进口模式中，伴随着复杂的关于税务安排的考量，人民币套息交易增加了复进口贸易发生的动机，但不一定成为驱动复进口贸易的主要原因。本章将因变量调整为中国内地和香港地区之间的贸易数据缺口（trade data gap）。同时根据缺损贸易的相关文献，该类贸易数据缺口可被看作虚假贸易。虽然现实世界中贸易数据缺口仍然受到复杂的其他因素的影响，但仍是较为“清洁”地衡量由人民币套息交易驱动的虚假贸易的一个优质代理变量。

三、一个典型的人民币套息交易案例：“一日游”

本节首先从一个典型的人民币套息交易的案例出发，来阐释这种交易发生的逻辑和操作方法，然后用计量方法来捕捉贸易行为和套息交易的更一般的计量关系。

中国内地公司A向香港合作伙伴B进口，然后再虚假出口。资金流的方向为香港低息美元流向国内，并沉淀为高息理财产品（或其他高息存款品种）；同时投机机构借助人民币离岸和在岸远期外汇市场的汇差，同时买入期限和金额相同的远期汇率衍生品，套取汇差。

步骤一：中国内地公司A向香港合作伙伴B进口，采用购买理财产品办理远期结汇（DF）并质押开立信用证的方式付汇。例如内地合作伙伴A进口产品需付货款100万美元，假设当天DF汇价为6.5，当天内地银行的理财产品（WMP）收益为5%，则A公司向中国内地银行（信用证开证银行）存入619.05万CNY，同时买入理财产品。中国内地开证银行收到该笔理财资金后，为A公司办理理财产品质押开立国际信用证业务，并开出100万美元的国际信用证给香港银行。

步骤二：香港合作伙伴B公司收到香港银行（信用证通知和议付行）远期信用证后，办理信用证项下贸易融资贷款，同时买入人民币远期无本金交割衍生品NDF。假设香港贸易融资贷款利率为1.5%，3M NDF=6.495，香港B公司可融入98.5万美元。

步骤三：中国内地A公司向香港地区B公司“再出口”，香港B公司支付98.5万美元给内地A公司。内地A公司按照当天汇价（USDCNY=6.5）进行结汇，同时结算汇差收益（DF–NDF=0.5%），得到643.45万CNY。此时内地A公司得到643.45–619.05=24.4万CNY，即A公司套息“一日游”利润为3.94%/天。在2014年高峰期，假设一年可以“兜圈”150次，则年化收益为591%（见图6–2）。

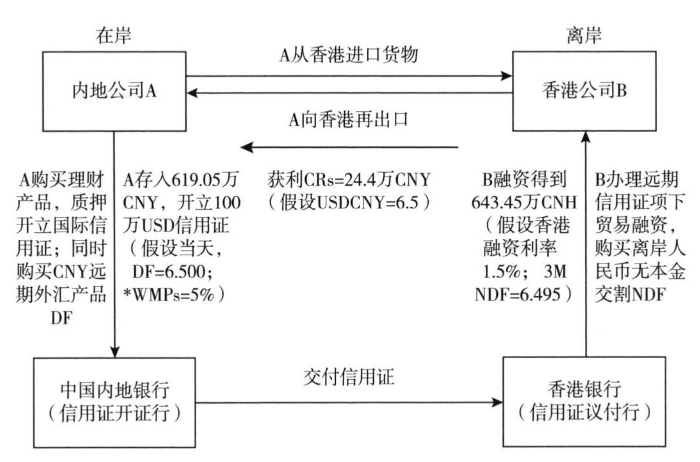

图6–2　人民币套息交易“一日游”的货物和资金的流动路径

注：箭头方向表示资金流动的方向。

四、研究假说

本章实证分析了人民币套息交易和虚假贸易之间的关

系，重点关注人民币套息活动中跨境金融工具的使用，并对结构性突变进行讨论。基于此，本章的研究假说表述如下。

研究假说 1：人民币离岸和在岸正值的套息收益会驱动虚假贸易的发生，套息收益和虚假贸易呈正相关关系，且受到高价值货物的驱动影响更大。

研究假说 2：以人民币离岸和在岸金融工具的使用为前提，受套息资金流方向的驱动，虚假贸易表现为中国内地海关出口方向上的与香港海关数据的缺口。

五、数据使用与变量构造

（一）数据使用

本章使用了中国内地海关 2011 年 1 月 1 日至 2020 年 12 月 31 日的月度贸易总量数据和 HS–8 位数产品级贸易数据，以及香港海关同期月度贸易总量数据和 HS–6 位数产品级贸易数据，产品级贸易数据是可用的分类级别中最高的。

因变量为中国内地和香港地区之间的贸易数据缺口，计算方法为中国内地报告的出口或进口，与香港地区报告的对应方向贸易数据的对数差异，并对贸易成本进行了调整。

关键自变量为度量套息收益的变量 CID_t 和 CR_t，其中因变量 Y_t^{EXP} 和 Y_t^{IMP} 分别由式（6–3）和式（6–4）计算得到，关键自变量 CID_t 和 CR_t 分别由式（6–1）和式（6–2）计算得到。此外，其他解释变量中，本节构造了人民币离岸和在岸即期汇差 *CNH–CNY*，及人民币离岸和在岸远期汇差 *NDF–DF*。人民币在岸和离岸的即期汇率分别使用 USDCNY 和 USDCNH 的月度数据，人民币在岸和离岸的远期汇率分别使用 *DF*（3M）和 *NDF*（3M）数据。在产品级数据的面板回归中，本章构造了中国内地出口方向上高价值货物的贸易数据缺口 $Y_{h,t}^{EXP}$ 和套息收益的交乘项（ $Y_{h,t}^{EXP} \cdot CID_t$ 或 $Y_{h,t}^{EXP} \cdot CR_t$ ），用于检验高价值货物是否更易于引发虚假贸易。

控制变量使用中美通货膨胀率的月度差值（*InflationDiff*）及中国贸易总量的月度增长率（*TradeGrowth*），贸易的计价单位为美元。在稳健性检验中，我们使用了深圳三个主要的保税港贸易数据，分别是深圳福田、沙头角和盐田保税港，深圳坪山综合保税区，深圳前海综合保税区的进口和出口数据。变量构造、数据来源及解释见表 6–1。

表 6–1 数据使用和变量构造

变量名称	变量解释	数据来源
IMP_t^{CN}	中国内地海关报告的以香港为目的地的进口数据（HS–8 位数）	CEIC

续表

变量名称	变量解释	数据来源
EXP_t^{CN}	中国内地海关报告的以香港为目的地的出口数据（HS-8 位数）	CEIC
IMP_t^{HK}	香港海关报告的以中国内地为目的地的进口数据（HS-6 位数）	Comtrade
EXP_t^{HK}	香港海关报告的以中国内地为目的地的出口数据（HS-6 位数）	Comtrade
Y_t^{IMP}	中国内地海关报告的进口方向的贸易数据缺口，为因变量	作者构建
Y_t^{EXP}	中国内地海关报告的出口方向的贸易数据缺口，为因变量	作者构建
CNH–CNY	人民币离岸和在岸即期汇差	Bloomberg
NDF–DF	人民币离岸和在岸远期汇差（3M，同一到期日）	Bloomberg
CID_t	买入且持有型离岸 – 在岸货币套息收益	作者构建
CR_t	日内交割型离岸 – 在岸货币套息收益	作者构建
InflationDiff	中国和美国 CPI 的月度差值	Bloomberg
TradeGrowth	中国贸易总额的月度增长率	Bloomberg
高价值货物品种	T14: 天然或养殖珍珠、宝石或半宝石、贵金属、包贵金属及其制品；仿首饰；硬币	国研网
	T18: 光学、照相、电影、计量、检验、医疗或外科用仪器设备；钟表；乐器；上述物品的零件、附件	国研网
深圳保税区以香港为目的地的出口贸易数据	保税区 – 深圳福田、沙头角、盐田	CEIC
	综合保税区 – 深圳坪山	CEIC
	综合保税区 – 深圳前海	CEIC

注：数据的频率均为月度，样本期为 2011 年 1 月 1 日至 2020 年 12 月 31 日。香港海关报告的以中国内地为目的地的出口数据为直接出口数据，计算时用香港地区和中国内地之间的总出口数据减去香港地区与中国内地之间的再出口数据，即总出口和再出口之间的差值。

（二）关键自变量的构造

本章沿用了经典文献的方法，并调研了中国几家大型银行跨境贸易融资产品的使用情况，然后根据交易类型的不同，构建了两种测度套息收益的计算方法。

第一种是在货币套息过程中买入且持有一段时间的高息理财产品，沿用 Liu、Sheng 和 Wang（2021）的方法，我们用轧平的利率差异 CID_t 来表示，具体为：[①]

$$CID_t = \frac{r_{CN} - r_{US}}{1 + r_{US}} - \frac{F_{t,offshore} - S_{t,offshore}}{S_{t,offshore}} \quad (6\text{–}1)$$

其中中国内地的存款利息用 SHIBOR (r_{CN}) 表示，美元贷款利率用 LIBOR(r_{US}) 表示。离岸人民币远期 F_t 用无本金交割的 NDF 表示，离岸人民币即期汇率 S_t 为 USDCNH。根据定义，如果 CID_t 为正数，表示买入人民币在岸资产是有利可图的，这会导致资本从香港市场的流入。

本节构建的第二种衡量货币套息交易的方法是模拟了日内交割的高频套息交易类型。和第一种方法不同，套息机构并不会持有高息资产一段时间，而是在短期（或日内）

① 根据 Wind 数据统计，中国 2010 年理财产品的均值为 5%。

快速交割，如本章介绍的“一日游”场景。在汇率市场上，套息机构会利用人民币远期衍生品锁定汇差，即买入相同期限、相同到期日的在岸人民币汇率远期衍生品和离岸人民币汇率远期无本金交割衍生品。由于人民币远期产品之间存在汇差，因此套息交易机构会获得无风险汇差收益。我们将此表示为 CR_t ①，具体为：

$$CR_t = \frac{r_{CN} - r_{US}}{1 + r_{US}} + \frac{|F_{t,offshore} - F_{t,onshore}|}{S_{t,offshore}} \qquad (6\text{-}2)$$

（三）因变量的构造：贸易数据缺口

香港地区被公认为中国内地第三大贸易伙伴，仅次于欧盟和美国。特别是在我们的样本期间内，香港地区与中国内地的直接贸易增长了约 50%，使香港地区和中国内地的贸易量与 2016 年中美贸易量持平。中国内地和香港地区之间的人民币套息交易通过多报出口和进口贸易来实现。与此同时，中国内地和香港地区之间巨大的贸易数据差异，引起

① 当套息交易中买入同期限同金额的DF和NDF产品后，若DF>NDF，套息机构选择在中国内地进行美元结汇；若 DF<NDF，套息机构选择首先在香港地区将美元兑换为人民币，然后将 CNH 结转到中国内地，因此第二项的分子取绝对值。

了政策制定者和媒体的高度关注，因为进出口企业有可能通过虚假贸易来逃避资本管制。我们的数据只考虑中国内地和香港地区的直接贸易。对于中国内地的贸易数据，仅包括指定香港为目的地的进出口数据（数据来源为 CEIC 数据库）。对于香港海关报告的数据，由于该数据通常包括香港地区和中国内地之间的总贸易数据和再出口贸易数据（数据来源为 Comtrade 数据库），直接贸易定义为总贸易数据和再出口贸易数据的差值（即香港直接出口 = 香港总出口 – 香港再出口）。套息机构为了躲避资本管制，利用跨境贸易融资工具将跨境资金流隐藏在贸易流之下，由此导致了过度报告的出口或进口贸易。这种类型的跨境贸易具有“掩体”的作用，依据“缺损贸易”的学术文献，该类贸易可被看作虚假贸易。本章用实证的方法识别了虚假贸易的存在和类型。

为了衡量规避资本管制的可能虚假贸易，本章参考 Liu、Sheng 和 Wang（2021）构造因变量的方法，将虚假贸易定义为中国内地报告的出口或进口与香港地区报告的对应方向贸易数据的对数差异，并对贸易成本进行了调整。本章首先计算了中国内地和香港地区之间海关申报贸易数据的缺口，然后根据资金必须由低息货币流向高息货币的特点，用计量的方法测度人民币套息收益和虚假贸易的相关性。本章认为中国内地和香港地区之间的出口贸易缺口是虚假贸易的主要形式，表现为中国海关记录了中国内地向香港地区出口的数据，但香港海关没有记录相应的进口数据，反映出中国内地出口方向上的贸易数据缺口。外贸实务中表现为中国贸易商第一阶段先申报进口并开立信用证，然后第二阶段申报出口和收取贸易货款并办理结汇。

与此同时，我们也计算了中国内地进口方向的虚假贸易，并计量回归了该虚假贸易和套息收益之间的关系。我们不认为中国内地进口方向的贸易数据缺口是和人民币套息交易高度相关。从现实实践出发，我们认为其中的原因是，套息交易必须借助跨境贸易融资类金融工具，才能最终实现套息收益，并且资金流必须是由低息货币流向高息货币，中国内地进口方向的贸易流无法同时满足这两个条件。首先，香港贸易伙伴需要从香港银行贷出美元，这需要一定的信用资质门槛，实务中是以中国内地银行开出的信用证为信用背书条件。而信用证的开出需要中国内地的贸易商先申报真实的进口（信用证要求必须单证相符）。其次，低息美元流向中国内地转变为高息理财产品，由于香港没有外汇管制，香港贸易商无须向海关申报进口也可将美元汇出，但中国内地贸易商需要申报出口才能完成结汇。

因此，这样的交易结构理论上会造成中国内地出口方向与香港地区进口方向之间的贸易数据缺口，但不会造成中国内地进口方向和香港地区出口方向的数据缺口。值得注意的是，在数据中我们仍能观察到后者贸易数据缺口的存在，但不认为这和套息交易有直接的高度相关性。

因变量的构造公式如下，其中式（6–3）是中国内地与香港地区出口方向的贸易数据缺口的计算公式，式（6–4）是二者之间进口方向贸易数据缺口的计算公式。

$$Y_t^{EXP} = 100 \bullet \left\{ \ln[EXP_t^{CN}(1+CIF)] - \ln(IMP_t^{HK}) \right\} \quad (6\text{–}3)$$

$$Y_t^{IMP} = 100 \bullet \left\{ \ln\left(IMP_t^{CN}\right) - \ln\left[EXP_t^{HK}\left(1+CIF\right)\right] \right\} \quad (6\text{–}4)$$

其中，EXP_t^{CN} 和 IMP_t^{CN} 分别是中国海关报告的向香港地区出口和从香港地区进口的贸易数据，IMP_t^{HK} 和 EXP_t^{HK} 分别是香港海关报告的直接从中国内地进口和直接向中国内地出口的贸易数据。根据相关文献的方法［例如 Cheung 等（2016）］，此处包含 10% 的固定成本、保险和运费（CIF）。当从中国内地至香港地区的出口数据被高报时，Y_t^{EXP} 为正数，低报时为负数。Y_t^{IMP} 也是一样。高报出口数据会使得资本从香港地区向中国内地流动，而高报进口数据则使得资本流向香港地区。

表 6–2 报告了变量的描述性统计结果。汇总统计数据

表 6-2　变量描述性统计

变量	样本量	平均数	最小值	最大值	标准差	单位
Y_t^{EXP} 出口数据缺口	2 377	26.03	–44.63	75.10	16.00	—
Y_t^{IMP} 进口数据缺口	2 377	–133.05	–339.80	123.15	85.75	—
EXP_t^{CN} 内地出口数据	2 377	25 844.68	10 175.05	48 351.25	5 949.77	百万 USD
IMP_t^{CN} 内地进口数据	2 377	1 032.75	282.91	2 603.30	474.35	百万 USD
EXP_t^{HK} 香港地区出口数据	2 377	3 546.03	–20 342.97	28 068.43	4 250.59	百万 USD
IMP_t^{HK} 香港地区进口数据	2 377	21 652.79	12 518.47	46 418.53	3 759.38	百万 USD
$Y_{h,t}^{exp}$ 高价值出口贸易缺口	216	70.09	–53.23	9 449.54	349.16	百万 USD
*SHIBOR*_3M	120	3.90	1.40	6.39	1.07	%
*LIBOR*_3M	120	0.89	0.22	2.81	0.81	%
USDCNH_ SPOT	120	6.52	6.04	7.16	0.31	—
USDCNY_ SPOT	120	6.50	6.05	7.16	0.29	—

续表

变量	样本量	平均数	最小值	最大值	标准差	单位
NDF_3M	120	6.55	6.11	7.17	0.31	—
DF_3M	120	6.54	6.07	7.16	0.30	—
CID_t	120	2.06	0.04	4.94	1.35	—
CR_t	120	2.07	0.04	4.94	1.35	—
CNH–CNY	120	0.02	–0.62	0.53	0.28	—
NDF–DF	120	0.01	–0.10	0.16	0.04	—
InflationDiff	120	0.79	–1.94	3.27	1.08	%
TradeGrowth	120	0.01	–0.40	—	—	—

是根据中国内地海关和香港海关的数据计算得出的，这些数据也将用于表 6–3 至表 6–9 的回归。完整样本区间为 2010 年 1 月 1 日至 2020 年 12 月 31 日。平均而言，中国内地过度报告了内地与香港地区之间出口贸易缺口 Y_t^{EXP} 均值的 33%，贸易数据缺口的月度波动也相当剧烈。Y_t^{EXP} 的标准差是 16%，Y_t^{IMP} 的标准差是 85%。在我们的样本区间内，香港地区和中国内地的贸易规模与美国和中国内地的贸易规模趋同。然而，中国内地和美国之间的贸易数据缺口要小得多，其中 Y_t^{EXP} 均值是 –13%，Y_t^{IMP} 均值是 17%。同时中国和美国之间贸易的波动也较小，标准差分别为 10% 和 15%。

第四节　计量模型设定与实证结果分析

为了从直观上展示本章的实证策略，我们首先以图 6–3 说明人民币套息收益和三个变量之间的相关性，分别是：（1）中国内地与香港地区出口方向的贸易数据缺口；（2）两地之间出口方向的高价值货物贸易的数据缺口；（3）出口方向的低价值货物贸易的数据缺口。如图 6–3 所示，出口方向的总量贸易数据缺口与人民币套息活动密切相关，同时高价值货物的贸易数据缺口显示出更高的相关程度。

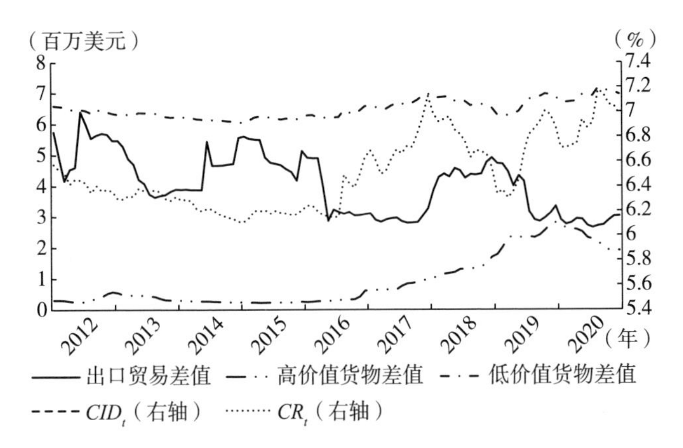

图 6-3 贸易缺口与套息收益的关系

一、基准模型设定：总量数据

本节构建的基准模型如下：

$$Y_t^{EXP/IMP}=\alpha+\beta_1 D_t+\beta_2 CarryTrade_t+X_t\theta+\varepsilon_t \quad (6\text{-}5)$$

$Y_t^{EXP/IMP}$是中国海关报告的出口（进口）方向贸易数据缺口的总量数据，即不按照产品种类统计的贸易缺口的总量数据；D_t是人民币离岸和在岸的汇差，分为即期汇差和远期汇差；$CarryTrade_t$是测度人民币套息收益的变量，分别用CID_t及CR_t进行回归；X_t是影响贸易差值的其他控制变量，例如中美通货膨胀率差值、中国贸易总额月度增长率等。

本章所构建的套息收益率，反映了人民币离岸和在岸市场中美元和人民币利率和汇率的相对变化。本节首先使用了时间维度的总量数据进行回归，然后使用高度分散的产品层面的数据进行回归，因此从每种产品的角度来看，利率和汇率都是经济范围内的变量，可以被视为外生变量。与此同时，本章调查了一个可能的内生性问题，并使用中美货币供应量增长率之间的差异（M2*Diff*）作为 $CarryTrade_t$ 的 *IV*。本章发现，中国内地金融市场利率的变化（定义为 *SHIBOR*_3M）与中国 M2 增长（3 个月期间 M2 的对数差异）负相关。正如预期的那样，虽然美国联邦基金利率的变化与美国 M2 增长无关，可能是因为美国在 2008 年金融危机后已经进入了“零下限”时代或“流动性陷阱”。尽管如此，相对货币增长仍是 CID_t 和 CR_t 有力的预测因子。实证中也考虑了 CID_t 和 CR_t 的滞后项。假设当套息机构观察到套息收益后，做出套息交易的决定，而且根据前述对套息交易模式的分析，企业先申报进口，再申报出口，则出口贸易缺口就很可能与套息收益的滞后项有关。

二、基准模型回归结果：出口方向的总量数据

表 6–3 报告了以中国内地海关统计的内地与香港地区

之间的出口贸易数据缺口的时间序列为因变量的回归结果。样本区间为2010年1月1日至2020年12月31日。*CHN–CNY*和*NDF–DF*分别为人民币离岸和在岸的即期和远期汇差。CID_t及CR_t为人民币套息收益变量。*InflationDiff*为中美通货膨胀率差值，*TradeGrowth*为中国贸易总额月度增长率。M2*Diff*为中美货币供应量增长率之间的差值。变量的构造方法见表6–1。$Lagged_Y(EXP)$为因变量的滞后一期变量；$Lagged_CID_t$和$Lagged_CR_t$分别为CID_t及CR_t的滞后一期变量。第（Ⅰ）列报告了OLS回归的结果，套息收益分别用CID_t和CR_t单独回归；第（Ⅱ）列使用中国与美国的相对货币供应量，以及套息收益CID_t和CR_t的滞后变量作为*IV*的2SLS回归。

表6–3中OLS回归结果显示，套息收益变量CID_t和CR_t与因变量均在1%显著性水平上呈正相关关系。在2SLS回归中，以套息收益CID_t和CR_t的滞后变量及中美货币供应量增长率之间差值M2*Diff*作为*IV*，回归结果均在1%显著性水平上呈正相关关系。人民币远期汇差$NDF-DF$在所有回归中均与因变量在1%显著性水平上呈正相关关系。

表 6-3　基准模型回归结果：出口方向总量数据

变量	（Ⅰ）		（Ⅱ）		
	（1）	（2）	（3）	（4）	（5）
	OLS		2SLS		
CNH–CNY	0.004 （0.072）	0.003 （0.069）	0.329*** （3.220）	0.010 （0.208）	0.010 （0.204）
InflationDiff	–0.012 （–1.014）	–0.012 （–1.007）	–0.055** （–2.571）	–0.009 （–0.780）	–0.009 （–0.774）
TradeGrowth	0.209** （2.479）	0.209** （2.482）	0.246** （1.719）	0.243*** （2.896）	0.243*** （2.898）
NDF–DF	0.953*** –2.753	0.945*** –2.735	2.298*** （3.628）	0.789** （2.257）	0.783** （2.243）
CID_t	0.069*** （6.215）	—	—	—	—
CR_t	—	0.069*** （6.227）	—	—	—
IV=M2*Diff*	—	—	0.231*** （6.704）	—	—

续表

变量	（Ⅰ）		（Ⅱ）		
	（1）	（2）	（3）	（4）	（5）
	OLS		2SLS		
Lagged_Y（*EXP*）	—	—	—	0.225** （2.454）	0.225** （2.444）
$Lagged\_CID_t$	—	—	—	0.058*** （4.414）	—
$Lagged\_CR_t$	—	—	—	—	5.811*** （4.422）
样本量	119	119	117	117	117
Adj. R^2	0.292	0.293	0.142	0.254	0.327

注：括号中是参数估计的 *t* 值，***、** 和 * 分别表示 1%、5% 和 10% 的显著性水平。

三、基准模型回归结果：进口方向的总量数据

根据本章对套息交易发生的资金流向的分析，套息交易的实现必须借助跨境贸易融资类金融工具，并且资金流动的方向必须是由低息货币流向高息货币，因此理论上中国内地进口方向的贸易数据缺口并不满足套息交易所需的条件。

为了验证这个预测，本章使用中国内地和香港地区之间进口贸易数据缺口的总量数据作为因变量进行回归，来验证其与人民币套息收益之间的关系。表 6–4 报告了以中国内地和香港地区之间总量维度的进口贸易数据缺口为因变量的回归结果。自变量的使用同表 6–3，变量的定义和解释见表 6–1，样本区间为 2010 年 1 月 1 日至 2020 年 12 月 31 日。其中因变量 Y_t^{IMP} 是中国内地和香港地区之间的进口贸易数据缺口。第（1）（2）列是 OLS 回归，第（3）（4）列是以套息收益滞后一期为 *IV* 的 2SLS 回归。

表 6–4　基准模型回归结果：进口方向总量数据

变量	（Ⅰ）		（Ⅱ）	
	（1）	（2）	（3）	（4）
	OLS		2SLS	
CNH–CNY	0.179 （0.548）	0.179 （0.549）	0.147 （0.443）	0.147 （0.444）

续表

变量	（Ⅰ）		（Ⅱ）	
	（1）	（2）	（3）	（4）
	OLS		2SLS	
InflationDiff	0.229*** （2.920）	0.229*** （2.921）	0.248*** （3.045）	0.248*** （3.046）
TradeGrowth	−0.023 （−0.041）	−0.023 （−0.041）	−0.038 （−0.067）	−0.038 （−0.067）
NDF−DF	−1.779 （−0.798）	−1.773 （−0.796）	−1.763 （−0.765）	−1.758 （−0.764）
CID_t	−0.712 （−0.934）	—	—	—
CR_t	—	−0.072 （−0.937）	—	—
Lagged_Y(IMP)	—	—	−0.126 （−0.203）	−0.124 （−0.200）
$Lagged\_CID_t$	—	—	−0.063 （−0.676）	—
$Lagged\_CR_t$	—	—	—	−0.063 （−0.678）
样本量	106	106	120	120
Adj. R^2	0.050	0.050	0.049	0.049

注：括号中是参数估计的 t 值，***、** 和 * 分别表示 1%、5% 和 10% 的显著性水平。

表 6–4 的回归结果显示套息收益 CID_t 和 CR_t 前的回归系数不显著，说明人民币套息收益与中国内地进口方向的贸易数据缺口之间没有显著的影响关系。这与从套息交易实务分析所做出的预测相一致。此外，从实践角度值得进

一步提及的是，在数据中我们仍能观察到中国内地进口方向的贸易数据缺口的存在，我们认为可能存在其他因素造成了这样的数据缺口，不能证明这是由套息交易直接驱动的。作者将在后续的扩展研究中继续关注这个影响因素。实证的结果支持研究假说 2，即以人民币离岸和在岸金融工具的使用为前提，受套息资金流动方向的驱动，虚假贸易表现为中国内地海关出口方向上的与香港海关数据的缺口。

四、拓展模型设定和回归结果：产品级数据

本节构建的拓展模型如下：

$$\begin{aligned} Y_{i,t}^{EXP} &= \alpha + \beta_1 D_t + \beta_2 CarryTrade_t \\ &+ \beta_3 \left(D_t \bullet Y_{h,t}^{EXP} \right) + X_{i,t}\theta + \varepsilon_{i,t} \end{aligned} \tag{6-6}$$

在拓展模型的回归中，本节使用了中国内地海关和香港海关出口贸易数据的 HS-8 和 HS-6 产品级贸易缺口数据。两者都是可用的分类级别中最高的。式（6-6）中 $Y_{i,t}^{EXP}$ 是中国内地和香港地区之间产品级别的出口贸易数据缺口，$Y_{h,t}^{EXP}$ 是高价值货物出口方向的贸易数据缺口。回归中引入货币套息收益和高价值货物出口方向贸易数据缺口的交乘项。

样本区间为 2010 年 1 月 1 日至 2020 年 12 月 31 日。

$CNH-CNY$ 为人民币离岸和在岸的即期汇差；$NDF-DF$ 为人民币离岸和在岸的远期汇差；CID_t 及 CR_t 为人民币套息收益变量；$HighValue \cdot CID_t$ 和 $HighValue \cdot CR_t$ 分别为货币套息收益和高价值货物贸易数据缺口的交乘项；$InflationDiff$ 为中美通货膨胀率差值；$TradeGrowth$ 为中国贸易总额月度增长率。M2$Diff$ 为中美货币供应量增长率之间的差值。变量的构造方法见表 6–1。$Lagged\_Y(EXP)$ 为因变量的滞后一期变量；$Lagged\_CID_t$ 和 $Lagged\_CR_t$ 分别为 CID_t 及 CR_t 的滞后一期变量；$Lagged\_HighValue \cdot CID_t$ 和 $Lagged\_HighValue \cdot CR_t$ 分别为 $Y_{h,t}^{EXP}$ 的滞后一期与人民币套息收益变量的交乘项。第（Ⅰ）列为 OLS 回归的结果；第（Ⅱ）列为 2SLS 回归。回归结果显示高价值货物对出口方向虚假贸易的影响更大。面板回归均包含时间和 HS–8 产品的固定效应。回归结果如表 6–5 所示。

表 6–5 第（Ⅰ）列报告了 OLS 回归的结果，第（Ⅱ）列报告了 2SLS 回归的结果。实证检验中重点关注交乘项的系数，即套息收益与高价值货物之间，与出口方向的贸易数据缺口的交乘项（表示为 $HighValue \cdot CID_t$ 和 $HighValue \cdot CR_t$）。OLS 回归结果显示，该交乘项与因变量在 1% 的显著性水平上呈正相关关系。当采用中美货币增长

表 6–5　拓展模型回归结果：产品级数据

变量	（Ⅰ）		（Ⅱ）		
	（1）	（2）	（3）	（4）	（5）
	OLS		2SLS		
CNH–CNY	18.701* （1.669）	18.692* （1.669）	82.560*** （5.088）	26.369** （2.485）	25.358** （2.484）
NDF–DF	49.570*** （0.748）	48.893 （0.739）	304.085*** （3.642）	–14.197 （–0.223）	–14.587 （0.229）
InflationDiff	1.138 （0.383）	1.142 （0.384）	–4.869 （–1.455）	0.519 （0.170）	0.524 （0.171）
TradeGrowth	36.154* （1.906）	36.167* （1.907）	45.133** （2.229）	42.392** （2.182）	42.403** （2.183）
CID_t	4.249* （1.768）	—	—	—	—
$HighValue \cdot CID_t$	12.693*** （3.598）	—	—	—	—
CR_t	—	4.245* （1.770）	—	—	—
$HighValue \cdot CR_t$	—	12.657*** （3.600）	—	—	—

续表

变量	（Ⅰ）		（Ⅱ）		
	（1）	（2）	（3）	（4）	（5）
	OLS		2SLS		
IV	—	—	34.937*** （5.589）	—	—
HighValue•*IV*	—	—	38.384*** （6.290）	—	—
$Lagged\_HighValue \cdot CID_t$	—	—	—	27.341*** （7.612）	—
$Lagged\_HighValue \cdot CR_t$	—	—	—	—	27.274*** （7.619）
Lagged_Y（*EXP*）	—	—	—	−0.281*** （−10.767）	−0.281*** （−10.771）
样本量	1 851	1 851	1 851	1 670	1 670
Adj. R^2	0.009	0.009	0.123	0.076	0.076

注：括号中是参数估计的 *t* 值，***、** 和 * 分别表示 1%、5% 和 10% 的显著性水平。

率之差，以及作为 IV 的交乘项（套息收益滞后变量与出口方向的贸易数据缺口的交乘项）的 2SLS 回归，回归结果依然在 1% 的显著性水平上呈正相关关系。此外，远期汇差 $NDF-DF$ 在全部自变量同周期的回归中显著［第（1）（2）（3）列］，在 1% 显著性水平上与因变量呈正相关关系，这与使用总量数据回归的结论相同，说明人民币离岸和在岸远期汇差的增加会驱动出口方向虚假贸易的增长。实证结果支持本章的研究假说 1，即人民币离岸和在岸正值的套息收益会驱动虚假贸易的发生，套息收益和虚假贸易呈正相关关系，且受到高价值货物的驱动影响更大。

五、稳健性检验

人民币套息交易发生在深圳和香港地区之间的规模较大，其中的原因包括两地之间存在运输成本优势，以及深港两地离岸金融产品具有跨境的特点等。举例而言，深圳前海自贸区可为企业开通 NRA 账户[①]，其包含的自动结汇

① 国家外汇管理局于2009年7月13日发布《国家外汇管理局关于境外机构境内外汇账户管理有关问题的通知》，允许境内银行为境外机构开立境内外汇账户，即 NRA 账户。

功能可以极大地便利跨境货币兑换。本节使用深圳以公路运输为主的三个保税区数据进行稳健性检验，因变量为深圳三个保税区域 2011—2020 年以香港地区为目的地的出口数据，三个保税区分别为深圳福田、沙头角、盐田保税区，深圳坪山综合保税区，深圳前海综合保税区。样本区间为 2010 年 1 月 1 日至 2020 年 12 月 31 日。自变量的使用同表 6–3，变量的构造方法见表 6–1。回归方法采用 OLS，自变量的使用和基准模型中相同，稳健性检验的回归结果见表 6–6。

表 6–6 的回归结果显示，样本期内深圳及其辖区内三个保税区以香港地区为目的地的贸易数据，均和套息收益呈正相关关系，显著性水平为 1%。由此，实证结果支持套息收益和出口方向的虚假贸易的呈正相关关系，稳健性检验的实证结论与基准及拓展模型的实证检验结论一致。

六、结构性分析与实证检验

2015 年 8 月 11 日，中国人民银行实行了一项重要的汇率改革措施，以使中国的汇率制度更加市场化（详细讨论参见第一章第二节）。2015 年 8 月 11 日汇改后，人民币离

表 6-6　稳健性检验回归结果

变量	深圳出口（OLS）							
	（Ⅰ）		（Ⅱ）		（Ⅲ）		（Ⅳ）	
	深圳总值		保税区 - 深圳福田、沙头角、盐田		综合保税区 - 深圳坪山		综合保税区 - 深圳前海	
	（1）	（2）	（3）	（4）	（5）	（6）	（7）	（8）
CNH–CNY	−1.984 （−0.134）	−1.981 （−0.144）	0.371 （0.039）	0.369 （0.039）	3.473*** （4.879）	3.473*** （4.883）	0.027 （0.078）	0.030 （0.087）
NDF–DF	299.681*** （3.132）	298.515*** （3.124）	174.166*** （2.633）	173.399*** （2.625）	3.647 （0.739）	3.573 （0.725）	0.945 （0.394）	1.002 （0.418）
InflationDiff	−8.371** （−2.547）	−8.360** （−2.546）	−2.058 （−0.906）	−2.050 （−0.903）	−0.172 （−1.104）	−0.171 （−1.100）	−0.173** （−2.101）	−0.174** （−2.112）
TradeGrowth	103.669*** （4.427）	103.707*** （4.427）	42.328** （2.614）	42.352** （2.616）	3.659*** （3.029）	3.661*** （3.032）	0.721 （1.229）	0.72 （1.227）
CID_t	11.457*** （3.715）	—	7.424*** （3.482）	—	0.702*** （4.416）	—	−0.424*** （−5.482）	—
CR_t	—	11.465*** （3.726）	—	7.428*** （3.491）	—	0.703*** （4.427）	—	−0.422*** （−5.470）
样本量	120	120	120	120	120	120	120	120
Adj. R^2	0.246	0.247	0.135	0.136	0.235	0.236	0.328	0.327

注：括号中是参数估计的 t 值，***、** 和 * 分别表示 1%、5% 和 10% 的显著性水平。

岸和在岸的价差显著收窄。表 6–7 报告了汇改前后的样本描述性统计。3 个月 SHIBOR 和 LIBOR 的价差由 2015 年 8 月前的均值 4.328%，缩小至 2015 年 8 月后的均值 1.857%；人民币远期汇率 3 个月 *NDF–DF* 价差均值由 –0.011 转变为 0.020，且方向发生转变，离岸市场远期汇价升水提高，表现出人民币趋势性升值的方向发生逆转。人民币即期汇差 *CNH–CNY* 也呈现出相似的情况，即期汇差均值由 –0.112 转变为 0.132，方向也发生转变。套息收益 CID_t 和 CR_t 显著收窄，2015 年汇率改革前套息收益均值在 3.3% 附近，到了 2015 年 8 月后只有不到 1%，最小值只有 0.04%。基于 2015 年汇改后，人民币离岸和在岸套息空间显著减小的事实，我们预测由套息活动驱动的出口方向的虚假贸易也会相应减少。

本节在接下来的内容中，首先使用总量产品维度的时间序列数据，然后使用中国 HS–8 和香港 HS–6 产品维度的数据来验证上述结构性突变的假设。相应地，我们也用了 CID_t 和 CR_t 的滞后项作为 *IV*，并利用 2SLS 进行回归。*IV* 变量分别为中国总贸易数据的月度增长率以及中美通货膨胀率之差，变量定义和解释见表 6–1。需要注意的是，此处不使用中美货币供应量增长率 M2% 之差作为 *IV*，因为

“8・11”汇改后数据发生结构性转变，中美货币政策发生分化，二者相关性有所降低，不能作为有效的 *IV*。

表 6-7　以“8・11”汇改为时间断点的变量描述性统计

变量	2015 年 8 月 11 日前			2015 年 8 月 11 日后		
	平均数	最小值	最大值	平均数	最小值	最大值
SHIBOR–LIBOR（3M）（%）	4.328	2.580	6.146	1.857	0.136	3.354
CNH–CNY（SPOT）	–0.112	–0.451	0.299	0.132	–0.624	0.526
NDF–DF（3M）	–0.011	–0.099	0.069	0.020	–0.012	0.157
NDF–DF（3M）	3.315	2.018	4.936	0.970	0.037	2.351
CID_t（3M）（%）	3.322	2.022	4.935	0.979	0.040	2.359

注：全样本区间为 2011 年 1 月 1 日至 2020 年 12 月 31 日；结构分析以 2015 年 8 月 11 日为断点分为前后两个子样本。*SHIBOR–LIBOR*（3M）表示 3 个月产品期限的 SHIBOR 和 LIBOR 间的利差；*CNH–CNY*（SPOT）表示人民币兑美元的即期汇差；*NDF–DF*（3M）表示人民币和美元间 3 个月远期汇差；CID_t 和 CR_t 为表示套息收益的变量。变量的解释见表 6–1。***、** 和 * 分别表示 1%、5% 和 10% 的显著性水平。

为了从直观上体现出“8・11”汇改前后数据的结构性变化，我们首先计算了汇改前后数据的统计指标，然后用绘图的方式（见图 6–4）展现人民币离岸和在岸市场的利差和汇差趋势。其中点线代表 3 个月 *SHIBOR–LIBOR* 的趋势性转变。

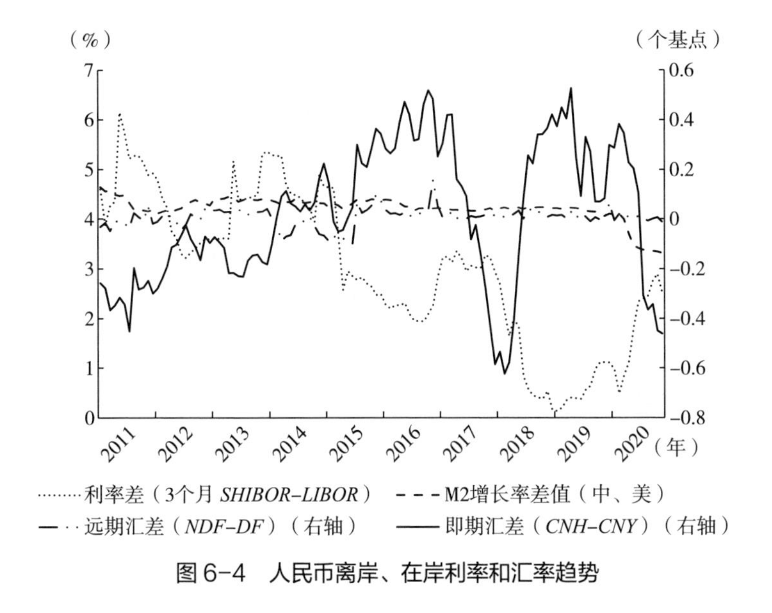

图 6–4 人民币离岸、在岸利率和汇率趋势

（一）结构性分析：总量数据回归结果

表 6–8 报告了在 2015 年 9 月至 2020 年 12 月样本区间内，使用中国内地和香港地区之间出口贸易缺口的总量数据作为因变量的回归结果。第（1）（2）列报告了 OLS 回归结果，第（3）（4）列报告了用套息收益 CID_t 和 CR_t 的滞后一期变量作为 *IV* 的 2SLS 回归。自变量的使用同表 6–3，变量的构造方法见表 6–1。

表 6-8　使用总量数据的结构性回归结果

变量	（Ⅰ）		（Ⅱ）	
	（1）	（2）	（3）	（4）
	OLS		2SLS	
CNH–CNY	–0.077 （–1.211）	–0.077 （–1.211）	–0.081 （–1.244）	–0.082 （–1.246）
InflationDiff	0.003 （–0.170）	0.003 （0.170）	0.001 （0.073）	0.001 （0.073）
TradeGrowth	0.220** （1.913）	0.220** （1.913）	0.207 88** （1.702）	0.207** （1.703）
NDF–DF	1.985*** （2.812）	1.981*** （2.802）	2.064*** （2.760）	2.060*** （2.751）
CID_t	0.022 （0.821）	—	—	—
CR_t	—	0.023 （0.815）	—	—
Lagged_Y（*EXP*）	—	—	–0.044 （–0.334）	–0.044 （–0.334）
$Lagged\_CID_t$	—	—	0.020 （0.669）	—
$Lagged\_CR_t$	—	—	—	0.020 （0.663）
样本量	64	64	63	63
Adj. R^2	0.119	0.119	0.101	0.100

注：括号中是参数估计的 *t* 值，***、**、* 分别表示 1%、5% 和 10% 的显著性水平。

在两种计量方法中，远期汇差 *NDF–DF* 对因变量的影响，均在 1% 的水平上显著。但套息收益 CID_t 和 CR_t 对因变量的影响都不显著，这意味着伴随着“8·11”汇改以来对套息收益的收缩效应，套息收益和出口方向的虚假贸易之间的总体影响关系已经消失，人民币套息收益已经不再驱动虚假贸易的发生，体现出两个市场联通程度的加强对经济的积极作用。

（二）结构性分析：产品级数据

表 6–9 报告了使用“8·11”汇改后中国内地和香港地区产品级出口贸易缺口的面板数据作为因变量的回归结果，样本区间为 2015 年 9 月至 2020 年 12 月。自变量的使用同表 6–3，变量的定义和解释见表 6–1。第（1）（2）列报告了 OLS 回归结果，第（3）（4）列报告了用套息收益的滞后一期变量作为 *IV* 的 2SLS 回归，面板数据的回归中引入了套息收益 CID_t 和 CR_t 与高价值货物的交乘项，是回归分析主要关注的自变量。在 OLS 回归中，套息收益 CID_t 和 CR_t 回归系数不显著，但其与高价值货物交乘项的回归系数显著。这表明“8·11”汇改后，对于所有货物贸易的平均水平而言，套息收益已经不再成为因变量的驱动因素，但套息活动仍驱动高价值货物成为虚假贸易产生的渠道。

2SLS 回归中也得出相同的结论，套息收益（CID_t 和 CR_t）与高价值货物的交乘项在 5% 显著性水平上显著。使用产品级贸易数据的结构性回归结果显示出，“8・11”汇改后，套息收益和出口方向上的贸易缺口已经没有总量数据上的显著影响关系，但通过高价值货物渠道仍可驱动一部分虚假贸易的发生。

表 6-9　使用产品级数据的结构性回归结果

变量	（1）	（2）	（3）	（4）
	OLS		2SLS	
CNH–CNY	8.089 （0.559）	8.086 （0.559）	4.800 （0.299）	4.799 （0.299）
NDF–DF	160.785 （1.138）	160.463 （1.133）	125.990 （0.832）	125.403 （0.828）
InflationDiff	2.357 （0.634）	2.358 （0.635）	3.312 （0.786）	3.315 （0.789）
TradeGrowth	42.762** （1.675）	42.771** （1.675）	49.259** （1.721）	49.280** （1.722）
CID_t	–0.264 （–0.043）	—	—	—
$HighValue \cdot CID_t$	17.680** （1.918）	—	—	—
CR_t	—	–0.265 （–0.044）	—	—
$HighValue \cdot CR_t$	—	17.570** （1.920）	—	—
$Lagged\_HighValue \cdot CID_t$	—	—	25.842** （2.557）	—

续表

变量	（1）	（2）	（3）	（4）
	OLS		2SLS	
$Lagged\_HighValue \cdot CR_t$	—	—	—	25.702** （2.562）
$Lagged\_Y$	—	—	−0.138*** （−3.168）	−0.138*** （−3.170）
样本量	951	951	838	838
Adj. R^2	0.004	0.004	0.011	0.012

注：括号中是参数估计的 t 值，***、** 和 * 分别表示 1%、5% 和 10% 的显著性水平。

第五节　实证结论与政策启示

本章研究了人民币国际化离岸发展模式中，政策位于“三元悖论”框架下“非角点解”区间时伴随的资本账户“多孔”问题。由于离岸和在岸金融产品价格的差异，尽管政策上明令禁止人民币跨境套息交易，但资本仍有强烈动机绕过监管。由套息交易驱动的虚假贸易不仅浪费了物流资源，而且给贸易数据增加了噪声。通过虚假贸易进行货币套息交易的证据表明，中国资本管制的有效性受到了损害。

本章应用计量经济学方法来揭示由贸易作为“掩体”的货币套息交易行为。该方法也可用于识别其他国家或情景中的类似情况。随着中国资本账户开放程度的加大，尽管政策的实施是渐进式的，但人民币离岸和在岸市场的分割程度正在减小，人民币套息交易的好处将不会持续。2015 年“8・11”汇改后的实证表明，随着在岸人民币汇率浮动范围的增加，人民币离岸和在岸市场分割程度显著减小，套息收益明显减小，表明“8・11”汇改实质上推动了离岸和在岸金融市场的收敛。但由于中国在岸金融市场的抑制性，在未来相当长的一段时间，各类资本管制仍将具有实质性的约束力，因此跨境套息的空间仍然可能存在。

与此同时，现实世界中也会存在反向策略，例如做空人民币，做多美元。只要一个国家存在资本管制，并且经常账户贸易自由流动，同样的逻辑也会适用于其他货币和多种场景。此外，2008 年全球金融危机和 2020 年新冠疫情引起的诸多经济体采取量化宽松政策，亦会驱动货币套息交易的发生。因此本章所分析的内容在多种情形、多种时期和多种国家都可能出现。

本章的研究结果具有较强的政策参考价值。第一，本章的研究结果在贸易监管领域具有实用价值。例如本章识别了易于成为“掩体”的贸易类型，因此可以帮助政府和海关检测虚假贸易、逃税或避税行为，更好地厘清贸易流和资金流之间的关系。第二，本章的研究结果对于离岸金融平台的建设具有实用价值。虚假贸易的发生，嵌套了各种类型跨境金融工具的运用，可以说离开了金融工具，套息交易也无法实现。但由于金融工具、国际贸易和收付结算行为具有一定的独立性，因此容易形成“合成谬误”的情况。目前中国正在建设自贸区经济和人民币离岸金融平台，上海临港自贸区已经在政策上推出了人民币可自由兑换，离岸金融工具的设计和运用有必要充分考虑资金流和贸易流之间的互相嵌套关系。与此同时，在岸市场中引入离岸市场的交易规则，也可能会伴随利率和汇率的双轨甚至是多轨问题，使现实问题更加复杂。

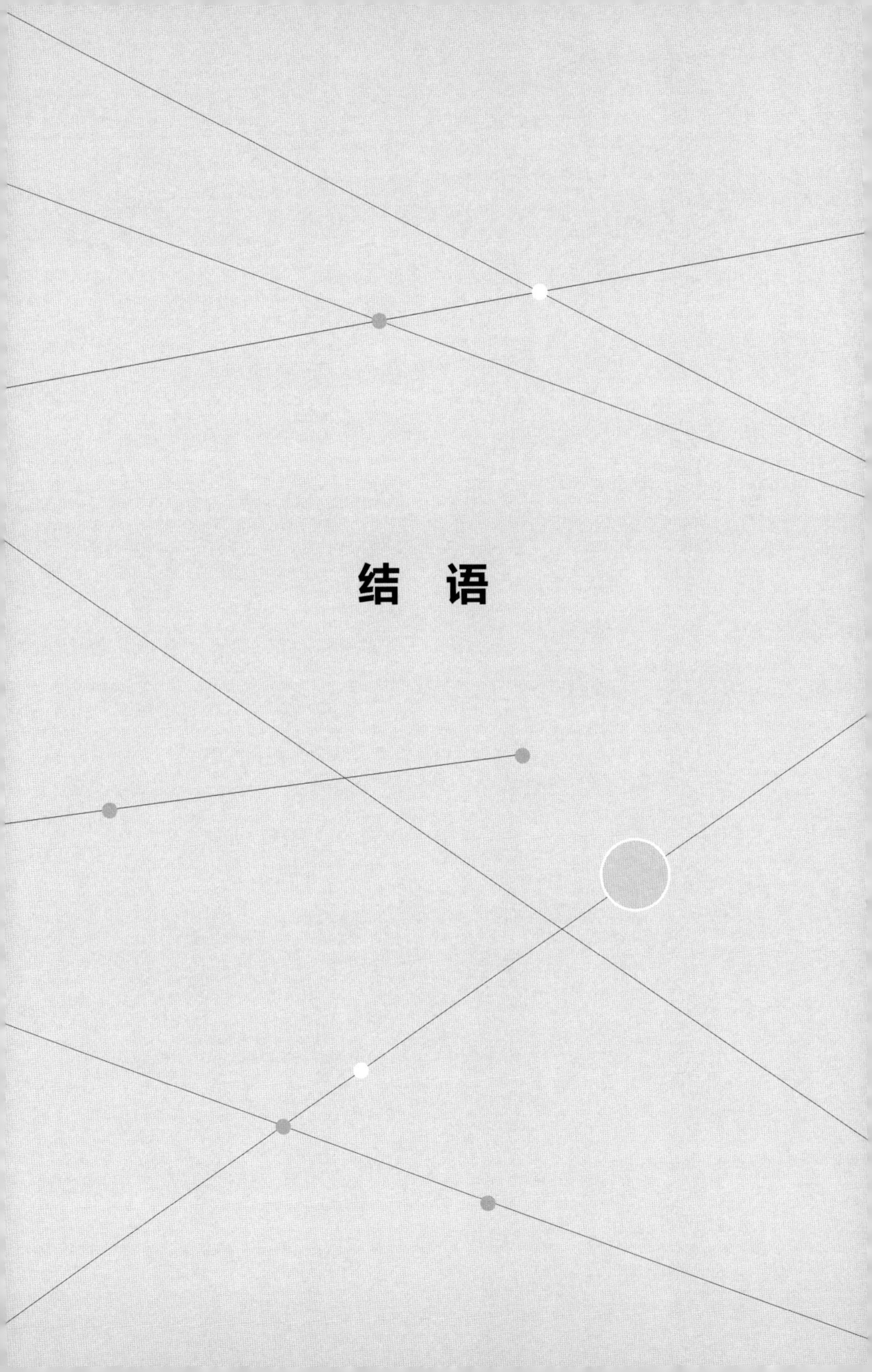

结　语

人类历史上最早的、统一的货币体系成形于工业革命后的古典金本位制后期。随着全球经济格局的变迁，加上战争和危机的洗礼，世界货币体系逐步从古典金本位制、新金本位制、布雷顿森林体系、后布雷顿森林体系，逐渐过渡到新时代多元化的货币格局。从 IMF 公布的全球外汇储备币种份额来看，2022 年末美元份额排名第一，占比为 58.52%；欧元排名第二，占比为 20.40%；日元排名第三，占比为 5.51%；英镑排名第四，占比为 4.92%；人民币排名第五，占比为 2.61%。[①] 人民币已经站在了国际货币的舞台上，但仍有待进一步向纵深推进。

2008 年全球金融危机爆发后，现行货币格局的缺陷日益凸显。美联储推出的量化宽松政策扩大了美国的资产负

---

① 数据来源为 CEIC 数据库。

债表，直接削弱了美元汇率，同时推高了部分国家货币的本币汇率，并推高了全球的通货膨胀水平。当美联储逐步退出量化宽松政策后，其货币政策转换的外溢效应又使得新兴市场国家面临巨大的外部冲击。这种情况使得全世界都有动机去寻找一种新的“锚定”货币。在此背景下，世界其他经济体对人民币的国际需求应运而生，并越发强劲，推动了人民币这种尚不可自由兑换的主权货币在国际上的广泛使用。

根据 Frankel（2012）的定义，一国货币要成为国际货币需满足两个最基本的条件：“可兑换”和“国际用途”。中国于 1996 年实现了经常项目的可兑换，但对于资本项目的可兑换则始终比较谨慎。中国人民银行原行长周小川（2012）指出，人民币国际化以及与其相关的资本项目可兑换、资本市场开放与发展等问题，是一个在争论中前行、需要逐步达成共识的过程，要争取利大于弊。由此，为了战略性地达成人民币国际化的目标，同时允许在岸资本账户以恰当的节奏和顺序进行高水平开放，人民币国际化离岸发展路径就成为平衡风险和收益的最优选择之一。

有三个关键支柱决定了人民币国际化离岸发展模式的有效性，同时也解释了为何只有中国在资本项目尚不可自由兑换的情况下，实现了本币的国际化发展，使得人民币成为国际储备货币中唯一的发展中国家的货币。首先，中国“一国两制”的政治架构是人民币离岸发展模式最关键的制度基础和根本前提。其次，人民币在岸市场和离岸市场之间有着密切而顺畅的沟通机制，确保了人民币综合体虽然是全世界最复杂的货币系统，且处在“三元悖论”框架下的“非角点解”区间，仍然可以实现审慎的监管和精准的调适，使得两个市场可以以自己的节奏发展，互相之间的掣肘较少。再次，中国经济的韧性很强，在岸市场的宏观调控能力很强，这为离岸市场的发展赢得了巨大的空间，“两个市场”的结构也构筑了二者之间有效的“防火墙”和“隔离带”，维护了人民币在岸市场和离岸市场的共同稳定。

本书从中国的实践经验出发，将人民币国际化的离岸发展路径纳入规范的经济学分析框架当中，并尝试用实证分析方法测度中国两个维度的资本账户开放程度，实证检验人民币离岸发展路径的收益和成本，量化了中国实践本币离岸发展路径的复杂权衡。

在结构上，本书首先研究了中国“一种货币，两个市场”的人民币综合体结构（第一章），对货币国际化的基本框架和人民币国际化离岸发展的路径进行了比较系统的剖析（第二章）；根据经典“三元悖论”的分析框架，阐释了人民币国际化离岸发展的经济学理论基础和现实意义（第三章）；在实证分析中，测度并讨论了中国资本账户的开放程度，以及由此带来的离岸和在岸市场的非线性收敛特征（第四章）；检验了人民币国际化离岸发展的一个改革收益和一个政策成本，分别是资本账户对外开放的风险分担机制（第五章）和“非角点解”区间的人民币套息交易（第六章）。在结语部分，我们对本书的主要内容和研究结论进一步概括和总结如下。

一、中国“一种货币，两个市场”的结构

人民币具有世界上特殊的“一种货币，两个市场”的结构。人民币在岸市场和离岸市场运行着两套规则不同的货币系统，形成了两个不同的资本和金融市场，同时在岸市场和离岸市场之间仍维持一定程度的资本控制。

香港地区是高度成熟的国际金融中心，CNH 实行自由浮动的汇率，其经常项目和资本项目完全可兑换。人民币计价的债券、股票和衍生产品创造了人民币的国际化用途，“互

联互通”机制带来了人民币一定程度的回流机制。因此，通过离岸市场推动人民币国际化具备了稳定的结构基础。

但由于人民币离岸和在岸之间并不满足无抛补的利率平价关系，CNH 和 CNY 长期存在利差和汇差（IMF 称其为基差风险），且几乎无法通过套利活动来消除这种基差风险，货币利率政策通常牵引着边际汇率水平，使人民币综合体成为世界上最复杂和最精细的货币操作系统，二者共存于一个不稳定的“非角点解”关系中，需要货币当局对其进行持续精细化的管理和调适。毫无疑问，这对货币当局提出了更高的管理要求，也产生了相应的管理成本。

“双重”汇率结构是其中最典型的。在岸人民币当前实行以市场供求为基础、参考一篮子货币进行调节、有管理的浮动汇率制度，这是在岸人民币三次汇率改革的现实成果。当前 CNY 汇率日浮动区间为 ±2%，在定价机制中引入了中间价报价机制和“逆周期调节因子”，这种结构相当于 Krugman（1991）目标区模型的一个特例。在克鲁格曼初始的目标区汇率模型中，汇率中间价是固定的，存在两个置信区间，中国的情况是个特例，人民币中间价每天都在变化（当日的开盘价格取决于前一日的市场价格），人民币中间价与前一交易日的收盘价紧密挂钩，因此可以将人民币在岸汇率制度描述为一个“移动的克鲁格曼波段漂移系统”，这在全世界也是独一无二的。

汇率是不同货币资源配置的价格工具，是一个开放经济体的宏观“稳定器”。1994年1月1日首次启动汇率改革，标志着中国真正意义上开启了经常项目和资本项目的开放进程，从机制上释放了人民币的发展空间。1994年汇改奠定了后续人民币汇率改革的总体基调，此后的2005年7月21日和2015年8月11日分别进行了第二次和第三次汇改，其间1997年亚洲金融危机和2008年全球金融危机使得人民币汇改进程被迫中断，人民币汇率在危机期间转为对美元的固定汇率。在当时的背景下，中国对人民币汇率的选择稳定了区域经济，同时维持了中国对外贸易的顺差和外汇储备的增长，对人民币国际形象的塑造和确立起到了重要作用。

离岸人民币采用由市场力量决定的自由汇率制度。当前，人民币离岸中心已经发展出了成熟的外汇即期市场和外汇衍生品市场，离岸市场的主要资金来源是人民币跨境贸易结算，其流动性补充方式也是高度市场化的，其主要工具是货币掉期、同业拆借、货币利率交叉互换和回购。

人民币离岸和在岸市场之间双向的“互联互通”机制

是扩大人民币跨境使用的重要政策工具。在“沪港通”“深港通”“债券通”“互换通”等工具的推动下，人民币离岸金融市场的深度和广度逐渐扩展，离岸人民币利率和汇率市场得以快速深化，并在一定程度上解决了人民币货币回流的难题。随着离岸市场在发展中日趋成熟，两个市场逐渐实现了收敛和融合。

“一种货币，两个市场”的独特货币结构，是历史为人民币国际化推进提供的额外选项。通过建立“渗透型”和“隔离型”的离岸人民币中心，使中国可以在缓冲外部风险的情况下连接国际市场，实现人民币的广泛跨境使用，成为推进人民币国际化权衡风险和收益之后的最优选项之一。

二、人民币国际化离岸发展的内在逻辑

经济学学术文献对国际货币的概念提出了两种研究框架。第一种研究框架是基于国际货币功能（用途）的视角；第二种框架主要从政治经济学角度进行研究。在货币功能的研究框架中，国际货币的三种功能是交换媒介、记账单位和价值存储，并不是每种国际货币都包含上述全部的功能，且本币国际化后虽然会释放较大的好处，但也存在一

定的缺点。从更大的时间范围来看，货币国际化发展是一个国际货币优势和缺点动态权衡的过程。在国际货币分析的政治经济学框架中，国际货币分为宗主国货币、顶级货币、协商货币和中性货币，并在研究中强调了经济和政治因素如何影响货币的国际化。本书对人民币国际化的讨论，主要基于第一种货币功能框架。

从货币功能框架出发，根据 Frankel（2012）的分析，货币国际化应至少包括五个方面：（1）可以在国内外自由兑换；（2）可以作为国际投资和贸易的计价单位；（3）可以作为国际投资和贸易结算的支付货币；（4）可以作为国际金融的投融资货币；（5）可以作为主要储备货币。这五项高度相关但不相同。一种货币的“国际用途”与其“可兑换”是不同的概念，二者都不是对方的充分或必要条件，但一种货币获得并扩大其储备地位需要同时满足这两个条件。同时，储备货币地位有五个重要的衡量标准：（1）经济体量；（2）资本账户开放（中国强调“资本项目可兑换”）；（3）清洁浮动的汇率；（4）金融市场具有深度和广度；（5）稳健的宏观基本面。

人民币当前尚未实现在资本项目下的自由兑换，存在较严格的资本控制。在资本账户没有实现高度开放的情况下推进本币的国际化发展，这在世界百年的货币格局演进中是从未有过的现象。现实情况是，人民币在国际贸易和金融领域实现了广泛的国际使用，已经在事实上成为重要的国际储备货币之一。这也是经济学界对人民币保持着高度关注和浓厚兴趣的原因所在。

人民币国际化的离岸发展路径是中国“一种货币，两个市场”结构的逻辑结果。本书将这个内在逻辑总结为以下几点。第一，建立全球离岸人民币市场，并使人民币在岸和离岸市场连接；随着两个市场连接程度的加强和逐渐融合，最终实现在岸资本项目的完全可兑换。第二，在岸资本账户的自由化程度不能过于超前于金融市场的自由化程度，否则在岸金融体系将无法承受短期资本流动造成的利率和汇率的波动。第三，“渗透型”和“隔离型”的人民币离岸市场需要精细的管理和调适。在这个政策框架下，只要离岸和在岸人民币之间不能完全自由地双向流动，这隐含着中国在岸资本账户仍受到实质性的管制，那么通过离岸路径实现人民币的国际化发展，就是一个收益和风险权衡后的最优选择。在离岸路径下，中国在岸市场可以在保证国家金融安全的前提下，以自己的节奏开放资本账户，同时将人民币打造成国际货币，并持续扩大其国际储备份额。

与此同时，经济学界一直存在一个与货币国际化并行的课题，即资本账户开放与经济增长之间的关系。学者们对此进行了大量理论研究，但至今仍未得出一致的结论，积极观点和消极观点同时存在；实证分析中由于计量方法的局限性和普遍存在的样本测量误差，研究结论的一致性和稳健性也似乎不尽如人意。

2008 年全球金融危机后，世界更加掀起了对资本账户开放的热议。世界逐渐意识到“中心”国家的货币政策对世界经济的影响，“中心”国家的货币政策会内生性地创造金融周期，从而对“非中心”国家的经济产生溢出效应。建立在“三元悖论”理论上的无抛补利率平价公式因此失去了原有的解释力。由此可见，对于资本账户开放的成功改革经验似乎非常有限，新兴市场国家在实践中往往是探索性和渐进式的，更加关注改革的路径、改革的时间窗口，以及改革的顺序和节奏的选择等。中国的经验是整体新兴市场国家的一个改革样本，中国通过离岸路径进行人民币国际化和相应的资本账户开放的经验，也为整体新兴市场国家或发展中国家提供了一个可行的参考。

三、人民币国际化离岸发展的经济学基础和现实意义

“三元悖论”是国际经济学中的一个著名论断。从经济学“三元悖论”框架入手，人民币国际化离岸发展的政策安排是一种“非稳定解”安排。根据“三元悖论”的内容，三角形的三个顶点分别是：（1）货币政策的独立性；（2）汇率的稳定性；（3）资本的完全流动性。在“三元悖论”的框架下，一国经济在确定其货币政策目标时只能选择三个顶点中的一个或两个，而不可能三者兼得。

但是，经典的“三元悖论”理论只考虑了极端的或者说标准的情况，即“角点解”（“三角形”的三个顶点），并没有充分讨论可能的中间状态。如果在一定阶段，国家的货币政策仅要求部分目标的部分实现，这就构成了“三元悖论”框架下的“非角点解”。换句话说，当政策需要实现其中一个目标（例如汇率稳定），那么其他两个目标（即资本自由流动和货币政策的独立性）之间就存在权衡。这种政策目标的权衡关系构成了“三元悖论”框架下“非角点解”的动态平衡。

由于新兴市场国家在开放其资本账户时，经常会受到外部风险的巨大冲击，这种“非角点解”安排往往会成为

权衡利弊后的最优选择。这种权衡关系也体现了一国在开放其资本账户时，短期成本和长期收益之间的取舍。这就是人民币国际化采用离岸路径的经济学理论基础。

在人民币国际化“非角点解”模式下，中国首先建立了全球离岸人民币市场，并在运行过程中逐步实现人民币在岸市场和离岸市场的有效连接；随着两个市场连接程度的加强，两个市场会逐渐融合，最终实现在岸资本账户的完全开放。香港地区已经发展成为最大的人民币离岸市场，其作为国际金融中心发挥着人民币国际化“试验田”和“防火墙”的功能。在这种“非稳定解”的安排下，政策上需要对在岸市场和离岸市场进行统筹和持续的动态调适。这也可以近似地理解为求解“非角点解”的帕累托最优的过程。

在这个寻求“非角点解”最优化的过程中，货币利率政策牵引着边际汇率水平，形成一套非常复杂的操作，其中最核心的问题是利率和汇率的平价关系。无抛补的利率平价理论要求，当投资者是风险中性且行为理性时，利率收益的盈利会导致汇率上的贬值，且二者的百分比相等。如果无抛补的利率平价公式成立，则货币套息交易的预期超额收益率应该为零。在风险中性的世界中，远期汇率应该是未来即期汇率的无偏预测指标。当前，在岸人民币因受到外汇管制尚不能自由兑换，外汇供求关系主要通过央行结售汇进行，呈现一对多的供求关系，因此央行对在岸人民币汇率的形成仍具有较大的影响权，形成了在岸人民币汇率的基准定价。同时，由于离岸人民币的收盘价更反映市场预期，客观上也成为次日在岸人民币开盘价的重要参考。

离岸人民币是允许自由兑换的货币，当市场预期离岸人民币相对美元升值时，就会大量贷出离岸人民币投资美元，实现套利。人民币利率决定了离岸市场上的套汇成本，只要在境内市场管制人民币流出，就能促使离岸市场的人民币利率上升。这时套利交易会被削弱，人民币汇率趋于稳定。

但这种做法也伴随着较高的政策成本。由于人民币离岸和在岸是“双重”的汇率结构，当政策工具干预汇率水平时，会相应地迫使货币当局用扭曲利率的方式实现再平衡，其结果会造成利率和汇率都发生扭曲，使得无抛补的利率平价公式进一步失衡。这也可能导致在岸和离岸市场中的人民币利率价格进一步分离，从而更加激励市场反复套利套汇，使得货币政策陷入首尾难顾的窘境。此外，由于政策的干预使得人民币流入和流出都更加不稳定，这也会影响人民币国际化的预期。

由此看到，在“三元悖论”框架下求解“非角点解”最优化的过程，是一个异常复杂的动态平衡过程，伴随着短端成本和长端收益的权衡，以及对两个市场精准的互相调适。但即便如此，我们仍然认为这是中国当前人民币国际化和相应的资本账户对外开放的最优路径之一。

随着中国资本账户开放进程的不断深化，人民币离岸和在岸市场会逐渐收敛和融合。中国货币当局的政策组合对于“非角点解”的选择，会在动态平衡中逐渐逼近“角点解”，从而创造人民币全面可兑换的条件。这也是一个“量变到质变”的过程，因为“角点解”是当前成熟的国际货币普遍采用的模式。同时，这也是资本账户自由化“阈值”条件实现的过程。当然，这也是国际货币格局深度变革的过程。

除此之外，人民币国际化以及与此伴随的在岸资本项目可兑换的发展，会带来一个经济上十分有益的现实结果，即转变中国国际投资收益逆差的现象。一个国家向海外投资而产生的收益（体现为对外资产的收益），与外国主体在该国的投资收益（体现为对外负债的成本）之间的差额是其净投资收益，中国的净投资收益长期为负值（或称为“逆差”）。中国作为世界货币格局中重要的角色之一，却处在了一个不平衡的净投资收益倒挂的情形中，这使中国存在内生的动力解决这个逆差问题。人民币国际化为这个“逆差”问题提供了一个现实的解决方案。当本币国际化后，国家可以使用本币投资世界资产，从而获得较高的对外投资收益，这也是美国、欧盟和日本等发行国际货币的经济体的得益之处。

本书第四章至第六章是实证研究部分，其中第四章测度了中国资本账户开放的程度和“非线性”收敛特征，第五章和第六章分别实证检验了在“非角点解”安排下开放资本账户的一个现实收益和一项政策成本。我们对实证部分的主要研究成果总结如下。

四、中国资本账户开放程度的测度和“非线性”收敛特征

迄今为止，学术界并没有形成测度资本账户开放程度的一致方法，这个问题当前仍然相当具有争议。对资本账户开放程度的度量可以视为对金融开放程度的衡量，也

可以是一个关于测度资本成本或平价条件的概念。但现有度量方法均未能充分反映现实世界资本账户开放进程的复杂性。

在“一种货币，两个市场”结构下，度量中国资本账户开放的程度需要从两个维度加以考量。第一个维度是国内（在岸）资本账户的开放程度；第二个维度是通过人民币离岸市场实现与在岸市场的联通，然后间接推动在岸资本账户开放的程度。此外，第二个维度的度量隐含了一个关键问题，即人民币离岸市场和在岸市场之间的联通程度及演进收敛趋势。本书从上述两个维度对中国资本账户开放程度的度量进行了尝试性分析。

对于第一个维度下的中国在岸资本账户开放程度的度量，我们首先使用法律度量的方法，测度发现中国的金融开放指数自 1993 年至今一直维持在 –1.226，小于新兴市场经济体的平均值 0.3，也小于其他金砖国家的数值，表明中国的资本账户存在广泛且严格的资本管制，封闭程度较高；从事实度量的角度，即采用事实度量方法时，可以发现中国资本账户的开放程度要比法律度量的结果高得多，2020 年底中国存量总资本流动与 GDP 的比值为 346.58%。相比较而言，美国的这一比值为 376.33%，印度为 278.9%，韩国为 763.97%，澳大利亚为 155.58%。事实度量的结果显示出中国开放进程的较高水平，体现出中国资本账户开放的持续扩大。

对于中国资本账户开放程度第二个维度的度量，本书发现样本期内两个市场（在岸与离岸）在震荡中收敛，体现为两个市场在 2015 年“8・11”汇改前联通程度较弱，“8・11”汇改后的联通程度显著加强，同时波动性增强，说明了“8・11”汇改对两个市场联通程度的增强确实具有实质性作用。

在对两个市场收敛特征的实证研究中，本书通过“一价定律”的实证方法发现:（1）随着人民币汇率改革的纵深推进和两个市场价格联动关系的加强，两个市场的分割程度正在逐渐减小，但离岸和在岸市场的分割无法通过套利活动消除;（2）收敛速度越快，不可套利区间越窄，CNY 的流动性越强;（3）非线性阈值模型捕捉了 CNH 和 CNY 之间非线性收敛的特征，价格测度体现出市场分割程度正在逐渐减小，对 CNY 的外汇管制及对跨境资本流动的监管削弱了人民币跨境套利的能力。外汇管制的存在直接反映在市场分割的程度上，表现为更宽的“TAR 带”和更持久的偏差。

五、资本账户对外开放的风险分担机制

人民币在岸市场和离岸市场联通的主要政策工具是丰富的双向“互联互通”机制。其中股票“互联互通”下的“沪港通”和“深港通”是启动时间最长，数据集最丰富的政策工具。在实证研究方面，本书从资产定价的风险分担角度，考察了资本账户开放政策对离岸和在岸市场的不同影响。从研究结果来看，中国离岸、在岸股票市场在风险分担机制的作用下，其股票价格重估与其世界系统性风险敞口成正比。这说明当资本账户开放政策实施后，国内系统性风险有所降低，系统性风险的相关来源转移到世界市场。与资本账户自由化降低系统性风险敞口的理论预测一致，本书发现在资本账户开放政策的积极影响下，风险分担程度的增加意味着全球系统性风险敞口的显著减小，因此“互联互通”工具使得A股产生了更大的风险分担效果。本书的研究结果表明，中国高水平资本账户开放政策对两个市场中一部分公司的全球化程度产生了影响。这一影响制造了大量特定于公司的信息，这些信息会对股价产生不同的影响，尤其是流动性和全球风险敞口。

上海证券交易所和深圳证券交易所已经是新兴市场国家

中规模最大的证券市场。它们经历了无数次剧烈波动的交易期，国内投资者感受到了其一揽子股票投资组合所受到的系统性冲击的全部影响。对于国际投资者而言，中国的平均回报率较高，与世界其他股市的相关性较低（Carpenter 等，2016）。从风险分担的角度来看，高水平资本账户开放的一系列改革措施正朝着健康的方向发展。实证检验的结果反映出中国两个股票市场的有效性，因为系统性风险的降低而成为那些符合政策工具购买条件公司的定价因素。从长远来看，未来更多的资本账户改革措施会通过风险分担机制，推动形成更加多样化的市场组合和投资者池子，并促进市场的更加稳定和繁荣，这也正是中国推进资本账户开放的核心目标之一。

六、"非角点解"区间的人民币套息交易

人民币国际化离岸发展模式是一种不稳定的"非角点解"模式，改革的政策成本始终是存在的，其中典型的案例是"人民币套息交易"。发展中国家的金融抑制往往为资本流出提供动力，而管制资本流出又会带来高昂的监管成本。此时，对资本账户的管制会带来国内和世界利差的扩大，

资本账户开始变得“多孔”（Goodfriend 和 Prasad，2007）。同时，在汇率尚未实现清洁浮动的情况下开放资本账户，会带来更大的外部风险，因为汇率起不到“减震器”的作用；如果预期或基本面发生变化，资本流动可能加剧，对央行货币政策独立性及外汇管理带来巨大挑战。

由于离岸和在岸金融产品价格的差异，尽管政策上明令禁止人民币跨境套息交易，但利益驱动使得资本仍有强烈动机绕过监管，例如通过虚假贸易进行货币套息交易。由套息交易驱动的虚假贸易不仅浪费了物流资源，而且给贸易数据增加了噪声。通过虚假贸易进行货币套息交易的证据表明，中国资本管制的有效性在一定程度上受到了损害。

本书应用计量经济学方法来揭示由贸易作为“掩体”的货币套息交易行为。该方法也可用于识别其他国家或情景中的类似情况。随着中国资本账户开放程度的加大，尽管政策的实施是渐进式的，但人民币离岸和在岸市场的分割程度在减小，人民币套息交易的好处将不会持续。

本书的研究结果对于人民币离岸金融产品的设计具有一定的实用价值。虚假贸易的发生，嵌套了各种类型跨境金融工具的运用，可以说离开了金融工具，套息交易也无法实现。但由于金融工具、国际贸易和收付结算具有一定的独立性，因此容易形成“合成谬误”的情况。目前自贸区经济和人民币离岸金融平台的建设正在持续推进中，上海临港自贸区已经在政策上推出了人民币可自由兑换，因此本书所讨论的问题亦有可能在其他场景发生。离岸金融工具的设计和运用，有必要充分考虑资金流和贸易流之间的互相嵌套关系。

从资本项目可兑换的利弊权衡视角来看，人民币套息交易本质上是政策工具处在“三元悖论”的“非角点解”区间的阶段性政策成本。这个成本会随着两个市场联通程度的加强而减小。2015 年“8・11”汇改后的实证结果表明，随着在岸人民币汇率浮动范围的增加，人民币离岸市场和在岸市场之间的分割程度显著降低，套息收益明显减小，这表明“8・11”汇改实质上推动了离岸和在岸金融市场的收敛。

综上，本书系统性阐述了中国“一种货币，两个市场”的特殊结构，从国际货币格局演化的视角深入探析了离岸中心对人民币国际化进程的独特贡献，提出了人民币国际化离岸发展路径的内在逻辑和其中的选择必然性。与此同时，本书从经典经济学分析框架入手，深入剖析了人民币综合体的复杂结构，以及价格关系上存在的“不均衡”和“不稳定”，这使得货币当局需要持续对在岸市场和离岸市场进行管理和调适，但也因为这种“非角点解”模式才释放了人民币国际化更多的政策权衡空间，成为中国在一定阶段内推进人民币国际化最优的路径之一。

香港人民币离岸中心的发展历程

2007年，“点心债”首次在香港地区发行。

2009年，跨境人民币贸易结算试点在香港地区启动。试点初期，离岸人民币的结算量比较有限，据香港金管局统计，跨境人民币贸易结算试点推出的6个月后，经香港的银行体系处理的人民币贸易结算交易总额只有不到20亿元人民币，每月平均只有3亿—4亿元人民币。香港离岸市场亟须深化推进。

2010年，随着人民币贸易结算安排逐步落实和扩大，香港地区业务量出现了快速增长。但当时内地允许使用人民币进行跨境结算的出口企业仅限300家，加上离岸人民币规模有限，市场对人民币有较强的升值预期，这些原因导致了从内地支付出去的人民币多于进入内地的人民币。

人民币离岸和在岸的货币循环系统尚未成熟。

2011 年，香港的离岸人民币市场逐步成形。政策方面有三项重要突破，首先，国家“十二五”规划确定了扩大人民币的跨境使用以及支持香港发展成为离岸人民币业务中心的政策。其次，在跨境人民币贸易结算方面，随着允许使用人民币进行跨境贸易结算的出口企业名单的扩大，人民币汇率呈现双向变动，人民币贸易的收付趋于平衡。最后，2011 年启动了人民币合格境外机构投资者计划，允许离岸人民币资金投资于在岸债券和股票市场。自此，香港地区形成了结构较完整的人民币离岸市场。离岸市场的人民币存款经过一段时期的快速增长，由 2010 年初的 630 亿元人民币上升至 2011 年中的 5 500 亿元人民币。经香港银行处理的人民币贸易结算交易扩大到接近 20 000 亿元人民币，人民币点心债的发行量超过 1 000 亿元人民币，各种人民币投资产品，包括投资基金、保险产品等都陆续在市场推出。此时的人民币离岸市场面临的主要问题是，如何更快、更广地扩充离岸人民币的跨境用途。在此背景下，人民币国际化问题开始变得聚焦。

2012 年，香港离岸人民币市场趋于成熟。2012 年经过香港银行处理的人民币贸易结算交易达到 26 325 亿元人民币，较 2011 年增加 37%。香港离岸人民币的客户存款和银行发行的存款证的余额共计 7 202 亿元人民币，比年初的 6 616 亿元人民币增加 9%。人民币点心债市场也持续活跃，2012 年发行量达到 1 122 亿元人民币，而未偿还点心债券的余额为 2 372 亿元人民币，较 2011 年底上升 62%。香港银行的人民币贷款的增长更为明显，由 2012 年初的 308 亿元人民币增加至年底的 790 亿元人民币。

2013 年，香港离岸人民币市场的深度和广度有了持续的提升。这种深度和广度体现在，香港的人民币存款不再是静态资金池，而是通过自由市场机制，支撑着大量的不同种类的人民币金融交易活动。外汇市场方面，香港离岸人民币外汇交易市场每天的交易量（包括即期和远期交易）已达到 50 亿美元等值的交易，主要的银行已经开始为客户提供人民币兑欧元、英镑和亚洲主要货币的直接外汇报价。离岸人民币金融市场方面，人民币金融产品也更加多元化，投资 A 股的人民币 ETF（交易所买卖基金）、人民币期货以及人民币股票已经在市场推出。其中，已上市的 4 只 A 股人民币 ETF 的市值总计超过 400 亿元人民币。与此同时，香港离岸人民币清算平台的参加行达到 204 家，其中 181 家是海外银行的分支机构或者是内地银行的海外分支。香港人民币清算平台所处理的交易由2010年每天平均50亿元人民币的交易金额，大幅上升至2013年的超过2 600亿元人民币，其中有10%是进出内地的跨境交易，90%是离岸市场的交易。海外银行在香港银行开设的人民币代理账户数目，从2010年底的187个增加至2012年底的1 402个。同时，根据SWIFT的统计，香港银行的人民币收付交易量占全球进出内地和离岸市场交易总量的80%。

2014年，人民币离岸市场和在岸市场的“互联互通”机制启动，离岸市场和在岸市场开始收敛和融合。股票市场的“沪港通”率先启动，这一机制首次打通了中国内地和香港地区普通投资者投资彼此股票市场的通道。内地和香港地区的投资者可以委托本地券商，经本地交易所买卖、交易和结算对方市场中的股票，并借助交易所集中平台，突破人民币在岸市场的货币兑换限制，同时没有与资产规模和运营年限相关的准入门槛要求，这意味着中国A股第一次对境外的小型机构投资者和普通个人投资者直接敞开大门。“沪港通”是在岸资本账户开放进程中历史性的一步，有利于促进人民币在岸与离岸市场之间的互通，也有利于香港离岸人民币业务迈向更高的台阶。

2015年，中国资本项目外汇管理进一步简化，境外机构在境内发行人民币债券更加便利。此外，中国人民银行与32个国家和地区的中央银行或货币当局签署了双边本币互换协议，本币互换协议的实质性动用明显增加；在15个国家和地区建立了人民币清算安排，支持人民币成为区域计价结算货币。

2016年，股票市场的“深港通”启动，这项机制进一步扩大了在岸与香港离岸股票市场“互联互通”的投资标的范围和额度，满足投资者多样化的跨境投资以及风险管理需求，可吸引更多境外长期资金进入A股市场，改善A股市场投资者结构，促进经济转型升级；有利于深化内地与香港金融合作，进一步发挥深港区位优势，促进内地与香港地区经济、金融的有序发展。

2017年，“债券通–北向通”开通，为境外机构投资者投资中国在岸银行间债券市场提供了一种新的渠道。“债券通”有别于原有的QFII、RQFII和银行间债券市场直接投资（CIBM Direct）的投资渠道，它采取多级托管的模式，境外机构无须在境内开立托管账户，可以在保持其投资习惯的同时投资境内债券。“债券通”作为资本市场“互联互通”机制的重要组成部分，助力推动债券市场进一步高水平对外开放。随着人民币债券纳入国际主流债券指数，中国在岸资本市场的对外开放进程得以加速，人民币国际化的进程也得以提速。

2018 年，离岸人民币债券市场建设继续推进。中国财政部在境外发行了 100 亿元人民币国债和 30 亿美元主权债券。中国人民银行首次在香港发行了 200 亿元央票，此举有利于进一步丰富香港高信用等级人民币金融产品，完善香港人民币债券收益率曲线。2018 年人民币在全球支付中的份额上升一位，根据 SWIFT 的数据，人民币份额由上年同期的 1.75% 上升至 2.09%，于美元、欧元、英镑、日元后列第五位。

2019 年，中国高水平资本账户对外开放进一步扩大，人民币离岸市场受益于人民币债券加入世界主要指数及 MSCI 对 A 股扩容等关键事件，人民币资产的吸引力持续增加，离岸市场活跃度显著增强。2019 年以人民币计价的 356 只中国国债和政策性银行债券正式纳入彭博巴克莱全球综合指数（BBGA），总市值占比达到 6.06%，并将以每月递增 5% 的比例在 20 个月内分步完成。此外，MSCI 在 2019 年三次扩容为 A 股带来增量资金。截至 2019 年 12 月，境外非居民持有境内人民币金融资产总额为 18 769 亿元，同比涨幅 24.55%。2019 年“债券通”投资者为 1 601 家，同比增长218%；交易总量同比增长198%；日均交易量同比增长199%。“债券通”的快速发展反映出境外投资者配置人民币资产的强烈需求。国际资本的双向流动促进了人民币汇率双向弹性波动，并进一步推动了人民币国际化发展。

2020年，世界受到新冠疫情的影响，人民币离岸和在岸对美元的汇率均波动明显，呈现先贬后升的走势，上半年离岸人民币兑美元一度维持在7.0以上的水平，下半年强势升值并一度触及年内的最大升值幅度8.8%。2020年，离岸人民币债券市场建设继续推进。离岸市场共发行374只人民币债券，较2019年增加89只；总发行额为2 065.2亿元，较2019年增长15%。其中，中国财政部在境外发行了60亿美元和40亿欧元的主权债券，中国人民银行在香港发行了1 550亿元央票。此外，中国人民银行和香港金融管理局续签货币互换协议，并扩大互换协议规模，此举有助于提升香港离岸人民币市场的流动性。

2021年，“债券通－南向通”与“跨境理财通”开通。“债券通－南向通”指境内投资者经由内地与香港相关基础服务机构在债券交易、托管、结算等方面“互联互通”的机制安排，并投资香港债券市场交易流通的债券。此外，

2021年9月启动了“跨境理财通”，该工具是指粤港澳大湾区居民个人跨境投资粤港澳大湾区银行销售的理财产品，可分为“南向通”和“北向通”。“跨境理财通”是继QFII/QDII、两地基金互认、两地“股票通”“债券通”后中国内地资本账户开放的又一次重大发展。

2022年，香港地区与内地利率互换市场的“互换通”启动。“互换通”业务通过两地金融市场基础设施连接，使境内外投资者能够在不改变交易习惯、有效遵从两地相关市场法律法规的前提下，便捷地完成人民币利率互换的交易和集中清算。“互换通”不仅丰富了投资者可使用的风险管理工具，为其多元化投资组合提供更多选择，更拓展了开放更多衍生品的可能性，这将进一步释放境外投资者参与中国债券市场的潜力。

附表 1

香港人民币离岸中心的政策工具

时间	政策工具	意义
1993 年 2 月 14 日	中国政府公布《中华人民共和国国家货币出入境管理办法》，授权中国人民银行公布《中国人民银行关于国家货币出入境限额的公告》，规定从 1993 年 3 月 1 日起中国公民出入境、外国人出入境，每人每次携带的人民币限额为 6 000 元	香港市场开始流通人民币
2003 年 6 月 29 日	我国中央政府与香港特区政府在香港签订《内地与香港关于建立更紧密经贸关系的安排》	使内地与港澳的经济贸易联系更加紧密，两岸资金能更加便利地互相流动
2003 年 12 月 24 日	中国人民银行授权中银（香港）成为香港人民币清算行	中国人民银行在香港提供人民币清算业务
2004 年 11 月 11 日	《内地与香港关于建立更紧密经贸关系的安排》正式实施	香港银行开始为当地居民提供人民币存款服务
2004 年 2 月 25 日	香港持牌银行开始提供人民币个人业务，并可以进行每人每天不超过等值 2 万元人民币的兑换	香港离岸人民币金融业务正式启动
2005 年 11 月 1 日	扩大香港个人人民币业务的范围，并提高个人现钞汇兑的上限	香港人民币银行业务范围扩大

续表

时间	政策工具	意义
2005 年 12 月 4 日	推出《扩大内地与香港人民币业务补充规定》	提高香港汇入境内的人民币金额上限，取消香港银行发行个人人民币银行卡的信用额度限制
2007 年 1 月 10 日	推出《境内金融机构赴香港特别行政区发行人民币债券管理暂行办法》	中央政府同意内地机构在香港发行人民币计价的金融债券
2007 年 6 月	香港推出人民币结算所自动转账系统（人民币 RTGS 系统）	实现人民币、港币、美元和欧元的实时结算
2009 年 1 月 20 日	中国人民银行与香港金融管理局签署 2 000 亿元人民币货币互换协议	提高离岸市场人民币的流动性
2009 年 4 月 8 日	国务院常务会议决定在上海市和广东省内四城市开展跨境贸易人民币结算试点	香港人民币离岸市场成为中国境外人民币业务发展的重点地区
2010 年 2 月 12 日	香港金融管理局颁布《香港人民币业务的监管原则及操作安排的诠释》	扩展香港人民币银行业务的范畴，并允许内地非金融机构在香港发放人民币债券
2010 年 6 月 22 日	跨境贸易人民币结算试点范围扩大至 20 个省、自治区、直辖市	跨境贸易人民币结算范围和规模进一步扩大
2010 年 7 月 20 日	中国人民银行与香港金融管理局就扩大人民币贸易结算安排签订了补充合作备忘录	允许人民币存款在香港的银行间往来转账
2010 年 8 月 16 日	中国人民银行发布《关于境外人民币清算行等三类机构运用人民币投资银行间债券市场试点有关事宜的通知》	离岸人民币资金回流机制正式起步
2011 年 1 月 6 日	推出《境外直接投资人民币结算试点管理办法》	允许试点境内企业以人民币开展境外直接投资
2011 年 8 月 17 日	中国政府提出大力发展香港离岸人民币业务的八项措施	全面建设离岸人民币市场的开端

续表

时间	政策工具	意义
2011 年 12 月 30 日	启动境外机构投资银行间债券市场（RQFII） * RQFII 试点推出，初始参与机构限于境内基金管理公司、证券公司的香港子公司。2012 年 12 月，中国证监会、央行和外汇局共同决定增加 2 000 亿元 RQFII 的投资额度，使试点总额达到 2 700 亿元。2019 年 9 月，经国务院批准，决定取消 QFII/RQFII 的额度限制。同时，对 RQFII 试点国家和地区的限制也一并取消	有利于国内基金业进一步参与国际资产管理和海外业务拓展
2012 年 12 月 27 日	深圳前海跨境人民币贷款业务启动	人民币回流途径进一步完善
2013 年 6 月 27 日	香港发布人民币香港银行同业拆息定价	为离岸市场的人民币贷款业务提供定价参考
2013 年 7 月 25 日	香港金融管理局宣布加设翌日（T+1）和即日（T+0）交收的 1 天流动性资金	离岸人民币流动性机制正式迈入“T+0”时代
2014 年 4 月 10 日	启动“沪港通”	促进内地与香港资本市场共同发展
2014 年 11 月 2 日	启动跨境双向人民币资金池业务 *《中国人民银行关于跨国企业集团开展跨境人民币资金集中运营业务有关事宜的通知》（银发〔2014〕324 号）	有利于扩大人民币跨境使用，促进贸易投资便利化；有利于形成更透明和规范的人民币跨境流动渠道，丰富跨境资本流动宏观审慎管理框架
2014 年 11 月 7 日	香港宣布取消居民每日每人兑换 2 万元人民币限额的规定	方便香港居民参与“沪港通”及其他人民币交易
2014 年 11 月 17 日	启动股票市场“互联互通”之“沪港通”	促进了内地与香港资本市场的双向开放

续表

时间	政策工具	意义
2014 年 11 月 27 日	中国人民银行与香港金融管理局续签规模为 4 000 亿元人民币（5 050 亿港币）的双边本币互换协议	进一步提高香港市场人民币的流动性
2014 年 12 月 23 日	人民银行发布银发〔2014〕387 号文，规定将境外金融机构在境内金融机构存放纳入存款准备金交付范围，存款准备金率暂定为零	加强对离岸市场人民币管理
2015 年 2 月 28 日	简化和改革跨境直接投资业务（ODI、FDI） * 启动跨境直接投资业务（ODI、FDI） *《国家外汇管理局关于进一步简化和改革直接投资外汇管理政策的通知》(汇发〔2015〕13 号)	深化资本项目外汇管理改革，促进和便利企业跨境投资资金运作
2015 年 7 月 1 日	内地与香港基金互认正式实施	基金互认开辟了两地投资者证券市场投资新通道，是集体投资类证券投资开放的第一步
2016 年 1 月 25 日	中国人民银行对境外金融机构在境内金融机构存放执行正常存款准备金率政策	加强对离岸市场人民币的管理
2016 年 2 月 24 日	中国人民银行发布 2016 年 3 号公告，进一步放开境外机构投资者投资我国银行间债券市场的范围，取消额度限制，简化管理流程	有利于人民币回流
2016 年 12 月 5 日	启动股票市场“互联互通”之“深港通”	促进香港与内地“互联互通”的又一步
2017 年 4 月 10 日	发布首只中国国债期货——中国财政部 5 年期国债期货	以中国国债为基准的定价产品，为国际投资者投资境内债市提供了利率对冲的工具，同时加大境外市场和境内市场的联动

续表

时间	政策工具	意义
2017 年 4 月 11 日	中国银行在境外成功完成 30 亿美元等值债券发行定价，募集资金将主要用于“一带一路”建设相关信贷项目。其中，约翰内斯堡分行的人民币债券是非洲首只离岸人民币债券	中国银行市场融资业务的重要突破，也是近一年来离岸人民币债券发行市场“破冰”式的标志性交易
2017 年 7 月 3 日	启动“债券通”（北向通）	有利于巩固和提升香港的国际金融中心地位，加强内地和香港合作，助推中国在岸金融市场扩大对外开放
2018 年 2 月 13 日	授权美国摩根大通银行担任美国人民币业务清算行	中国央行授权的首家非中资人民币业务清算行
2021 年 9 月 24 日	启动“债券通”（南向通）	有利于巩固香港连接内地与世界市场的桥头堡和枢纽地位，助力香港融入国家发展大局，维护香港的长期繁荣稳定
2021 年 10 月 18 日	启动粤港澳大湾区“跨境理财通”	打造粤港澳优质生活圈，推进大湾区金融市场“互联互通”，提升中国金融市场双向开放水平，助推香港国际金融中心建设
2022 年 7 月 4 日	启动衍生品市场“互换通”	有利于境外投资者管理利率风险，推动境内利率衍生品市场发展，巩固香港的国际金融中心地位

资料来源：中国人民银行，香港金融管理局，作者整理。

附表2

全球离岸人民币清算安排合作表

时间	全球离岸人民币清算安排的合作情况
2014 年 3 月 28 日	中国人民银行与德意志联邦银行签署了在法兰克福建立人民币清算安排的合作备忘录
2014 年 3 月 31 日	中国人民银行与英格兰银行签署了在伦敦建立人民币清算安排的合作备忘录
2014 年 6 月 28 日	中国人民银行与法兰西银行签署了在巴黎建立人民币清算安排的合作备忘录，与卢森堡中央银行签署了在卢森堡建立人民币清算安排的合作备忘录
2014 年 7 月 3 日	中国人民银行与韩国银行签署了在首尔建立人民币清算安排的合作备忘录
2014 年 11 月 3 日	中国人民银行与卡塔尔中央银行签署了在多哈建立人民币清算安排的合作备忘录
2014 年 11 月 8 日	中国人民银行与加拿大银行签署了在加拿大建立人民币清算安排的合作备忘录
2014 年 11 月 10 日	中国人民银行与马来西亚国家银行签署了在吉隆坡建立人民币清算安排的合作备忘录
2014 年 11 月 17 日	中国人民银行与澳大利亚储备银行签署了在澳大利亚建立人民币清算安排的合作备忘录
2014 年 12 月 22 日	中国人民银行与泰国银行签署了在泰国建立人民币清算安排的合作备忘录

续表

时间	全球离岸人民币清算安排的合作情况
2015 年 1 月 21 日	中国人民银行与瑞士国家银行签署合作备忘录，就在瑞士建立人民币清算安排有关事宜达成一致
2015 年 5 月 25 日	中国人民银行与智利中央银行签署了在智利建立人民币清算安排的合作备忘录
2015 年 6 月 27 日	中国人民银行与匈牙利中央银行签署了在匈牙利建立人民币清算安排的合作备忘录和《央行代理匈牙利中央银行投资中国银行间债券市场的代理投资协议》
2015 年 7 月 7 日	中国人民银行与南非储备银行签署了在南非建立人民币清算安排的合作备忘录
2015 年 9 月 17 日	中国人民银行与阿根廷中央银行签署了在阿根廷建立人民币清算安排的合作备忘录
2015 年 9 月 29 日	中国人民银行与赞比亚中央银行签署了在赞比亚建立人民币清算安排的合作备忘录
2016 年 6 月 7 日	中国人民银行与美国联邦储备委员会签署了在美国建立人民币清算安排的合作备忘录
2016 年 6 月 25 日	中国人民银行与俄罗斯联邦中央银行签署了在俄罗斯建立人民币清算安排的合作备忘录
2018 年 10 月 22 日	中国人民银行与日本银行签署了在日本建立人民币清算安排的合作备忘录
2022 年 9 月 20 日	中国人民银行与哈萨克斯坦国家银行签署在哈萨克斯坦建立人民币清算安排的合作备忘录，与老挝银行签署了在老挝建立人民币清算安排的合作备忘录
2022 年 11 月 3 日	中国人民银行与巴基斯坦国家银行签署在巴基斯坦建立人民币清算安排的合作备忘录

资料来源：中国人民银行。

参考文献

[1] 巴曙松，2004. 香港银行业开办人民币业务的风险评估 [J]. 管理世界（5）：33–38.

[2] 巴曙松，杨光，华中炜，2004. 中国金融改革趋势回顾与前瞻 [J]. 国际金融研究（1）：71–75.

[3] 曾之明，2012. 人民币离岸金融中心发展研究 [M]. 北京：经济科学出版社 .

[4] 陈岱孙，厉以宁，1997. 国际金融学说史 [M]. 北京：中国金融出版社 .

[5] 陈莹，2014. 我国台湾地区人民币债券市场发展动态与思考 [J]. 国际金融（2）：36–42.

[6] 陈雨露，胡冰，1994. 关于建立上海离岸国际金融市场的探讨 [J]. 国际金融研究（4）：52–56.

[7] 成思危，2017. 人民币国际化之路 [M]. 北京：中信出版集团 .

[8] 代幼渝，杨莹，2007. 人民币境外 NDF 汇率、境内远期汇率与即期汇率的关系的实证研究 [J]. 国际金融研究（10）：72–80.

[9] 丁剑平，赵亚英，杨振建，2009. 亚洲股市与汇市联动：MGARCH 模型对多元波动的测试 [J]. 世界经济（5）：83–95.

[10] 宫崎勇，2009. 日本经济政策亲历者实录 [M]. 孙晓燕，译 . 北京：中信出版社 .

[11] 管涛，2012. 对当前我国外汇形势的看法 [J]. 国际金融（1）：12–14.

[12] 何东，马骏，2011. 人民币跨境使用与香港离岸人民币中心发展 [J]. 中国金融（16）：76–77.

[13] 何帆，张斌，张明，等，2011. 香港离岸人民币金融市场的现状、前景、问题与风险 [J]. 国际经济评论（3）：84–108.

[14] 何国华，袁仕陈，2011. 货币替代和反替代对我国货币政策独立性的影响 [J]. 国际金融研究（7）：4–10.

[15] 简志宏，郑晓旭，2016. 汇率改革进程中人民币的东亚影响力研究——基于空间、时间双重维度动态关系的考量 [J]. 世界经济研究（3）：61–69.

[16] 雷曜，胡梦若，张引璐，2012. 美国利率市场化改革的历程与经验 [J]. 中国货币市场（5）：18–23.

[17] 李波，2013. 跨境交易人民币计价的前景 [J]. 中国金融（23）：49–50.

[18] 李剑阁，2000. 站在市场化改革前沿 [M]. 上海：上海远东出版社 .

[19] 李剑阁，2005. 历史的契机 [M]. 香港：香港和平图书有限公司 .

[20] 李剑阁，2008. 李剑阁改革论集 [M]. 北京：中国发展出版社 .

[21] 李扬，1998. 中国经济对外开放过程中的资金流动 [J]. 经济研究（2）：14–24.

[22] 连平，1993. 关于建立上海离岸金融市场的研究 [J]. 世界经济研究（4）：17–21.

[23] 连平，2002. 离岸金融研究 [M]. 北京：中国金融出版社 .

[24] 刘华，李广众，陈广汉，2015. 香港离岸人民币汇率已经发挥影响力了吗 ?[J]. 国际金融研究（10）：3–11.

[25] 刘亚，张曙东，许萍，2009. 境内外人民币利率联动效应研究——基于离岸无本金交割利率互换 [J]. 金融研究（10）：94–106.

[26] 鲁国强，2008. 国际离岸金融市场的发展轨迹及影响研究 [J]. 金融发展研究（2）：15–18.

[27] 马骏，2011. 人民币离岸市场发展对境内货币和金融的影响 [J]. 国际融资（5）：53–57.

[28] 马骏，刘立男，2013. 推进人民币跨境流动渠道改革 [J]. 中国金融（7）：50–52.

[29] 马骏，徐剑刚，2012. 人民币走出国门之路——离岸市场发展与资本项目开放 [M]. 北京：中国经济出版社 .

[30] 孟刚，2018. “一带一路”和人民币国际化 [M]. 北京：中国社会科学出版社 .

[31] 缪延亮，2019. 从此岸到彼岸：人民币汇率如何实现清洁浮动 [M]. 北京：中国金融出版社 .

[32] 潘功胜，2012. 大行蝶变：中国大型银行复兴之路 [M]. 北京：中国金融出版社 .

[33] 潘功胜，2019. 外汇管理改革发展的实践与思考——纪念外汇管理改革暨国家外汇管理局成立 40 周年 [J]. 中国金融（2）：9–13.

[34] 裴长洪，余颖丰，2011. 人民币离岸债券市场现状与前景分析 [J]. 金融评论，3（2）：40–53.

[35] 彭兴韵，2010. 国际货币体系的演进及多元化进程的中国选择——基于“货币强权”的国际货币体系演进分析 [J]. 金融评

论，2（5）：8–27.

［36］阙澄宇，马斌，2015. 人民币在岸与离岸市场汇率的非对称溢出效应——基于 VAR-GJR-MGARCH-BEKK 模型的经验证据 [J]. 国际金融研究（7）：21–32.

［37］石建勋，叶亚飞，2016. 人民币替代港澳台货币的影响因素分析及对策研究 [J]. 经济学家（11）：63–70.

［38］王芳，甘静芸，钱宗鑫，等，2016. 央行如何实现汇率政策目标——基于在岸 – 离岸人民币汇率联动的研究 [J]. 金融研究（4）：34–49.

［39］王国刚，余维彬，2010. 国际热钱大量流入中国 [J]. 国际金融研究（3）：41–52.

［40］王晓雷，刘昊虹，2012. 跨境贸易人民币结算失衡、外汇储备膨胀与人民币国际化路径选择 [J]. 国际金融（6）：20–27.

［41］王允贵，2013. 严厉打击虚假转口贸易遏制跨境投机套利活动 [J]. 中国外汇（19）：26–28.

［42］伍戈，裴诚，2012. 境内外人民币汇率价格关系的定量研究 [J]. 金融研究（9）：62–73.

［43］伍戈，杨凝，2013. 离岸市场发展对本国货币政策的影响——一个综述 [J]. 金融研究（10）：81–100.

［44］小林正宏，中林伸一，2013. 从货币读懂世界格局：美元、欧元、人民币、日元 [M]. 梁世英，译 . 北京：东方出版社 .

［45］徐奇渊，杨盼盼，2016. 东亚货币转向钉住新的货币篮子 ?[J]. 金融研究（3）：31–41.

［46］姚余栋，李连发，辛晓岱，2014. 货币政策规则、资本流动与汇率稳定 [J]. 经济研究（1）：127–139.

[47] 叶亚飞，石建勋，2018. 人民币国际化进程中的货币替代效应研究——以香港地区离岸人民币为例 [J]. 经济问题（3）：28–35.

[48] 殷剑峰，2011. 人民币国际化："贸易结算 + 离岸市场"，还是"资本输出 + 跨国企业"?——以日元国际化的教训为例 [J]. 国际经济评论（4）：53–68.

[49] 尹力博，吴优，2017. 离岸人民币区域影响力研究——基于信息溢出的视角 [J]. 金融研究（8）：1–18.

[50] 张斌，徐奇渊，2012. 汇率与资本项目管制下的人民币国际化 [J]. 国际经济评论（4）：63–73.

[51] 张明，2013. 人民币国际化：政策、进展、问题与前景 [J]. 金融评论（2）：15–27.

[52] 张勇，2015. 热钱流入、外汇冲销与汇率干预——基于资本管制和央行资产负债表的 DSGE 分析 [J]. 经济研究，50（7）：116–130.

[53] 赵华，2007. 人民币汇率与利率之间的价格和波动溢出效应研究 [J]. 金融研究（3）：41–49.

[54] 赵进文，张敬思，2013. 人民币汇率、短期国际资本流动与股票价格——基于汇改后数据的再检验 [J]. 金融研究（1）：9–23.

[55] 甄峰，2014. 人民币国际化：路径、前景与方向 [J]. 经济理论与经济管理（05）：22–31.

[56] 钟伟，2002. 略论香港作为人民币离岸金融中心的构想 [J]. 管理世界（10）：134–136.

[57] 周小川，2012. 人民币资本项目可兑换的前景和路径 [J]. 金融研究（1）：1–19.

[58] Abiad A, 2007. Early warning systems for currency crises: A regime-

switching approach[M]//Hidden Markov Models in Finance. Boston: Springer: 155–184.

[59] Aggarwal R, Erel I, Ferreira M, et al., 2011. Does governance travel around the world? Evidence from institutional investors[J]. Journal of Financial Economics, 100(1): 154–181.

[60] Ahmed M F, Wang M S, y Lago M I M, et al., 2011. Internationalization of emerging market currencies: a balance between risks and rewards[R]. IMF.

[61] Aizenman J, 2004. Financial opening and development: evidence and policy controversies[J]. American Economic Review, 94(2): 65–70.

[62] Aizenman J, 2008. On the hidden links between financial and trade opening[J]. Journal of International Money and Finance, 27(3): 372–386.

[63] Alaganar V T, Bhar R, 2001. Diversification gains from American depositary receipts and foreign equities: evidence from Australian stocks[J]. Journal of International Financial Markets, Institutions and Money, 11(1): 97–113.

[64] Alesina A, Grilli V, Ferretti G M M, 1994. The political economy of capital controls[M]// Leidermann L, Razin A. Capital mobility: The impact on consumption, investment and growth. Cambridge: Cambridge University Press: 289–328.

[65] Alfaro L, 2004. Capital controls: a political economy approach[J]. Review of International Economics, 12(4): 571–590.

[66] Alfaro L, Kalemli-Ozcan S, Volosovych V, 2007. Capital flows in a

globalized world: The role of policies and institutions[M]//Capital controls and capital flows in emerging economies: Policies, practices, and consequences. Chicago: University of Chicago Press: 19–72.

[67] Aliber R Z, 1964. The management of the dollar in international finance[M]. Princeton: Princeton University.

[68] Allen F, Qian J, Qian M, 2005. Law, finance, and economic growth in China[J]. Journal of Financial Economics, 77(1): 57–116.

[69] Anderson T G, Bollerslev T, Diebold F X, et al., 2003. Micro effects of macro announcements: Real-time price discovery in foreign exchange[J]. American Economic Review, 93(1): 38–62.

[70] Andrews D M, 2006. International monetary power[M]. New York: Cornell University Press.

[71] Bacchetta P, Van W E, 2004. A scapegoat model of exchange-rate fluctuations[J]. American Economic Review, 94(2): 114–118.

[72] Bae K H, Bailey W, Mao C X, 2006. Stock market liberalization and the information environment[J]. Journal of International Money and Finance, 25(3): 404–428.

[73] Bae K H, Goyal V K, 2010. Equity market liberalization and corporate governance[J]. Journal of Corporate Finance, 16(5): 609–621.

[74] Bae K H, Chan K, Ng A, 2004. Investibility and return volatility[J]. Journal of Financial Economics, 71(2): 239–263.

[75] Balasubramaniam V, Patnaik I, Shah A, 2011. Who cares about the Chinese Yuan?[R]. New Delhi: National Institute of Public Finance

and Policy.

[76] Barro R J, McCleary R M, 2003. Religion and economic growth across countries[J]. American Sociological Review, 68(5): 760–781.

[77] Beck T, Demirgüç-Kunt A, Levine R, 2007. Finance, inequality and the poor[J]. Journal of Economic Growth, 12: 27–49.

[78] Bekaert G, Harvey C R, 2000. Foreign speculators and emerging equity markets[J]. The Journal of Finance, 55(2): 565–613.

[79] Bekaert G, Harvey C R, 2001. Economic Growth and Financial Liberalization[R]. Cambridge: NBER.

[80] Bekaert G, Harvey C R, Lundblad C T, 2003. Equity market liberalization in emerging markets[J]. Journal of Financial Research, 26(3): 275–299.

[81] Bekaert G, Harvey C R, Lundblad C T, 2005. Does financial liberalization spur growth?[J]. Journal of Financial Economics, 77(1): 3–55.

[82] Bekaert G, Harvey C R, Ng A, 2003. Market integration and contagion[J]. The Journal of Business, 78(1): 39–69.

[83] Bengui J, Bianchi J, 2014. Capital flow management when capital controls leak[C]//15th Jacques Polak Annual Research Conference, Washington.

[84] Bianchi J, Mendoza M E G, 2011. Overborrowing, financial crises and 'macro-prudential'policy[M]. Washington: International Monetary Fund.

[85] Binici M, Hutchison M, Schindler M, 2010. Controlling capital? Legal restrictions and the asset composition of international

financial flows[J]. Journal of International Money and Finance, 29(4): 666–684.

[86] Black S, Munro A, 2010. Why Issue Bonds Offshore[R]. BIS Working Papers 334, Bank for International Settlements.

[87] Blanchard O, Rhee C, Summers L, 1993. The stock market, profit, and investment[J]. The Quarterly Journal of Economics, 108(1): 115–136.

[88] Bolton P, Jeanne O, 2011. Sovereign default risk and bank fragility in financially integrated economies[R]. Cambridge: NBER.

[89] Boone A L, White J T, 2015. The effect of institutional ownership on firm transparency and information production[J]. Journal of Financial Economics, 117(3): 508–533.

[90] Borensztein E, De Gregorio J, Lee J W, 1998. How does foreign direct investment affect economic growth?[J]. Journal of international Economics, 45(1): 115–135.

[91] Bose U, Mallick S, Tsoukas S, 2020. Does easing access to foreign financing matter for firm performance?[J]. Journal of Corporate Finance, 64: 101639.

[92] Broner F A, Lorenzoni G, Schmukler S, 2004. Why do emerging markets borrow short term[J]. Journal of the European Economic Association, 11(S1): 67–100.

[93] Brooks R, Edison H, Kumar M S, et al., 2004. Exchange rates and capital flows[J]. European Financial Management, 10(3): 511–533.

[94] Broz J L, 1997. The international origins of the Federal Reserve System[M]. New York: Cornell University Press.

[95] Brunnermeier M K, Sockin M, Xiong W, 2017. China's gradualistic economic approach and financial markets[J]. American Economic Review, 107(5): 608–613.

[96] Bush G, 2019. Financial development and the effects of capital controls[J]. Open Economies Review, 30(3): 559–592.

[97] Byers J D, Peel D A, 1991. Some evidence on the efficiency of the sterling-dollar and sterling-franc forward exchange rates in the interwar period[J]. Economics Letters, 35(3): 317–322.

[98] Cajueiro D O, Gogas P, Tabak B M, 2009. Does financial market liberalization increase the degree of market efficiency? The case of the Athens stock exchange[J]. International Review of Financial Analysis, 18(1–2): 50–57.

[99] Cajueiro D O, Tabak B M, 2009. Multifractality and herding behavior in the Japanese stock market[J]. Chaos, Solitons & Fractals, 40(1): 497–504.

[100] Callaway, Brantly, Sant'Anna, Pedro H C, 2021. Difference-in-Differences with multiple time periods[J], Journal of Econometrics, Elsevier, vol. 225(2): 200–230.

[101] Calvo G A, Reinhart C M, 2002. Fear of floating[J]. The Quarterly Journal of Economics, 117(2): 379–408.

[102] Campbell J R, 2000. Rearranging deck chairs on the Titanic: policy responses to the Asian financial crisis and challenges to governance[J]. Nanzan review of American studies: A Journal of Center for American Studies, Nanzan University, 22: 55–80.

[103] Campbell J Y, Cochrane J H, 1999. By force of habit: A consumption-

based explanation of aggregate stock market behavior[J]. Journal of political Economy, 107(2): 205–251.

[104] Canjels E, Prakash-Canjels G, Taylor A M, 2004. Measuring market integration: foreign exchange arbitrage and the gold standard, 1879–1913[J]. Review of Economics and Statistics, 86(4): 868–882.

[105] Carrieri F, Errunza V, Hogan K, 2007. Characterizing world market integration through time[J]. Journal of Financial and Quantitative Analysis, 42(4): 915–940.

[106] Cassard M, 1994. The role of offshore centers in international financial intermediation[M]. International Monetary Fund.

[107] Cavoli T, Rajan R, 2003. Exchange Rate Arrangements for East Asia Post-Crisis: Examining the Case for Open Economy Inflation Targeting[R]. Australia: Centre for International Economic Studies.

[108] Chanda A, 2005. The influence of capital controls on long run growth: Where and how much?[J]. Journal of Development Economics, 77(2): 441–466.

[109] Chari A, Henry P B, 2004. Is the Invisible Hand Discerning or Indiscriminate? Investment and Stock Prices in the Aftermath of Capital Account Liberalizations[R]. National Bureau of Economic Research, Inc.

[110] Chari A, Henry P B, 2004. Risk sharing and asset prices: evidence from a natural experiment[J]. The Journal of Finance, 59(3): 1295–1324.

[111] Chelsky J, 2012. Capital Account Liberalization: Does Advanced

Economy Experience Provide Lessons for China?[R]. World Bank Economic Premise.

[112] Chemmanur T J, Jiang D, Li W, et al., 2020. Stock Market Liberalization and Corporate Social Responsibility: Evidence From a Quasi-Natural Experiment in China[EB/OL]. (2020–12–01) [2024–07–25]. https://papers.ssrn.com/sol3/papers.cfm?abstract_id=3740396.

[113] Chen G, Firth M, Rui O M, 2002. Stock market linkages: evidence from Latin America[J]. Journal of Banking & Finance, 26(6): 1113–1141.

[114] Chen X L, Cheung Y W, 2011. Renminbi Going Global[R]. HKIMR.

[115] Chen Y, 2020. News announcements and price discovery in the RMB–USD market[J]. Review of Quantitative Finance and Accounting, 54(4): 1487–1508.

[116] Cheung Y W, 2014. The role of offshore financial centers in the process of renminbi internationalization[R]. ADBI.

[117] Cheung Y W, Hui C H, Tsang A, 2018. Renminbi central parity: an empirical investigation[J]. Pacific Economic Review, 23(2): 164–183.

[118] Cheung Y W, Steinkamp S, Westermann F, 2016. China's capital flight: Pre-and post-crisis experiences[J]. Journal of International Money and Finance, 66: 88–112.

[119] Cheung Y, Rime D, 2014. The offshore renminbi exchange rate: Microstructure and links to the onshore market[J]. Journal of

International Money and Finance, 49: 170–189.

[120] Chinn M D, Frankel J A, 2005. Will the euro eventually surpass the dollar as leading international reserve currency?[R]. Cambridge: NBER.

[121] Chinn M D, Ito H, 2002. Capital Account Liberalization, Institutions and Financial Development: Cross Country Evidence[R]. Cambridge: NBER.

[122] Chinn M D, Ito H, 2006. What matters for financial development? Capital controls, institutions, and interactions[J]. Journal of Development Economics, 81(1): 163–192.

[123] Chinn M D, Ito H, 2007. Current account balances, financial development and institutions: Assaying the world "saving glut" [J]. Journal of International Money and Finance, 26(4): 546–569.

[124] Chinn M D, Frankel J A, 2007. Will the euro eventually surpass the dollar as leading international reserve currency?[M]//G7 Current account imbalances: sustainability and adjustment. University of Chicago Press: 283–338.

[125] Claessens S, Djankov S, Nenova T, 2001. Corporate growth and risk around the world[M]//Glick R, Moreno R, Spiegel M, et al. Financial crises in emerging markets. Cambridge: Cambridge University Press: 305–338.

[126] Claessens S, Laeven L, 2004. What drives bank competition? Some international evidence[J]. Journal of Money, Credit and Banking, 36(3): 563–583.

[127] Clarke M, 2003. Is economic growth desirable? A welfare

economic analysis of the Thai experience[D]. Victoria: Victoria University.

[128] Cohen B J, 1971. The Future of Sterling as an International Currency[M]. London: Macmillan: 48–90.

[129] Cohen B J, 1998. Money in a globalized world: from monopoly to oligopoly[J]. Oxford Development Studies, 26(1): 111–125.

[130] Cohen F L, Bremmer I, 2006. Political risk: when diversification isn't enough[J]. Financial Executive, 22(7): 54–58.

[131] Cohen S D, 2019. Fundamentals of US foreign trade policy: economics, politics, laws, and issues[M]. New York: Routledge.

[132] Craig R S, Hua C, Ng P, Yuen R, 2013. Development of the Renminbi Market in Hong Kong SAR: Assessing Onshore-Offshore Market Integration[R]. IMF Working Paper.

[133] Davis J S, Presno I, 2017. Capital controls and monetary policy autonomy in a small open economy[J]. Journal of Monetary Economics, 85: 114–130.

[134] Dani R, Arvind S, Francesco T, 2004. Institutions Rule: The Primacy of Institutions Over Geography and Integration in Economic Development[J]. Journal of Economic Growth, 9: 131–165.

[135] Denizer C A, Iyigun M F, Owen A, 2002. Finance and Macroeconomic Volatility[J]. The B.E. Journal of Macroeconomics, 2(1): 1–32.

[136] Dobbs R, Skilling D, Hu W, et al., 2009. An exorbitant privilege? Implications of reserve currencies for competitiveness. Discussion Paper[R]. McKinsey Global Institute, s. 14.

[137] Dobson W, Masson P R, 2009. Will the renminbi become a world currency?[J]. China Economic Review, 20(1): 124–135.

[138] Doskov N, Swinkels L, 2015. Empirical evidence on the currency carry trade, 1900–2012[J]. Journal of International Money and Finance, 51: 370–389.

[139] Doukas J A, Zhang H, 2013. The performance of NDF carry trades[J]. Journal of International Money and Finance, 36: 172–190.

[140] Easterly W, Kraay A, 2000. Small states, small problems? Income, growth, and volatility in small states[J]. World Development, 28(11): 2013–2027.

[141] Edison H J, Levine R, Ricci L, et al., 2002. International financial integration and economic growth[J]. Journal of International Money and Finance, 21(6): 749–776.

[142] Edison H J, Warnock F E, 2004. US investors' emerging market equity portfolios: a security-level analysis[J]. Review of Economics and Statistics, 86(3): 691–704.

[143] Edwards S, 2001. Capital Mobility and Economic Performance: Are Emerging Economies Different?[R]. Cambridge: NBER.

[144] Edwin L.–C. Lai, 2022. One currency, two market: China's attempt to internationalize the renminbi. Cambridge University Press.

[145] Ehlers T, Packer F, 2013. FX and derivatives markets in emerging economies and the internationalisation of their currencies[J]. BIS Quarterly Review(12): 55–67.

[146] Eichengreen B, 2001. Promoting Financial Stability as a Global Public

Good[M]//Global Public Policies and Programs: Implications for Financing and Evaluation. Washington: World Bank Publications: 163–169.

[147] Eichengreen B, 2001. What problems can dollarization solve?[J]. Journal of Policy Modeling, 23(3): 267–277.

[148] Eichengreen B, 2010. Managing a multiple reserve currency world[R]//The Future Global Reserve System: An Asian Perspective. Asian Development Bank: 7–8.

[149] Eichengreen B, 2011. Exorbitant privilege: The rise and fall of the dollar and the future of the international monetary system[M]. Oxford: Oxford University Press.

[150] Eichengreen B, 2013. Renminbi Internationalization: Tempest in a Teapot?[J]. Asian Development Review, 30(1): 148–164.

[151] Eichengreen B, Flandreau M, 2009. The rise and fall of the dollar (or when did the dollar replace sterling as the leading reserve currency?)[J]. European Review of Economic History, 13(3): 377–411.

[152] Eichengreen B, Frankel J A, 1996. Implications of the future evolution of the international monetary system[M]//The Future of the SDR: In Light of Changes in the International Financial System. Washington: International Monetary Fund: 337–378.

[153] Eichengreen B, Ghironi F, 2001. EMU and Enlargement[R]. Boston College Department of Economics.

[154] Eichengreen B, Hausmann R, 1999. Exchange Rates and Financial Fragility[M]//New Challenges for Monetary Policy. Kansas City: Federal Reserve Bank of Kansas City: 329–368.

[155] Eichengreen B, Hsieh C T, 1996. Sterling in decline again: The 1931 and 1992 crises compared[M]//European Economic Integration as a Challenge to Industry and Government: Contemporary and Historical Perspectives on International Economic Dynamics. Berlin: Springer: 355–392.

[156] Eichengreen B, Kawai M, 2015. Renminbi Internationalization: Achievements, Prospects, and Challenges[M]. Washington: Brookings Institution Press.

[157] Eichengreen B, Leblang D, 2003. Capital account liberalization and growth: was Mr. Mahathir right?[J]. International Journal of Finance & Economics, 8(3): 205–224.

[158] Eichengreen B, Lombardi D, 2017. RMBI or RMBR? Is the renminbi destined to become a global or regional currency?[J]. Asian Economic Papers, 16(1): 35–59.

[159] Eichengreen B, Mehl A, Chitu L, 2018. How Global Currencies Work: Past, Present and Future. Princeton[M]. Princeton: Princeton University Press.

[160] Eichengreen B, Wyplosz C, Arteta C, 2001. When Does Capital Account Liberalization Help More Than it Hurts?[R]. CEPR.

[161] Einzig P, Scott-Quinn B, 1977. The Euro–Dollar System, Practice and Theory of International Interest Rate[M]. 6th ed. London: Macmillan.

[162] Errico M L, Borrero M A M, 1999. Offshore Banking—An Analysis of Micro-and Macro-Pru-dential Issues[M]. IMF.

[163] Errunza V, Losq E, 1985. International asset pricing under mild

segmentation: Theory and test[J]. The Journal of Finance, 40(1): 105–124.

[164] Fama E F, 1991. Efficient capital markets: II[J]. The Journal of Finance, 46(5): 1575–1617.

[165] Fama E F, French K R, 2004. The capital asset pricing model: Theory and evidence[J]. Journal of Economic Perspectives, 18(3): 25–46.

[166] Fan Q, Wang T, 2017. The impact of Shanghai–Hong Kong Stock Connect policy on AH share price premium[J]. Finance Research Letters, 21: 222–227.

[167] Farhi E, Maggiori M, 2018. A model of the international monetary system[J]. The Quarterly Journal of Economics, 133(1): 295–355.

[168] Farhi E, Werning I, 2014. Dilemma not trilemma? Capital controls and exchange rates with volatile capital flows[J]. IMF Economic Review, 62(4): 569–605.

[169] Faria A, Mauro P, 2009. Institutions and the external capital structure of countries[J]. Journal of International Money and Finance, 28(3): 367–391.

[170] Faust J, Rogers J H, Wang S B, et al., 2007. The high-frequency response of exchange rates and interest rates to macroeconomic announcements[J]. Journal of Monetary Economics, 54(4): 1051–1068.

[171] Feenstra R C, Hai W, Woo W T, et al., 1999. Discrepancies in international data: an application to China–Hong Kong entrepôt trade[J]. American Economic Review, 89(2): 338–343.

[172] Feldstein M, Horioka C, 1980. Domestic Saving and International Capital Flows, Economic Journal[J]. 90 (358): 314–329.

[173] Fernández-Albertos J, 2006. Does internationalisation blur responsibility? Economic voting and economic openness in 15 uropean countries[J]. West European Politics, 29(1): 28–46.

[174] Ferreira M A, Matos P, 2008. The colors of investors' money: The role of institutional investors around the world[J]. Journal of Financial Economics, 88(3): 499–533.

[175] Fischer S, 1998. In defense of the IMF: specialized tools for a specialized task[J]. Foreign Affairs, 77(4): 103–106.

[176] Fischer S, Merton R C, 1984. Macroeconomics and finance: The role of the stock market[C]//Carnegie-Rochester conference series on public policy. North-Holland, 21: 57–108.

[177] Fisman R, Wei S J, 2004. Tax rates and tax evasion: evidence from "missing imports" in China[J]. Journal of political Economy, 112(2): 471–496.

[178] Flandreau M, Jobst C, 2009. The empirics of international currencies: network externalities, history and persistence[J]. The Economic Journal, 119(537): 643–664.

[179] Forbes K J, 2004. Capital Controls: Mud in the Wheels of Market Discipline[R]. Cambridge: NBER.

[180] Fraenkel J, Wallen N, Hyun H, 2004. How to design and evaluate research in education[M]. 7th ed. New York: McGraw-Hill Education.

[181] Frankel J A, 1992. Measuring international capital mobility: a review[J]. The American Economic Review, 82(2): 197–202.

[182] Frankel J A, Schmukler S L, 2000. Country funds and asymmetric information[J]. International Journal of Finance & Economics, 5(3): 177–195.

[183] Frankel J A, 2011. Historical Precedents for Internationalization of the RMB[R]. CFR.

[184] Frankel J A, 2012. Internationalization of the RMB and Historical Precedents[J]. Journal of Economic Integration, 27(3): 329–365.

[185] Fratzscher M, Bussière M, 2004. Financial openness and growth: short-run gain, long-run pain?[R]. European Central Bank.

[186] Fratzscher M, Mehl A, 2014. China's dominance hypothesis and the emergence of a tri - polar global currency system[J]. The Economic Journal, 124(581): 1343–1370.

[187] Fung H G, Tzau D, Yau J, 2012. The Chinese Offshore Renminbi-Denominated Bonds: Dim Sum Bonds[R]. Rainier Investment Management.

[188] Funke M, Loermann J, Tsang A, 2017. The information content in the offshore Renminbi foreign-exchange option market: Analytics and implied USD/CNH densities[R]. Helsinki: Bank of Finland Institute for Emerging Economies (BOFIT).

[189] Funke M, Shu C, Cheng X, et al., 2015. Assessing the CNH–CNY pricing differential: Role of fundamentals, contagion and policy[J]. Journal of International Money and Finance, 59: 245–262.

[190] Gaber P M, 2011. What Drives CNH Market Equilibrium[R]. CFR.

[191] Gagnon J E, Troutman K, 2014. Internationalization of the renminbi: The role of trade settlement[R]. New York: Peterson

Institute for International Economics.

[192] Gagnon L, Karolyi G, 2004. Multi-market Trading and Arbitrage[R]. Ohio State University.

[193] Garber P, 2011. What drives CNH market equilibrium[R]. The Council on Foreign Relations.

[194] Garcia H A, Tsai Y, Xia L, 2012. RMB Internationalization: What is in for Taiwan?[R]. BBVA.

[195] Gelos R G, Wei S J, 2005. Transparency and international portfolio holdings[J]. The Journal of Finance, 60(6): 2987–3020.

[196] Genberg H, 2010. 'Global inflation' and 'the proper use of policies under fixed and flexible exchange rates' : A personal perspective on two themes of Alexander's research[M]//The New International Monetary System. New York: Routledge: 59–69.

[197] Genberg H, Siklos P L, 2010. Revisiting the shocking aspects of Asian monetary unification[J]. Journal of Asian Economics, 21(5): 445–455.

[198] Gillan S L, Starks L T, 2003. Institutional investors, corporate ownership and corporate governance: Global perspectives[M]// Ownership and governance of enterprises: Recent innovative developments. London: Palgrave Macmillan: 36–68.

[199] Gilmore S, Hayashi F, 2011. Emerging market currency excess returns[J]. American Economic Journal: Macroeconomics, 3(4): 85–111.

[200] Glick R, Guo X, Hutchison M, 2006. Currency crises, capital-account liberalization, and selection bias[J]. The Review of Economics and

Statistics, 88(4): 698–714.

[201] Glick R, Hutchison M, 2001. Banking and currency crises: how common are twins?[M]//Glick R, Moreno R, Spiegel M, et al. Financial crises in emerging markets. Cambridge: Cambridge University Press: 35–72.

[202] Goldberg L S, 2007. Financial sector FDI and host countries: new and old lessons[J]. Economic Policy Review, 13: 1–17.

[203] Goldberg L S, Tille C, 2008. Vehicle currency use in international trade[J]. Journal of International Economics, 76(2): 177–192.

[204] Goodfriend M, Prasad E, 2007. A framework for independent monetary policy in China[J]. Cesifo Economic Studies, 53(1): 2–41.

[205] Gopinath G, Stein J C, 2021. Banking, trade, and the making of a dominant currency[J]. The Quarterly Journal of Economics, 136(2): 783–830.

[206] Gourinchas P O, Jeanne O, 2006. The elusive gains from international financial integration[J]. The Review of Economic Studies, 73(3): 715–741.

[207] Gozzi J C, Levine R, Schmukler S L, 2008. Patterns of International Capital Raisings[R]. World Bank.

[208] Grilli V, Milesi-Ferretti G M, 1995. Economic effects and structural determinants of capital controls[J]. Staff Papers, 42(3): 517–551.

[209] Gupta N, Yuan K, 2009. On the growth effect of stock market liberalizations[J]. The Review of Financial Studies, 22(11): 4715–4752.

[210] Hall R E, Jones C I, 1999. Why do some countries produce so much

more output per worker than others?[J]. The Quarterly Journal of Economics, 114(1): 83–116.

[211] Han K E, Singal V, 2000. Stock market openings: Experience of emerging economies[J]. The Journal of Business, 73(1): 25–66.

[212] Han X, Wei S, 2018. International transmissions of monetary shocks: Between a trilemma and a dilemma[J]. Journal of International Economics, 110: 205–219.

[213] Hans J V, 2003. Living Standards During the Industrial Revolution: An Economist's Guide[J]. American Economic Review, 93(2): 221–226.

[214] Hansen B E, 2000. Sample splitting and threshold estimation[J]. Econometrica, 68(3): 575–603.

[215] Hassan T A, 2013. Country size, currency unions, and international asset returns[J]. The Journal of Finance, 68(6): 2269–2308.

[216] He D, Luk P, 2017. A model of Chinese capital account liberalization[J]. Macroeconomic Dynamics, 21(8): 1902–1934.

[217] He D, McCauley R N, 2010. Offshore Markets for the Domestic Currency: Monetary and Financial Stability Issues[R]. BIS.

[218] He D, McCauley R N, 2012. Eurodollar banking and currency internationalisation[J]. BIS Quarterly Review(6): 33–46.

[219] Henning C R, 2012. Choice and Coercion in East Asian Exchange Rate Regimes[R]. Peterson Institute for International Economics.

[220] Henry P B, 2000. Do stock market liberalizations cause investment booms?[J]. Journal of Financial Economics, 58(1–2): 301–334.

[221] Henry P B, 2000. Stock market liberalization, economic reform,

and emerging market equity prices[J]. The Journal of Finance, 55(2): 529–564.

[222] Henry P B, 2003. Capital-account liberalization, the cost of capital, and economic growth[J]. American Economic Review, 93(2): 91–96.

[223] Hietala P T, 1989. Asset pricing in partially segmented markets: Evidence from the Finnish market[J]. The Journal of Finance, 44(3): 697–718.

[224] Hirschmann A O, 1980. National power and the structure of foreign trade[M]. Berkeley: University of California Press.

[225] Hossfeld O, MacDonald R, 2015. Carry funding and safe haven currencies: A threshold regression approach[J]. Journal of International Money and Finance, 59: 185–202.

[226] Huang Y, Wang X, 2011. Does financial repression inhibit or facilitate economic growth? A case study of Chinese reform experience[J]. Oxford Bulletin of Economics and Statistics, 73(6): 833–855.

[227] Huo R, Ahmed A D, 2017. Return and volatility spillovers effects: Evaluating the impact of Shanghai-Hong Kong Stock Connect[J]. Economic Modelling, 61: 260–272.

[228] Imbs J, Mumtaz H, Ravn M O, et al., 2003. Nonlinearities and real exchange rate dynamics[J]. Journal of the European Economic Association, 1(2–3): 639–649.

[229] Islam M S, Bashar O K M R, 2012. Internationalization of the Renminbi: Theory and Evidence[R]. BRAC University IGS.

[230] Ito T, 2011. The Internationalization of the RMB: Opportunities and Pitfalls[R]. New York: The Council on Foreign Relations.

[231] Ito T, Koibuchi S, Sato K, et al., 2010. Why has the yen failed to become a dominant invoicing currency in Asia? A firm-level analysis of Japanese Exporters' invoicing behavior[R]. Cambridge: NBER.

[232] Iwata S, Wu S, 2009. Stock market liberalization and international risk sharing[J]. Journal of International Financial Markets, Institutions and Money, 19(3): 461–476.

[233] Jacques M, 2004. A New Set of Measures on Capital Account Restrictions[J]. IMF Staff Papers, Palgrave Macmillan, 51(2): 1–4.

[234] Jermann U J, Wei B, Yue V Z, 2022. The Two - Pillar Policy for the RMB[J]. The Journal of Finance, 77(6): 3093–3140.

[235] Jordà Ò, Taylor A M, 2019. Riders on the Storm[R]. Cambridge: NBER.

[236] Kaminsky G, Lyons R K, Schmukler S L, 2004. Managers, investors, and crises: mutual fund strategies in emerging markets[J]. Journal of international Economics, 64(1): 113–134.

[237] Kannan P, 2009. On the welfare benefits of an international currency[J]. European Economic Review, 53(5): 588–606.

[238] Kawai M, Takagi S, 2000. Proposed strategy for a regional exchange rate arrangement in post-crisis East Asia[R]. World Bank Publications.

[239] Kenen P B, 2009. Debating China's exchange rate policy[J]. Journal of Economic Literature, 47(1): 183–187.

[240] Kenen P B, 2011. Currency Internationalization: an Overview[C]//Currency internationalisation: lessons from the global financial crisis and prospects for the future in Asia and the Pacific. Switzerland: Bank for International Settlements: 9–18.

[241] Kim E H, Singal V, 2000. Stock market openings: Experience of emerging economies[J]. The Journal of Business, 73(1): 25–66.

[242] Kindleberger C P, 1967. Europe's postwar growth: The role of labor supply[M]. Harvard: Harvard University Press.

[243] Kirshner J, 2008. Dollar primacy and American power: What's at stake?[J]. Review of International Political Economy, 15(3): 418–438.

[244] Kirshner O T, 1995. Leadership in decline: American foreign trade politics since World War II[D]. New School for Social Research.

[245] Klein M W, 2005. Capital Account Liberalization, Institutional Quality and Economic Growth: Theory and Evidence[R]. Cambridge: NBER.

[246] Klein M W, Olivei G P, 2008. Capital account liberalization, financial depth, and economic growth[J]. Journal of International Money and Finance, 27(6): 861–875.

[247] Klein S, Ward M, 2003. An emerging market player in international business education: the case of Wits Business School[M]//Business education and emerging market economies: Perspectives and best practices. Boston: Springer: 327–342.

[248] Korinek A, 2011. Capital flows, crises, and externalities[M]//The Global Macro Economy and Finance. London: Palgrave Macmillan:

98–117.

[249] Korinek A, 2018. Regulating capital flows to emerging markets: An externality view[J]. Journal of International Economics, 111: 61–80.

[250] Korinek A, Mendoza E G, 2014. From sudden stops to fisherian deflation: Quantitative theory and policy[J]. Annual Review of Economics, 6(1): 299–332.

[251] Kose M A, Prasad E, Rogoff K, et al., 2006. Financial Globalization: A Reappraisal[R]. Cambridge: NBER.

[252] Kose M A, Otrok C, Whiteman C H, 2008. Understanding the evolution of world business cycles[J]. Journal of international Economics, 75(1): 110–130.

[253] Lane P R, Milesi-Ferretti G M, 2008. International investment patterns[J]. The Review of Economics and Statistics, 90(3): 538–549.

[254] Lane P R, Milesi - Ferretti G M, 2010. Cross-Border Investment in Small International Financial Centers[R]. IMF.

[255] Larrain M, Stumpner S, 2017. Capital account liberalization and aggregate productivity: The role of firm capital allocation[J]. The Journal of Finance, 72(4): 1825–1858.

[256] Lerman Z, Sedik D J, 2009. Farm Debt in Transition Countries: Lessons for Tajikistan[R]. Hebrew University of Jerusalem.

[257] Leung D, Fu J, 2014. Interactions between CNY and CNH Money and Forward Exchange Markets[R]. Hong Kong Institute for Monetary Research.

[258] Levine R, 1997. Financial Development and Economic Growth: Views and Agenda[J]. Journal of Economic Literature, 35: 688–726.

[259] Levine R, 2001. International financial liberalization and economic growth[J]. Review of international Economics, 9(4): 688–702.

[260] Levine R, Zervos S, 1998. Capital control liberalization and stock market development[J]. World Development, 26(7): 1169–1183.

[261] Li K, Hui C, Chung T, 2012. Determinants and dynamics of price disparity in onshore and offshore renminbi forward exchange rate markets[R]. Hong Kong Institute for Monetary Research.

[262] Lim K S, Tong H, 1980. Threshold autoregressions, limit cycles, and data[J]. Journal of the Royal Statistical Sociaty, B, 42: 245–292.

[263] Lin W, 2017. Modeling volatility linkages between Shanghai and Hong Kong stock markets before and after the connect program[J]. Economic Modelling, 67: 346–354.

[264] Lins K V, Strickland D, Zenner M, 2005. Do non-US firms issue equity on US stock exchanges to relax capital constraints?[J]. Journal of Financial and Quantitative Analysis, 40(1): 109–133.

[265] Liu R, Sheng L, Wang J, 2021. Faking trade for capital control evasion: evidence from dual exchange rate arbitrage in China[EB/OL]. (2021–01–09)[2024–07–25]. https://papers.ssrn.com/sol3/papers.cfm?abstract_id=3728855.

[266] Liu X, Tang H, Wang Z, et al., 2023. Currency carry trade by trucks: The curious case of China's massive imports from itself[J].

Review of Finance, 27(2): 469–493.

[267] Lothian J R, Wu L, 2011. Uncovered interest-rate parity over the past two centuries[J]. Journal of International Money and Finance, 30(3): 448–473.

[268] Lucas R E, 1990. Why Doesnpt Capital Flow from Rich to Poor Countries?[J]. American Economic Review, 80(2): 92–96.

[269] Lustig H, Verdelhan A, 2007. The cross section of foreign currency risk premia and consumption growth risk[J]. American Economic Review, 97(1): 89–117.

[270] Ma G, McCauley R N, 2008. Efficacy of China's capital controls: Evidence from price and flow data[J]. Pacific Economic Review, 13(1): 104–123.

[271] MacDonald R, Taylor M P, 1991. Exchange rates, policy convergence, and the European Monetary System[J]. The Review of Economics and Statistics, 73(3): 553–558.

[272] Mainelli M, 2006. Global financial centers: one, two, three... infinity?[J]. The Journal of Risk Finance, 7(2): 219–227.

[273] Martin P, Rey H, 2004. Financial super-markets: size matters for asset trade[J]. Journal of International Economics, 64(2): 335–361.

[274] Maziad S, Kang J S, 2012. RMB Internationalization: Onshore/Offshore Links[R]. IMF.

[275] McCauley R N, 2012. Risk-on/risk-off, capital flows, leverage and safe assets[R]. BIS.

[276] McCauley R N, Shu C, 2019. Recent renminbi policy and currency co-movements[J]. Journal of International Money and Finance, 95:

444–456.

[277] McCauley R N, Shu C, Ma G, 2014. Non-deliverable forwards: 2013 and beyond[J]. BIS Quarterly Review(3): 75–88.

[278] McCauley R N, 2011. Internationalizing the Renminbi and China's Financial Development Model[R]. CFR.

[279] McCauley R N, Scatigna M, 2011. Foreign Exchange Trading in Emerging Currencies: More Financial, More Offshore[J]. BIS Quarterly Review(3): 67–75.

[280] McCauley R N, 2011. Internationalizing the renminbi and China's financial development model[R]. BIS.

[281] McKinnon R, Kenen P B, 2002. Optimum Currency Areas and Key Currencies[M]//The Open Economy Macromodel: Past, Present and Future. Boston: Springer: 189–219.

[282] Michael P D, Donald J M, Liliana R-S, 1997. Capital Mobility and Exchange Market Intervention in Developing Countries[R]. NBER Working Papers 6247, National Bureau of Economic Research, Inc.

[283] Mishkin F S, 2006. The next great globalization: how disadvantaged nations can harness their financial systems to get rich[M]. Princeton: Princeton University Press.

[284] Mitton T, 2006. Stock market liberalization and operating performance at the firm level[J]. Journal of Financial Economics, 81(3): 625–647.

[285] Mo I, 2011. The New Renminbi Offshore Scheme: China's First Step Towards Liberalizing the RMB into an International Reserve Currency[R]. The Chinese University of HongKong FRED.

[286] Moel A, 2001. The role of American depositary receipts in the development of emerging markets[M]//Financial Innovations and the Welfare of Nations: How Cross-Border Transfers of Financial Innovations Nurture Emerging Capital Markets. Boston: Springer: 127–153.

[287] Morck R, Shleifer A, Vishny R W, et al., 1990. The stock market and investment: is the market a sideshow?[J]. Brookings Papers on Economic Activity, 1990(2): 157–215.

[288] Moshirian F, Tian X, Zhang B, et al., 2021. Stock market liberalization and innovation[J]. Journal of Financial Economics, 139(3): 985–1014.

[289] Obstfeld M, Shambaugh J C, Taylor A M, 2005. The trilemma in history: tradeoffs among exchange rates, monetary policies, and capital mobility[J]. Review of economics and statistics, 87(3): 423–438.

[290] Obstfeld M, Taylor A M, 1997. Nonlinear aspects of goods-market arbitrage and adjustment: Heckscher's commodity points revisited[J]. Journal of the Japanese and International Economies, 11(4): 441–479.

[291] Obstfeld M, Taylor A M, 2017. International monetary relations: Taking finance seriously[J]. Journal of Economic Perspectives, 31(3): 3–28.

[292] Okawa Y, Van Wincoop E, 2012. Gravity in international finance[J]. Journal of International Economics, 87(2): 205–215.

[293] Oshirian F, Tian X, Zhang B, et al., 2021. Stock market liberalization

and innovation[J]. Journal of Financial Economics, 139(3): 985–1014.

[294] Ostry J D, Ghosh A R, Chamon M, et al., 2011. Capital controls: when and why?[J]. IMF Economic Review, 59(3): 562–580.

[295] Ostry J D, Ghosh A R, Habermeier K, et al., 2010. Capital inflows: The role of controls, IMF staff position note[R]. Washington: International Monetary Fund.

[296] Owyong D, Wong W, Horowitz I, 2015. Cointegration and causality among the onshore and offshore markets for China's currency[J]. Journal of Asian Economics, 41: 20–38.

[297] Ozeki Y, Tavlas G S, 1992. The internationalization of currencies: an appraisal of the Japanese yen[R]. Washington: International Monetary Fund.

[298] Pan L, Mishra V, 2018. Stock market development and economic growth: Empirical evidence from China[J]. Economic Modelling, 68: 661–673.

[299] Paul R. Krugman, 1984. The International Role of the Dollar: Theory and Prospect[R]. NBER Chapters, in: Exchange Rate Theory and Practice, pages 261–278, National Bureau of Economic Research, Inc.

[300] Paul R Krugman, 1991. Target Zones and Exchange Rate Dynamics[J]. The Quarterly Journal of Economics, 106(3): 669–682.

[301] Peng W, Shi J Y L, 2003. Offshore use of currency: Hong Kong's experience[J]. China's Capital Account Liberalisation: International

Perspective, BIS Papers(15): 166–177.

[302] Peter B. Kenen, 1983. The role of the dollar as an international currency[M]. New York, NY : Group of Thirty.

[303] Prasad E S, 2017. Gaining Currency: The Rise of The Renminbi[M]. Oxford: Oxford University Press.

[304] Prasad E S, Rajan R G, 2006. Modernizing China's growth paradigm[J]. American Economic Review, 96(2): 331–336.

[305] Prasad E S, Rajan R G, 2008. A pragmatic approach to capital account liberalization[J]. Journal of Economic Perspectives, 22(3): 149–172.

[306] Prasad E S, Rajan R G, Subramanian A, 2007. Foreign Capital and Economic Growth[J]. Brookings Papers on Economic Activity, 2007(1): 153–209.

[307] Prasad E S, Rajan R, Subramanian A, 2006. Patterns of international capital flows and their implications for economic development[C]// Proceedings-Economic Policy Symposium-Jackson Hole. Federal Reserve Bank of Kansas City: 119–158.

[308] Prasad E S, Wei S J, 2007. The Chinese approach to capital inflows: patterns and possible explanations[M]//Capital controls and capital flows in emerging economies: Policies, practices, and consequences. Chicago: University of Chicago Press: 421–480.

[309] Pukthuanthong K, Roll R, Subrahmanyam A, 2019. A protocol for factor identification[J]. The Review of Financial Studies, 32(4): 1573–1607.

[310] Quinn D P, Inclan C, 1997. The origins of financial openness: A

study of current and capital account liberalization[J]. American Journal of Political Science, 40(3): 771–813.

[311] Quinn D P, Toyoda A M, 2008. Does capital account liberalization lead to growth?[J]. The Review of Financial Studies, 21(3): 1403–1449.

[312] Rajan R G, Tokatlidis I, 2005. Dollar shortages and crises[J]. International Journal of Central Banking, 1(2): 177–220.

[313] Rajan R S, 2005. Financial Integration in ASEAN and Beyond: Implications for Regional Monetary Integration[M]//Hew D W. Roadmap to an ASEAN Economic Community. Singpore: ISEAS Publishing: 246–290.

[314] Rajan R S, Zingales L, 2003. Saving capitalism from the capitalists: how open financial markets challenge the establishment and spread prosperity to rich and poor alike[M]. New York: Crown Currency.

[315] Ramey G, Ramey V, 1995. Cross Country Evidence on the Link between Volatility and Growth[J]. American Economic Review, 85: 1138–1151.

[316] Rey H, 2001. International trade and currency exchange[J]. The Review of Economic Studies, 68(2): 443–464.

[317] Rey H, 2015. Dilemma not trilemma: the global financial cycle and monetary policy independence[R]. Cambridge: NBER.

[318] Rhee C, Sumulong L, 2013. A Practical Approach to International Monetary System Reform: Building Settlement Infrastructure for Regional Currencies[R]. Asian Development Bank, The Centre for International Governance Innovation, Hong Kong Institute for

Monetary Research.

[319] Roberts S M, 1995. Small place, big money: The Cayman Islands and the international financial system[J]. Economic Geography, 71(3): 237–256.

[320] Robinson J, Johnson S, Acemoglu D, 2004. Institutions, Volatility, and Crises[M]//Ito T, Rose A K. Growth and productivity in East Asia. University of Chicago Press: 71–108.

[321] Rodriguez F, Rodrik D, 2000. Trade Policy and Economic Growth: A Skeptic's Guide to the Cross-National Evidence[R]. NBER Macroeconomics Annual, 15: 261–325.

[322] Rodrik D, 1998. Who needs capital-account convertibility?[J]. Essays in International Finance, 55: 65.

[323] Rodrik D, 2000. Exchange rate regimes and institutional arrangements in the shadow of capital flows[R]. Harvard University.

[324] Rodrik D, Rigobon R, 2004. Rule of Law, Democracy, Openness and Income: Estimating the Interrelationships[R]. CEPR.

[325] Rose A K, Spiegel M M, 2007. Offshore financial centres: parasites or symbionts?[J]. The Economic Journal, 117(523): 1310–1335.

[326] Rossi B, 2013. Exchange rate predictability[J]. Journal of Economic Literature, 51(4): 1063–1119.

[327] Sarno L, Valente G, Leon H, 2006. Nonlinearity in deviations from uncovered interest parity: an explanation of the forward bias puzzle[J]. Review of Finance, 10(3): 443–482.

[328] Schindler M, 2009. Measuring financial integration: A new data set[J]. IMF Staff papers, 56(1): 222–238.

[329] Schmukler S L, Vesperoni E, 2006. Financial globalization and debt maturity in emerging economies[J]. Journal of Development Economics, 79(1): 183–207.

[330] Schneider B, 2001. Issues in capital account convertibility in developing countries[J]. Development Policy Review, 19(1): 31–82.

[331] Shanker S, Daniel B, 2007. Capital Controls, Political Institutions, and Economic Growth: A Panel and Cross Country Analysis[J]. Quarterly Journal of Political Science, 2: 307–324.

[332] Sharpe W F, 1964. Capital asset prices: A theory of market equilibrium under conditions of risk[J]. The Journal of Finance, 19(3): 425–442.

[333] Shen J G, 2012. RMB Internationalization and China's Economic Transformation[R]. CF40.

[334] Shin H S, 2013. The second phase of global liquidity and its impact on emerging economies[C]//Asia Economic Policy Conference. Federal Reserve Bank of San Francisco: 215–224.

[335] Shu C, 2010. Impact of the renminbi exchange rate on Asian currencies[J]. China Economic Issues, 3(7): 221–235.

[336] Shu C, He D, Cheng X, 2015. One currency, two markets: the renminbi's growing influence in Asia-Pacific[J]. China Economic Review, 33: 163–178.

[337] Shu C, He D, Dong J, et al., 2016. Regional pull vs global push factors: China and US influence on Asia-Pacific financial markets[R]. BIS.

[338] Solow R M, 1956. A contribution to the theory of economic growth[J]. The Quarterly Journal of Economics, 70(1): 65–94.

[339] Stiglitz J E, 2002. Capital market liberalization and exchange rate regimes: risk without reward[J]. The Annals of the American Academy of Political and Social Science, 579(1): 219–248.

[340] Stiglitz J E, 2003. Financial Market Stability, Monetary Policy, and The IMF[M]//Exchange Rate Regimes and Macroeconomic Stability. Boston: Springer: 33–54.

[341] Strange S, 1971. The politics of international currencies[J]. World Politics, 23(2): 215–231.

[342] Strange S, 1988. Big money: Untangling the web of international finance[J]. Third World Quarterly, 10(3): 1382–1386.

[343] Stulz R M, 1999. Golbalization, Corporate Finance, And The Cost Of Capital[J]. Journal of Applied Corporate Finance, 12(3): 8–25.

[344] Stulz R M, 2005. The limits of financial globalization[J]. The Journal of Finance, 60(4): 1595–1638.

[345] Stulz R M, Williamson R, 2003. Culture, openness, and finance[J]. Journal of financial Economics, 70(3): 313–349.

[346] Subramanian M A, Kessler M, 2013. The Renminbi Bloc is Here: Asia Down, Rest of the World to Go? 1[J]. Journal of Globalization and Development, 4(1): 49–94.

[347] Subramanian M A, Trebbi M F, Rodrik M D, 2002. Institutions Rule: The Primacy of Institutions over Integration and Geography in Economic Development[R]. Washington: International Monetary Fund.

[348] Summers L H, 1985. On economics and finance[J]. The Journal of Finance, 40(3): 633–635.

[349] Summers L H, 2000. International financial crises: causes, prevention, and cures[J]. American Economic Review, 90(2): 1–16.

[350] Suss E C, Williams O H, Mendis C, 2002. Caribbean offshore financial centers past, present and possibilities for the future[R]. IMF.

[351] Takagi S, Hirose K, 2004. A multivariate approach to grouping financially integrated economies[M]//Exchange rate regimes in East Asia. New York: Routledge: 131–152.

[352] Tobin J, Brainard W C, 1977. Asset markets and the cost of capital [M]//Fellner W, Balassa B A, Nelson R R. Economic progress, private values and public policy: Essays in honor of William Fellner. Amsterdam: North-Holland Publishing Company: 235–262.

[353] Tong H, 1978. On a threshold model in pattern recognition and signal processing[M]//Chen C H. Pattern Recognition and Signal Processing. Amsterdam: Sijhoff & Noordhoff: 575–586.

[354] Tong H, 1983. Threshold Models in Nonlinear Time-Series Analysis[M]. New York: Springer-Verlag.

[355] Vallee S, 2012. The Internationalisation Path of the Renminbi[R]. Bruegel.

[356] Walter I, Krauss N, 2006. Does microfinance form a distinctive asset class? Preliminary evidence[R]. New York University.

[357] Wang Q, Chong T T, 2018. Co-integrated or not? After the Shanghai–Hong Kong and Shenzhen–Hong Kong stock connection

schemes[J]. Economics Letters, 163: 167–171.

[358] Wang W, Wang H, Wu J G, 2021. Mixed ownership reform and corporate tax avoidance: Evidence of Chinese listed firms[J]. Pacific-Basin Finance Journal, 69: 101648.

[359] Wang Z, Wang Q, 2017. Reinvestigation of the interaction between the RMB onshore and offshore markets: An empirical analysis based on hourly data[J]. Modern Economy, 8(12): 1499–1516.

[360] Wei S J, Tytell M I, 2004. Does Financial Globalization Induce Better Macroeconomic Policies?[R]. Washington: International Monetary Fund.

[361] Wei S J, Zhang Z, 2007. Collateral damage: Exchange controls and international trade[J]. Journal of International Money and Finance, 26(5): 841–863.

[362] Wright R, Trejos A, 2001. International Currency[J]. The B.E. Journal of Macroeconomics, 1(1): 1–17.

[363] Wu G, Pei C, 2012. Quantitative analysis of the pricing relationship between onshore and offshore renminbi exchange rates[J]. Finance Research, 387: 45–56.

[364] Wu J, Wu Y, Wang B, 2018. Local government debt, factor misallocation and regional economic performance in China[J]. China & World Economy, 26(4): 82–105.

[365] Wurgler J, 2000. Financial markets and the allocation of capital[J]. Journal of Financial Economics, 58(1–2): 187–214.

后记

货币国际化是一个由世界经济格局、历史窗口、眼光和抉择、权衡和取舍共同作用的一国经济地位外部显化的过程。当时间跨入千禧年后，世界发生了一系列大事，中国经济腾飞并迅速成为世界第二大经济体，人民币开始受到世界的关注，并成为继美元、欧元、日元、英镑后的第五个SDR篮子成员，这是SDR创建以来首次纳入发展中国家的货币。

学术界对货币国际化的路径以及相关的资本项目可兑换的讨论较多，争议也不少，新兴市场国家表现出的改革经验也参差不齐。中国的改革经验极具独特性，人民币是唯一一个没有实现资本项目可兑换而获得国际储备货币地位的币种。人民币国际化及相关的资本账户改革经验，极大丰富了经济学研究的内涵和外延，并引发世界对东西方文明的哲学思考，以及从历史视角展开的认知思辨。

有物有则，人民币取得的这种储备货币地位是由无数改革成果汇聚而成的外在结果。我们在本书的研究和写作过程中，通过对大量文献的梳理和总结，对数量众多的实证结果的分析和研究，回溯历史，环顾世界，在基准“三元悖论”框架基础上实现拓展和延伸，较好地总结了人民币国际化路径的逻辑和内涵，于我们自身而言，不仅是从思维上，更是从情感上理解了中国的改革进程。这一研究过程中的感受很像著名诗人艾略特在诗中描述的“在观念和事实之间、在概念和创造之间、在情感和反应之间，落下帷幕”①。这种深刻的体验令我们终生难忘。

感谢李剑阁教授在本书的写作过程中给予的指导和帮助。剑阁老师是中国改革开放的实践者和见证者，这种融合顶层设计和政策实践而形成的学术思想为本书注入了灵魂。通过本书的写作，我们有幸体会到剑阁老师的深刻思想背后所饱含的情怀和时代的激荡，这些富有洞见的思想

① 出自英国诗人托马斯·艾略特（Thomas Eliot）的诗歌作品《空心人》，原文为“Between the idea and the reality … between the conception and the creation, between the emotion and the response, falls the shadow”。

激励我们一直保持思考和学习的状态。感谢谢平教授对本书的悉心指导，鼓励我们洞察事物的本质，提出鞭辟入里的解决问题的方法，并在百忙之中为本书作序推荐。感谢吴晓灵教授对本书的写作提出的宝贵建议，指出要深入思考人民币国际化的离岸发展模式为什么可行且行之有效，其中包含改革、协调、沟通等诸多要素。这些建议切中肯綮、发人深思，可谓画龙点睛。感谢缪延亮教授对本书的结构和论点给予的宝贵建议，尤其是对于汇率市场化改革及离岸和在岸的沟通协调方面，延亮教授从他过往作为国际及国内顶层智囊的经验出发，丰富、升华了本书的核心观点，并拨冗垂阅为本书作序推荐。感谢姚余栋教授、肖志杰教授勉励后学，从广阔和丰富的视角对本书的写作提出宝贵的建议，并为本书精心撰写评论。本书在出版过程中还得到中译出版社编辑团队的悉心帮助，特在此致谢。本书仅代表我们个人的学术观点，不代表所在机构的意见，所有错误和遗漏都属于我们自己。

最后，感谢我们的家人和亲人，正是日常生活中对无数细小问题的讨论，孕育了本书的主体结构和大部分细节内容，使我们的每一点微小进步都建立在充实的积累之上。在此，我们把这些年关于人民币国际化及离岸市场的研究成果深情献上。凡是过往，皆为序章；还有恩典，开遍面前。我们将继续努力探求新知、苦练内功，成为认知丰富和灵魂有趣的学者，做出更多更精彩的研究。

田园　金涛

2023年12月